Le droit des investissements et l'analyse économique de l'espace OHADA

Collection « Études africaines »

dirigée par Denis Pryen et son équipe

Forte de plus de mille titres publiés à ce jour, la collection « Études africaines » fait peau neuve. Elle présentera toujours les essais généraux qui ont fait son succès, mais se déclinera désormais également par séries thématiques : droit, économie, politique, sociologie, etc.

Dernières parutions

SOHI BLESSON (Florent), *Sur les traces du premier administrateur colonial du Haut-Cavally (Côte d'Ivoire), Laurent Charles Joseph (1877-1915)*, 2016.

DAMIBA (François-Xavier), *Les Moosé du Burkina Faso*, 2016.

ADAMA (Hamadou) (dir), *Patrimoine et sources de l'histoire du Nord-Cameroun*, 2016.

TARCHIANI(Vieri) et TIEPOLO (Maurizio), *Risque et adaptation climatique dans la région Tillabéri, Niger. Pour renforcer les capacités d'analyse et d'évaluation*, 2016.

TAPOYO (Faviola), *Les règles coutumières au Gabon. Parenté, mariage, succession*, 2016.

AMOUZOU (Esse), *L'Afrique noire face à l'impératif de la réduction des naissances*, 2016

BRACK (Estelle), *Les mutations du secteur bancaire et financier africain*, 2016

RIDDE (Valéry), KOUANDA (Seni), KOBIANE (Jean-François) (éds.), *Pratiques et méthodes d'évaluation en Afrique*, 2016

NKERE (Ntanda Nkingi), *Clitorisation de la fille Mushi : antithèse de la Mutilation, Génitale Féminine*, 2016

UWIZEYMANA (Emeline), *Quand les inégalités de genre modèrent les effets du micro-crédit*, 2016.

MANKOU (Brice Arsène), ESSONO (Thomas), *L'impact des TIC dans les processus migratoires féminins en Afrique Centrale, Cas des cybermigrantes maritales du Cameroun*, 2016.

BUKASSA (Ambroise V), *Congo Kinshasa, Quand la corruption dirige la République*, 2016.

Hygin Didace AMBOULOU

Le droit des investissements et l'analyse économique de l'espace OHADA

L'Harmattan

5-7, rue de l'École-Polytechnique ; 75005 Paris

http://www.librairieharmattan.com
diffusion.harmattan@wanadoo.fr
harmattan1@wanadoo.fr

ISBN : 978-2-343-06927-2
EAN : 9782343069272

Introduction

Pourquoi ce livre sur le droit des investissements et qui traite de la convenance des politiques publiques de développement, en faveur de l'OHADA et des économies de ses pays membres ? Parce que cette partie du continent africain doit corriger les erreurs de ses premières politiques et relever le défi en leur proposant des perspectives nouvelles, plus réalistes, qui définissent un pool d'objectifs précis, avec des moyens d'action plus cohérents, et que l'on peut évaluer au moyen d'outils d'analyse convaincants. C'est le schéma par excellence constituant le contenu de la politique des investissements. Il est à relever, en effet, que depuis environ 45 ans, la plupart des gouvernements africains, malgré l'aggravation du chômage et de la précarité, malgré la chute brutale des cours des matières premières, malgré la morosité des investissements et la déficience du PIB, persistaient à croire que leur vision du développement de l'Afrique était la meilleure qui soit.

En proclamant parfois haut et fort qu'ils réduiraient les dépenses publiques et la pauvreté, sans le démontrer fondamentalement et sans dire par quels mécanismes ils le feraient ; si paradoxalement le train de vie des gouvernants n'était multiplié par deux, trois ou par quatre ; en fixant comme objectif à l'année 2025 l'échéance de l'émergence, sans un seul schéma scientifique probant et sans indicateur de croissance convainquant, cette échéance qui va arriver dans sept ans à peu près ne sera pas tenue. Pourquoi alors l'avoir dit et soutenu, sachant eux-mêmes que ce qu'ils promettent est irréalisable ? Les économistes savent que la politique n'est pas de l'économie pour qu'ils succombent facilement devant un discours de pure propagande et scientifiquement peu crédible.

L'analyse des économistes est aujourd'hui constante que les économies des pays de l'espace OHADA présentent les mêmes caractéristiques, et ont tout droit à une même attention et au même traitement. Dans plusieurs études, ils ne sont pas passés par quatre chemins pour découvrir à la fois l'irréalisme des promesses et la fréquence de la démagogie. Et en l'absence de tous chiffres que ces gouvernements n'ont pu présenter pour justifier l'émergence en 2025, les économistes se sont simplement basés sur l'inexistence des indicateurs élémentaires de croissance qui conditionnent l'émergence de toute économie moderne comme l'accès des populations aux services de base (eau, électricité, soins de santé primaire et de proximité, niveau général des habitations en milieu urbain, périurbain et rural, la qualité générale de la vie, l'autosuffisance alimentaire…). Une politique de développement doit apporter concrètement des réponses à ces problèmes avant de prétendre gravir les marches de l'émergence.

En outre, les économistes se demandent comment les gouvernements africains croyaient-ils le faire en solitaire, dans un environnement où la plupart de ces pays sont géographiquement en position de transit et que les transactions économiques traduisent l'interdépendance de leurs économies. Comment pourraient-ils le faire sans réduire ni la dette extérieure, ni la dette intérieure à l'égard des opérateurs économiques privés et dont le seuil par pays demeure aujourd'hui l'un des plus élevés du continent ? Comment pouvaient-ils sortir du gouffre du déficit public tant que la plupart de ces pays dorment sur des économies de la bureaucratie et que les tarifications publiques et les préférences sociales dans la gestion des services publics et d'intérêt général n'ont cessé d'avoisiner les proportions les plus excessives ? Comment pouvaient-ils le faire si les budgets dans le secteur agricole, reconnu comme l'un des secteurs clés, sont des plus bas et mal gérés, avec une agriculture encore non mécanisée et qui est demeurée au stade de la production vivrière ?
Les bilans des concessions et des privatisations, par exemple, continuent à traîner dans ces pays une ardoise épaisse sur le solde des anciens salaires, et l'évaluation des projets publics est au minima. Pourquoi un tel tableau ? Tout d'abord, parce que les ressources ne sont pas des richesses, elles peuvent seulement le devenir. Ensuite, parce qu'une économie est un tout indissociable qui couvre tous les secteurs de la vie nationale, du secteur public au secteur privé, y compris le secteur le plus ''obèse'' qu'est le secteur informel en Afrique. Et que, pour une meilleure relance de l'activité économique, aucun de ces secteurs ne doit être laissé pour compte. L'on doit aussi relever qu'en matière de politique de développement, les investissements occupent une place prépondérante que doivent garantir la paix, la sécurité, la gouvernance positive des ressources nationales, la bonne distribution de la justice, la démocratie. Cela procède aussi de l'éradication complète des phénomènes comme la corruption, la fraude et la concussion. Dans cette optique, tout gouvernement doit encourager, susciter et inciter les investissements. D'où l'intérêt porté à la question par les pays membres de l'OHADA, aujourd'hui, en créant un cadre juridique propice pour régir ce domaine. Cela permet de clarifier des fondements socio-économiques et politiques des nouveaux choix, y compris les autres options susceptibles, grâce aux outils d'analyse convaincants et dans une vision économique optimale qui doit sortir les politiques de l'obstination excessive qui les a toujours caractérisées et qu'ont depuis longtemps dénoncées beaucoup

d'économistes. Une obstination qui, à la fois, a dénaturé le propos et retardé la relance économique du continent.
C'est précisément l'objet de ce livre qui est écrit après une étude effectuée dans les 11 pays cités ci haut. Une étude qui a duré 3 ans. En effet, s'il était temps d'ériger une telle législation, à travers la promulgation de différents codes des investissements dans chacun de ces pays, suivis de la création des agences pour leur promotion, il est aussi temps que les politiques économiques épousent directement les exigences et les aléas de l'environnement dans lequel elles sont appelées à s'analyser. Cela relève tout d'abord de la science économique, dans son ensemble, et dont le but est d'éclairer les nouveaux choix économiques, en étudiant leurs conséquences éventuelles, leur impact et leur efficacité. Cela relève, en suite, du droit des affaires qui permet, à tout point de vue, d'organiser et de réglementer le niveau d'intervention de chaque investisseur, dans le but d'assainir et de sécuriser l'environnement économique. Au-dessus de ce cadre juridique et économique est placée la décision politique, la bonne décision politique.

Ce livre construit donc pour la première fois ce pont entre la politique, l'économie et le droit. Il est écrit dans un langage clair et limpide pour être lu et relu facilement par les praticiens, les chercheurs et les étudiants. Il contient :
— une partie consacrée à la procédure de création des entreprises ;
— une partie consacrée au régime juridique et fiscal des sociétés ;
— une partie consacrée au régime fiscal des investissements ;
— une partie consacrée à l'analyse de la situation socioéconomique ;
— une partie consacrée aux contraintes des choix publics et de l'émergence.

Cotonou, le 17 novembre 2014

PREMIÈRE PARTIE : LA PROCÉDURE DE CRÉATION DES ENTREPRISES

CHAPITRE 1.
LES DIFFÉRENTES FORMES JURIDIQUES

Section 1. Le choix de la forme juridique

Il faut se poser des questions par rapport au projet que l'on veut créer, ses ambitions et la constitution du capital à la création.

Paragraphe 1. Comment créer une activité très réduite ou avec un chiffre d'affaires important ?

Si vous anticipez une activité très réduite, les coûts de création et de fonctionnement d'une société ne sont peut-être pas justifiés et la simplicité de l'entreprise individuelle peut dans ce cas constituer un choix approprié.

Paragraphe 2. Comment associer d'autres personnes au développement de votre activité ?

Si vous souhaitez, immédiatement ou dans un avenir proche, vous associer avec d'autres personnes pour développer votre activité, vous devez opter pour la création d'une société. L'entreprise individuelle n'est en effet pas une structure adaptée pour s'associer avec d'autres personnes ; elle doit être réservée à l'hypothèse d'un entrepreneur individuel qui souhaite exercer seul son activité (ce qui ne l'empêche toutefois pas d'employer des salariés). À l'inverse, avec une société, vous pouvez facilement (si vous le désirez) partager une partie du capital de la société avec d'autres personnes (qu'il s'agisse d'ailleurs de personnes physiques ou d'autres sociétés) : les nouveaux associés participeront alors financièrement aux résultats de l'entreprise en recevant une part des dividendes (cette part est généralement proportionnelle à leur part dans le capital).

Paragraphe 3. Est-ce que votre activité est susceptible de générer des pertes ?

Si votre entreprise peut générer des pertes, créer une société vous permettra de mieux protéger votre patrimoine personnel et celui de votre conjoint (dans une société, le patrimoine de la société et le patrimoine des associés sont distincts et les créanciers de l'entreprise n'ont de recours que contre le patrimoine de la société ; dans une entreprise individuelle, le patrimoine de l'entreprise et le patrimoine de l'entrepreneur sont confondus et les créanciers de l'entreprise ont également un recours contre le patrimoine personnel de l'entrepreneur).

Paragraphe 4. Est-ce que votre activité est susceptible de générer un bénéfice très important ?

Si vous anticipez la réalisation d'importants bénéfices, vous serez taxé de manière plus importante avec une entreprise individuelle qu'avec une société soumise à l'impôt sur les sociétés. En effet, les bénéfices de l'entreprise individuelle sont taxés au niveau de l'entrepreneur selon le barème progressif de l'impôt sur le revenu (dont le taux marginal est proche de 50%), alors que l'impôt sur les sociétés est au maximum de 33%.

Section 2. La différence entre ces deux grands types de statuts :

Dans l'entreprise individuelle, l'entreprise et l'entrepreneur ne forment qu'une seule et même personne :
— Principal avantage : sa simplicité de constitution et de fonctionnement.
— Principal inconvénient : la responsabilité illimitée de l'entrepreneur, patrimoines personnel et professionnel étant juridiquement confondus. Cependant cet inconvénient est désormais atténué par la possibilité de protéger son habitation principale en établissant, devant notaire, une ''déclaration d'insaisissabilité''. L'entreprise individuelle est une des formes juridiques les plus utilisées. Elle représente environ 55% du parc des entreprises. Si le porteur de projet décide au contraire de constituer une société, il donne alors naissance à une nouvelle personne, totalement distincte, que l'on nomme « personne morale ».
— Principal avantage : le patrimoine du créateur est en principe protégé en cas de coup dur, les créanciers de l'entreprise ne pouvant saisir que ce qui appartient à cette dernière.
— Principal inconvénient : il n'agit pas en son nom, mais au nom et pour le compte d'une autre personne, l'entreprise. Il faut donc y mettre les formes, rendre des comptes et veiller à ne pas utiliser les biens de l'entreprise comme s'il s'agissait des siens.

Entreprise individuelle	**Société**
— Une seule personne : l'entrepreneur — Principal avantage : simplicité de constitution et de fonctionnement — Principal inconvénient : confusion entre patrimoine personnel et patrimoine professionnel (mais possibilité de protéger son habitation principale en établissant devant notaire une ''déclaration d'insaisissabilité'')	-Distinction entre l'entreprise, personne et le ou les associés -Principal avantage : séparation des patrimoines -Principal inconvénient : formalisme à respecter

Comment choisir entre différents types de société ?

SOCIÉTÉS	
— Sociétés s'adaptant à tous les types de projets	**EURL :** Entreprise unipersonnelle à responsabilité limitée **SARL :** Société à responsabilité limitée À noter : la SARL peut adopter la forme coopérative SCOP (Société coopérative ouvrière de production)
— Sociétés s'adaptant aux projets innovants, start-up ou nécessitant des capitaux importants	**SA :** Société anonyme **SAS :** Société par actions simplifiée À noter : la SA peut adopter la forme coopérative SCOP (Société coopérative ouvrière de production)
— Sociétés ayant pour objet d'exercer une activité commerciale.	**EURL** : Entreprise unipersonnelle à responsabilité limitée **SARL :** Société à responsabilité limitée

CHAPITRE 2.
UN TABLEAU COMPARATIF DES DIFFÉRENTES FORMES JURIDIQUES

Section 1. L'entreprise individuelle

Elle se compose uniquement de l'entrepreneur individuel (celui-ci peut, bien évidemment, embaucher des salariés). Il n'y a pas de notion de capital social, l'entreprise et l'entrepreneur ne formant juridiquement qu'ne seule et même personne. L'entrepreneur individuel est seul responsable sur l'ensemble de ses biens personnels (son habitation principale pourra éventuellement être protégée à compter de janvier 2004 en effectuant une déclaration d'insaisissabilité devant notaire). Il n'y a pas d'imposition au niveau de l'entreprise. Le chef d'entreprise est imposé directement au titre de l'impôt sur le revenu dans la catégorie correspondant à l'activité de l'entreprise.

Section 2. L'EURL

Un seul associé (personne physique ou morale à l'exception d'une autre EURL). Le capital social est librement fixé par l'associé, pas de minimum obligatoire. L'EURL est dirigée par un gérant (obligatoirement personne physique) qui peut être soit l'associé unique, soit un tiers. La responsabilité de l'associé est limitée au montant de ses apports, sauf s'il a commis des fautes de gestion ou accordé des cautions à titre personnel. Il n'y a pas d'imposition au niveau de la société. L'associé unique est imposé directement au titre de l'impôt sur le revenu. L'EURL peut cependant opter pour l'impôt sur les sociétés. Le gérant prend les décisions, mais il est toutefois possible de limiter ses pouvoirs s'il n'est pas l'associé unique.

Section 3. La SARL

Deux associés minimum — 100 maximum (personnes physiques ou morales). Le capital social est librement fixé par les associés, sans minimum obligatoire. La SARL est dirigée par un ou plusieurs gérant(s), obligatoirement personne(s) physique(s). Le gérant peut être, soit l'un des associés, soit un tiers. La responsabilité des associés est limitée au montant de leurs apports, sauf s'ils ont commis des fautes de gestion ou accordé des cautions à titre personnel. Les bénéfices sont soumis à l'impôt sur les sociétés. Il est toutefois possible d'opter pour l'impôt sur le revenu dans le cas de la SARL de famille. Les décisions de gestion courante sont prises par le gérant. Les décisions dépassant les pouvoirs du gérant sont prises en assemblée générale ordinaire (par exemple : l'approbation des comptes annuels...). Les décisions modifiant les statuts sont prises en assemblée générale extraordinaire (par exemple : le changement de siège social, la modification de l'activité...).

Section 4. La SA (forme classique)

Sept associés minimum — pas de maximum (personnes physiques ou morales). Le capital minimal est de 37 000 euros. La SA est dirigée par un Conseil d'administration, comprenant 3 à 18 membres, obligatoirement actionnaires. Le Président est désigné par le Conseil d'administration parmi ses membres. Un directeur général peut également être nommé pour représenter la société et assurer sa gestion courante. La responsabilité des associés est limitée au montant de leurs apports. Les bénéfices sont soumis à l'impôt sur les sociétés. Les décisions de gestion courante sont prises par le directeur général ou, s'il n'en existe pas, par le président. Assemblées générales ordinaires et extraordinaires : mêmes règles que dans les SARL.

Section 5. La SAS/SASU

Un associé minimum — pas de maximum (personne physique ou morale). Le capital minimal est, comme pour les sociétés anonymes, de 37 000 euros minimum. Les associés déterminent librement dans les statuts les règles d'organisation de la société. Ils ont seulement l'obligation de nommer un président, personne physique ou morale, associé ou non. La responsabilité des associés est limitée au montant de leurs apports. Les bénéfices sont soumis à l'impôt sur les sociétés. Les associés déterminent librement dans les statuts les modalités d'adoption des décisions. Certaines décisions doivent cependant être obligatoirement prises collectivement (approbation des comptes, modification du capital...). La SASU n'est qu'une modalité de la SAS.

Section 6. La SNC

Deux associés minimum — pas de maximum. Il n'y a pas de montant minimum de capital social obligatoire. La SNC est dirigée par un ou plusieurs gérant(s), personne physique ou morale. Il peut s'agir, soit de l'un des associés, soit d'un tiers. Les associés sont responsables indéfiniment, sur l'ensemble de leurs biens personnels, et solidairement. Il n'y a pas d'imposition au niveau de la société. Chaque associé est personnellement imposé sur sa part de bénéfices au titre de l'impôt sur le revenu (dans la catégorie des bénéfices industriels et commerciaux). La société peut toutefois opter pour l'impôt sur les sociétés. La prise de décision fonctionne comme pour les SAS/SASU.

DEUXIÈME PARTIE.
LE RÉGIME FISCAL DES SOCIÉTÉS

CHAPITRE 1.
LA FORMALITÉ D'ENREGISTREMENT

Section 1. Enregistrement, formalité et effets

Pour la compréhension de ce chapitre, nous conseillons nos ouvrages : *Le notariat congolais de 1960 à nos jours* (éd. Hemar) ;
La légalisation et l'authentification des actes (éd. Hemar), *Le notaire et le service public,* L'Harmattan.

Paragraphe 1. Définition de la formalité

L'enregistrement est la formalité accomplie par un fonctionnaire de la Direction générale des Impôts, selon des modalités variables, mais comportant nécessairement, d'une part, une analyse d'actes dont il est conservé trace ou non, constatant des faits juridiques ou des déclarations souscrites par les assujettis à défaut d'actes et, d'autre part, d'après les résultats de cette analyse, la perception d'un impôt appelé droit d'enregistrement.[1]

Autrement dit, l'enregistrement est une formalité qui consiste à transcrire sur un registre public, littéralement ou par extrait, les actes civils, les actes sous seings privés, judiciaires ou extrajudiciaires et les déclarations de mutation, moyennant un droit perçu au profit du Trésor public.

Paragraphe 2. Caractère de l'enregistrement, unité et indivisibilité de la formalité

La formalité de l'enregistrement est une. En d'autres termes elle ne peut pas être accomplie deux fois pour un même acte. Elle est indivisible et par conséquent un acte ne peut pas être enregistré partiellement.

Paragraphe 3. But et effets de la formalité

L'enregistrement a essentiellement un but fiscal. Accessoirement, il produit des effets juridiques et civils.

1. But fiscal :
L'enregistrement entraîne le paiement d'une contribution, à défaut de ce paiement la formalité peut être refusée. Aussi l'analyse des actes, la transcription des mutations et le dépôt des déclarations diverses ne sont assurés que contre paiement des droits y afférents.

[1] Cf. H. D. Amboulou, *La légalisation et l'authentification des actes*, Les éditions Hemar. 2007.

La corrélation entre la formalité et l'impôt connaît des exceptions. Dans certains cas, l'enregistrement s'effectue gratis et par conséquent, les actes sont taxés sans leur présentation matérielle à la recette. Dans le premier cas, les actes dont l'impôt devrait être à la charge de l'État ou les collectivités publiques sont enregistrés sans perception d'aucun impôt. On dit qu'ils sont enregistrés gratis. Dans le second cas, il s'agit des actes authentiques et les exploits d'huissiers soumis à un droit fixe payé du reste sur état.

2. Effet d'ordre juridique et civil

En général, l'enregistrement ne produit aucune influence sur la validité des actes. Toutefois, dans certains cas expressément prévus par la loi, les actes peuvent être frappés de nullité à défaut de leur enregistrement. L'enregistrement donne date certaine aux actes sous seing privé à l'égard des tiers, et peut constituer entre les parties un commencement de preuve par écrit ou tout au moins une présomption d'existence d'un titre. Autrement dit, l'enregistrement confère à l'acte une date dite « certaine » en cas de litige et devient contraignant à l'égard des tiers ». Exemple : le locataire bénéficie à partir de cette date « fixe » d'une protection légale contre l'expulsion par le nouveau propriétaire lors de la vente de l'immeuble. Il permet d'assurer également une surveillance sur la forme et le contenu des actes. Il constitue une mesure préventive contre les faux en écritures publiques ou privées (postdates, surcharges, additions, suppressions d'actes…). La formalité peut contribuer à la publicité des actes, grâce à la délivrance des extraits de cet enregistrement.[2]

3. Force probante de l'enregistrement

Cette question est traitée dans notre ouvrage, la légalisation et l'authentification des actes. Dans les rapports des redevables avec l'administration, les énonciations de la formalité font foi jusqu'à preuve du contraire. Dans les rapports des parties, l'enregistrement n'est évoqué qu'à titre présomptif au moins de l'existence de l'acte.

Section 2. Le champ d'application de l'enregistrement

Sous réserve des dispositions particulières, la formalité de l'enregistrement peut être donnée à tout écrit quelles qu'en soient la nature et la forme, pourvu qu'il soit rédigé en langue française ou accompagné d'une traduction sur papier timbré.

Paragraphe 1. Actes et mutations soumis à la formalité

Des faits ou des opérations juridiques doivent donner lieu à l'enregistrement, qu'ils soient ou non constatés par un écrit rédigé pour en faire la preuve.

---

[2] Cf. H. D. Amboulou, *Le notaire et le service public,* L'Harmattan, 2007.

1- Mutations soumises obligatoirement à la formalité
Au Congo, au Cameroun, au Gabon, et au Bénin, certaines mutations sont soumises obligatoirement à la formalité dans un délai déterminé et ce indépendamment de l'existence de l'écrit les constatant. Sont visées : les mutations verbales de jouissance ou location d'immeuble, de fonds de commerce ou de clientèle, les mutations par décès ou des successions quelle que soit la nature du bien transmis, ainsi que les mutations par suite de déclaration d'absence.

2- Actes obligatoirement soumis à la formalité d'enregistrement
Ce sont les articles 209 à 267 du CGI, T2 du Congo qui énumèrent ces actes. L'obligation d'enregistrer un acte résulte de divers motifs à savoir, la qualité de son rédacteur, la nature des conventions que l'acte constate, la profession à laquelle l'acte se rattache, puis éventuellement l'usage qui en est fait. Il faut noter par ailleurs que les actes exempts de l'enregistrement peuvent volontairement être présentés à la formalité.

3. Actes soumis à, l'enregistrement en raison de la qualité de la personne qui les rédige :
- les actes notariés ;
- les exploits d'huissiers et tous autres actes extrajudiciaires ;
- les procès-verbaux d'adjudication par enchères publiques des biens meubles (art. 168 CGI, T2).
- Actes assujettis en raison de leur contenu :

L'obligation d'enregistrer des tels actes est justifiée par la taxation à effectuer, elle peut-être aussi justifiée par l'intérêt des informations à recueillir. Il s'agit des actes visés à l'article 54, CGI, T2 du Congo. Actes assujettis en raison de la profession ou de l'activité auxquels ils se rattachent :
Il s'agit dans ce cas de l'usage par acte de justice ou devant une autorité constituée. L'assujettissement à l'enregistrement est justifié par la rédaction d'acte en conséquence et diverses autres obligations des notaires, huissiers, greffiers secrétaires, juges, arbitrent administrateurs et autres officiers ou fonctionnaires publics ou assujettis divers.

4. Actes présentés volontairement à l'enregistrement :
Des actes qui ne relèvent pas de l'enregistrement volontaire peuvent être présentés volontairement à l'enregistrement par les parties. Le receveur des impôts est tenu de s'exécuter dans ce cas.

Remarques. Pour divers motifs, la formalité peut être refusée par le receveur. Les causes du refus sont les suivantes :
- les actes doivent être enregistrés dans un autre bureau ;

- les actes présentés après l'heure de fermeture du bureau ;
- le dépôt des actes ou des déclarations n'est pas accompagné des droits simples exigibles ;
- les actes ne sont pas revêtus de la mention d'affirmation de la sincérité prévue par la loi ;
- le double prévu par le CGI pour le dépôt des actes sous seings privés n'est pas prévu ;
- les bases ou les valeurs sur lesquelles doivent être liquidés les droits progressifs ou proportionnels auxquels les actes sont assujettis ne sont pas déterminées ;
- les actes exempts d'enregistrement à moins que les parties ne les requièrent expressément.

CHAPITRE 2.
CLASSIFICATION DES DROITS D'ENREGISTREMENT

Les droits d'enregistrement sont fixes, proportionnels ou progressifs suivant la nature des actes et mutations qui sont assujettis. Au niveau des droits proportionnels ou progressifs se pose un problème de règles d'assiette et de liquidation.

Section 1. Les droits fixes

Les droits fixes sont ceux qui s'appliquent aux actes et déclarations soumis à une déclaration fixe. Ce sont les droits dont la quotité est invariable quel que soit l'intérêt pécuniaire en jeu et qui s'appliquent à tous les actes placés dans une catégorie.
Le domaine des droits fixes correspond d'une part à des actes ainsi tarifiés par les textes et, d'autre part aux actes innommés. Au Congo l'article 209 du CGI, T2 précise le champ d'application des droits fixes.
Le montant des droits fixes varie entre un minimum de 10.000F et un maximum de 100.000F. Ces montants sont déterminés par les articles 209 à 211, et 237 du CGI, T2. Le montant du droit fixe le plus fréquent appelé droit fixe des actes innomés est actuellement de 10.000F.

Section 2. Les droits proportionnels

Ce sont ceux perçus en pourcentage constant de l'enregistrement qui font l'objet des actes et mutations. Ce sont des droits perçus au taux pour cent. Ils sont assis sur les valeurs. Leur base doit être chiffrée. Au Congo les articles 212 à 267 du CGI, T2 déterminent le champ d'application des droits proportionnels et des droits progressifs.

Section 3. Les droits progressifs

Ce sont des droits gradués. Leurs tarifs s'élèvent au fur et à mesure par tranche par rapport à l'accroissement des valeurs auxquelles ils s'appliquent sur les mutations portant généralement sur l'ensemble des biens : mutations gratuites entre vifs et les mutations par décès. Le champ d'application des droits progressifs est celui prévu par les articles 243, 259 et 260 du CGI, T2 du Congo.

Remarque. Les droits fixes ne se cumulent pas entre eux ni avec les droits d'autres natures.

CHAPITRE 3.
LES RÈGLES DE PERCEPTION DES DROITS D'ENREGISTREMENT

Section 1. Caractère des lois relatives aux droits d'enregistrement

Les droits d'enregistrement sont d'ordre public. « Aucune autorité publique ne peut en accorder remise, modération ou en suspendre le recouvrement ».
Les droits des actes de mutation par décès sont payés avant l'exécution de la formalité au taux et quotité réglés par le code des impôts. Nul ne peut en atténuer ni différer le paiement sous le prétexte de contestation sur la quotité ni pour quelques motifs autres que ce soit, sauf à se pourvoir en restitution s'il y a lieu.
À défaut de paiement préalable, la formalité est refusée. En cas de changement de législation, le régime fiscal applicable est celui en vigueur lors du fait générateur de l'impôt, soit à la date de l'acte ou de la mutation ou le cas échéant la date de présentation volontaire de l'acte à l'enregistrement.

Paragraphe 1. Conditions générales d'exigibilité des droits

En dehors des mutations imposables par elles- mêmes indépendamment d'un écrit qui les constate, les faits juridiques ne sont taxables que par leur constatation dans un écrit. Pour que le droit puisse être perçu sur un acte, il faut que cet acte puisse satisfaire à certaines conditions. Par ailleurs, il existe des limites à l'exigibilité des droits.[3]

Paragraphe 2. Les titres taxables

Le droit n'est dû sur une opération constatée par un acte que si cet acte en forme le titre complet. En d'autres termes, il faut que cet acte soit susceptible d'en faire la preuve. L'opération taxable doit produire un effet certain et actuel.

1. Actes imparfaits

L'acte imparfait est celui qui n'est pas encore formé, soit que toutes les parties à cet acte n'ont pas encore exprimé leur consentement ou soit qu'il manque à cet acte certaines formalités exigées par la loi pour sa perfection.

---

[3] Cf. H. D. Amboulou, *Pratique et déontologie notariales en droit positif, Congo-Brazzaville*, L'Harmattan, 2012.

2. Acte nul

Il est celui qui révèle toutes formes extérieures de nature à constituer la convention, ce en dépit de vice et cause de nullités qui l'affectent (donation sous seing privé portant sur un immeuble).

Cependant, au regard de la jurisprudence, l'administration fiscale n'a pas le rôle de juge, de la validité des actes. Par conséquent, l'opération supporte l'impôt dans les conditions de droit commun comme si elle était valable. Le droit n'est donc dû sur un acte entaché de nullité.[4]

3. Convention verbale constatée ultérieurement par écrit

Un écrit postérieur peut former le titre d'un acte ou contrat verbal dont l'objet a été déjà réalisé. L'impôt applicable à l'opération est exigible s'il n'en avait pas déjà été perçu.

Paragraphe 3. Les limites d'exigibilité des droits

Les limites empêchent la perception du droit proportionnel ou progressif. La présentation de l'acte à la formalité donne ouverture au droit fixe des actes innommés. Ces limites s'appliquent aux faits juridiques dérivant directement de la loi et à la règle « non bis in idem ».

Paragraphe 4. Faits juridiques dérivant directement de la loi

Lorsqu'un acte est rédigé uniquement pour constater un tel fait, les droits proportionnels ou progressifs ne s'appliquent pas à cet acte.

Exemple. Acte de dévaluation légale des bilans des sociétés intervenue après la dévaluation du franc CFA en 1994, acte d'acquisition par accession ou par prescription. Par exception à cette règle, les mutations par décès sont soumises au droit d'enregistrement même par dévolution légale des biens héréditaires. Une même opération juridique ne peut supporter deux fois le droit proportionnel ou progressif prévu d'après sa nature et le taux quel que soit le nombre d'actes qui la constate. Cette règle bénéficie à deux catégories qui par conséquent, supportent les droits fixes. Il s'agit des actes d'exécution et de complément et des actes refaits pour cause de nullité ou autres motifs.

Paragraphe 5. Les actes d'exécution

Les actes d'exécution constatent une conséquence nécessaire d'un acte déjà enregistré (acte constatant la livraison d'un bien vendu par acte antérieur tel que le fonds de commerce). Les actes de complément apportent un élément nouveau se rattachant à un acte initial comme accessoire au principal (acte rectifiant une erreur ou acte modifiant une disposition antérieure).[5]

---

[4] Cf. H. D. Amboulou, *Pratique et déontologie notariales*, précité.

[5] Cf. H. D. Amboulou, *Pratique et déontologies notariales*, précité.

Paragraphe 6. Les actes refaits pour cause de nullité ou autres motifs

Pour bénéficier de l'application du droit fixe, ces actes ne doivent apporter aucun changement par rapport au premier acte enregistré. Ils ne doivent donc rien ajouter aux objets de convention ou à leurs valeurs.

Section 2. Acte renfermant plusieurs dispositions

En général, un acte renferme plusieurs dispositions qui peuvent être dépendantes ou indépendantes. Le régime fiscal diffère selon les cas.

Paragraphe 1. Théories des dispositions dépendantes et indépendantes

Les dispositions d'un acte sont dépendantes lorsqu'il est impossible de scinder l'acte sans dénaturer le contrat.

Exemple. Les mutations réciproques dans un échange

Paragraphe 2. Régime fiscal des dispositions dépendantes

Lorsqu'un acte renferme des dispositions dépendantes, une seule est taxée. Et c'est celle qui donne lieu au tarif le plus élevé, ou c'est la disposition principale au cas où les tarifs applicables sont de nature différente.

Les dispositions indépendantes. Les dispositions d'un acte sont indépendantes lorsqu'elles sont telles qu'elles pourraient constituer des contrats distincts.

Exemples :

- disposition d'un acte portant les ventes concomitantes de divers biens ;
- disposition d'un acte constant la cession d'un fonds de commerce et le bail commercial.

Lorsque les dispositions d'un acte sont indépendantes, chacune d'elle est taxée sauf, à ne pas percevoir cumulativement les droits fixes.

Dès lors trois cas sont envisagés :

— toutes les dispositions indépendantes de l'acte relèvent du droit fixe, ceci entraîne la perception d'un seul droit fixe le plus élevé, en vertu du principe de non-cumul des droits fixes entre eux ou avec des droits d'autres natures ;
— toutes les dispositions de l'acte relèvent du droit proportionnel ou du droit progressif, toutes sont taxées, c'est-à-dire les différents droits sont totalisés, en vertu du principe de la pluralité des droits ou du cumul des perceptions ;

— certaines dispositions sont soumises à des droits proportionnels ou progressifs et d'autres aux droits fixes, les droits fixes ne sont pas perçus. Sauf comme minimum de perception au cas où leur montant est supérieur à celui des autres droits (proportionnels ou progressifs) réunis.

Section 3. Conventions affectées d'une modalité

Le droit prévu pour une opération déterminée, ne peut être perçu que si cette opération produit des effets certains et actuels. Un acte peut être pur et simple ou affecté d'une condition.
« Un contrat est conditionnel, lorsqu'on fait dépendre l'exécution d'un évènement futur et incertain, soit en le suspendant jusqu'à ce que l'évènement arrive, soit en le résignant selon que l'évènement arrivera ou n'arrivera pas.
Dans le premier cas, la condition est suspensive et dans le second, elle est résolutoire.[6]

Paragraphe 1. La condition suspensive

1. Définition et régime fiscal

La condition suspensive est celle qui fait dépendre l'exécution du contrat d'un évènement futur et incertain. Et c'est à l'accomplissement de cette condition que l'obligation sera exécutée. La condition suspensive donne ouverture au droit fixe des actes innommés qui est de 10.000 francs CFA.

Remarque :
Des dérogations exceptionnelles limitent la portée de ce principe à savoir :
— les droits sur les contrats de mariage sont perçus en dépit du fait que les conventions sont subordonnées à la célébration du mariage. (en cas de non célébration du mariage, les droits perçus sont restituables). En France, par exemple, les droits de cession d'office ministériel sont immédiatement perçus malgré la condition suspensive de l'agrément du cessionnaire par le gouvernement. En cas de non-agrément, ces droits sont restitués.

2. Défaillance de la condition

Si la condition ne se réalise pas, l'exigibilité du droit est définitivement écartée.

3. Réalisation de la condition

En cas de réalisation de la condition, deux situations peuvent être envisagées. Soit un nouvel acte est établi pour constater l'évènement de la condition. Cet acte réuni à l'acte conditionnel supporte le droit prévu d'après la nature de l'opération. Soit, il n'est pas dressé d'acte pour constater

---

[6] Cf. H. D. Amboulou, *Pratique et déontologie notariales en droit positif.* Précité.

l'évènement, les parties peuvent présenter l'acte conditionnel avec la mention indiquant la date de l'évènement de la condition. La formalité est alors exécutée et, l'acte est imposé au droit prévu d'après la nature de l'opération. Ces droits deviennent donc exigibles.

4. La condition résolutoire

La condition résolutoire est celle qui, lorsqu'elle s'accomplit, opère la révocation de l'opération et remet les choses au même état que si l'obligation n'avait pas existé. La condition résolution ne suspend pas l'exécution à l'obligation, le contrat est pur et simple. C'est seulement la révocation de ce contrat qui est conditionnelle. Contrairement à la condition suspensive, la condition résolutoire subordonne la révocation du contrat à un évènement futur et incertain.

Paragraphe 2. Régime fiscal de l'acte de la condition résolutoire

Le contrat affecté de la condition résolutoire est taxé au droit proportionnel ou progressif. En cas de résiliation de la condition, les droits perçus ne sont pas restituables.

CHAPITRE 4. LES ACTES DES SOCIÉTÉS

Section 1. Les généralités

Paragraphe 1. Définitions

« La société est instituée par deux ou plusieurs personnes qui conviennent par un contrat d'affecter à une entreprise commune des biens ou leur industrie en vue de partager le bénéfice ou de profiter de l'économie qui pourra en résulter ». Elle peut être instituée, dans le cas prévu par la loi par l'acte de volonté d'une seule personne. Les associés s'engagent à contribuer à la perte (article 1831 C. CIV).

Aux termes de l'article 4 de l'acte uniforme OHADA, la société commerciale est créée par deux ou plusieurs personnes qui conviennent, par un contrat, d'affecter une activité des biens en numéraires ou en nature, dans le but de partager de bénéfice ou de profiter de l'économie qui pourra en résulter. Les associés s'engagent à contribuer aux pertes dans les conditions prévues par le présent acte uniforme. La société commerciale peut être créée, dans les cas prévus par l'acte OHADA, par une seule personne, dénommée associé unique par un acte écrit. La société unipersonnelle ainsi consacrée ne peut être qu'une SARL ou une SA.[7]

Paragraphe 2. L'acte constitutif ou statut des sociétés

Toute société doit avoir un objet licite et être créée dans l'intérêt commun des associés. En règle générale, la constitution de nos sociétés entraîne la rédaction d'un acte dénommé le statut. Cet acte doit être présenté sous forme authentique (notarié).

Les statuts doivent être signés et doivent faire par ailleurs l'objet de publicité, par l'insertion de l'avis de constitution ou d'annonce légale dans le journal officiel ou approprié, par le dépôt au greffe du tribunal de commerce et du crédit mobilier, par l'immatriculation de la société au registre de commerce et du crédit mobilier. Les sociétés régulièrement constituées ont une personnalité juridique appelée personne morale.

Cette personnalité juridique est acquise avec l'inscription de la société au RCCM. Les attributs de cette personnalité sont :

- le nom ou la dénomination sociale ;
- le domicile ou le siège social et la nationalité ;
- le patrimoine ;
- l'existence juridique soit sa capacité et sa responsabilité.

---

[7] Cf. H. D. Amboulou, *Le droit des affaires dans l'espace OHODA*, L'Harmattan, 2013.

La personnalité morale a une durée.
L'ASSOCIE : Toute personne physique ou morale peut être associée dans une société commerciale si elle ne fait l'objet d'aucune interdiction (incapacité ou incompatibilité prévue par la loi). Les associés ont droit à l'information soit, par la communication des documents sociaux, soit par la possibilité de poser les questions écrites aux dirigeants, ou par la demande d'expertise de gestion.
Les associés participent à la vie de la société par leur assistance aux assemblées, par leur droit de vote. Les opérations juridiques effectuées par les sociétés dans les mêmes conditions que les personnes physiques (vente, bail, etc.) sont soumises au même droit que celle-ci et dans les mêmes conditions.

L'évaluation des rapports peut être supérieure au capital du fait de l'existence des apports en industrie. L'apport de ce patrimoine constitue la base des droits d'enregistrement. La distinction entre apport pur et simple et apport à titre onéreux est essentielle pour la détermination du droit des apports en société.

Paragraphe 3. Apports purs et simples

Les apports sont dits purs et simples, lorsque l'apporteur reçoit en contrepartie de son apport les droits sociaux soumis aux aléas de l'entreprise. Le terme « parts sociales » est employé pour désigner les titres de sociétés des personnes et des sociétés à responsabilité limitée (SARL). Le mot « actions » s'applique aux titres des sociétés des capitaux par actions, des sociétés anonymes et des sociétés en commandite par actions.[8]

1. Tarifs et assiette

TARIFS : Les actes de formation des sociétés qui ne contiennent pas transmission de biens meubles ou immeubles entre les associés ou autres personnes sont assujettis à un droit dit « droit d'apport » réglé au taux de 3% (article 259. CGI. T2). Toutefois, pour les sociétés admises au bénéfice des dispositions du code des investissements, le tarif sera calculé comme suit :

a/. de 1 à 2,5 milliards	1%
b/. de 2,5 milliards à 5 milliards	0,50%
c/. au-dessus de 5 milliards de francs	0,10%.

Remarque. Les apports purs et simples faits à une société lors de sa constitution ont un caractère translatif, par conséquent, ils devraient être assujettis au droit proportionnel de mutation. Pour encourager le développement des sociétés, la loi par mesure exceptionnelle a prévu l'exonération de ce droit pour les apports et leur assujettissement à un droit

[8] Cf. H. D. Amboulou, *Le droit des affaires dans l'espace OHODA,* précité.

au tarif très inférieur. Ce principe est justifié par la théorie de la mutation conditionnelle des apports. En application de cette théorie, l'apport pur et simple d'un bien qui, en fin de compte, revient à son apporteur n'est pas assujetti au droit proportionnel de mutation. Lors de la liquidation de la société, le droit proportionnel de mutation redevient exigible que si ce bien est attribué à un associé autre que l'apporteur.

2. Assiette du droit d'apport

2.1. Valeur nette des apports

L'assiette du droit d'apport est la valeur nette des apports à la date de constitution des sociétés. Cette valeur est déterminée suivant les règles applicables en matière de mutation à titre onéreux. Pour les apports en propriété, la base imposable est constituée par la valeur vénale des biens apportés. Pour les apports en jouissance, l'assiette du droit est constituée par la valeur locative des biens apportés.

2.2. Prix exprime plus charges. La valeur taxable des apports en propriété est le prix exprimé augmenté des charges, c'est-à-dire les frais. En règle générale, l'évaluation des apports pour la perception des droits est établie par les indications de l'acte des sociétés. En d'autres termes, les apports sont évalués avant la convention des sociétés ou l'établissement des actes. De ce fait, l'assiette des droits est constituée par le montant du capital social intégralement libéré ou souscrit. L'évaluation peut être supérieure au capital social, notamment lorsqu'il existe des apports en industrie eux-mêmes évalués. Dans ce cas, c'est la valeur globale effective des apports supérieurs au capital social qui sert de base au calcul des droits. En toute hypothèse, l'administration fiscale peut établir l'insuffisance de l'évaluation des apports pour taxer leur valeur vénale. Elle peut aussi établir les dissimulations.

Paragraphe 4. Conditions d'exigibilité des droits d'apports

Pour que le droit des apports soit exigible, il faut qu'il ait apport pur et simple à une véritable société constatée par un écrit.

Nature des biens apportés. Le droit des apports s'applique quelle que soit la nature et l'origine des biens apportés pourvu que les biens soient évalués en argents, ou susceptibles de l'être. Le droit d'apports est exigible même dans le cas où les biens apportés sont des biens étrangers, il suffit que l'acte qui les constate soit passé dans un pays membre de l'OHADA. Le droit des apports est établi non seulement sur les apports effectifs, mais aussi sur les promesses d'apports, de sorte que dans les sociétés par actions, le droit d'apports porte sur l'intégralité du capital souscrit, même si seulement une partie du capital est immédiatement appelée.[9]

---

[9] Cf. H. D. Amboulou, *Le droit des affaires dans l'espace OHODA*, précité.

Nécessité véritable société. Pour que le droit d'apports s'applique, il faut que les apports soient faits à des sociétés régulièrement constituées en conformité avec les dispositions de l'Acte uniforme de l'OHADA. Il faut qu'il ait affectation à une société des biens en vue de réaliser le bénéfice et de le partager.

Section 2. Les apports à titre onéreux

Paragraphe 1. Présentation et tarifs applicables

Les apports sont dits à titre onéreux, lorsqu'ils sont rémunérés au moyen d'un équivalent à fournir par la société, lequel équivalent est soustrait aux risques sociaux. En d'autres termes, l'apport est à titre onéreux, lorsque l'apporteur reçoit en contrepartie pouvant consister en espèces dans la prise en charge par la société d'un passif de l'apporteur. Elle peut aussi consister en obligations émises par la société ou dans la prise en charge par la société d'acquitter des dettes incombant à l'apporteur. Fiscalement, l'apport à titre onéreux s'analyse à une véritable vente consentie par l'apporteur du bien à la société. Il est par conséquent, soumis au régime des mutations à titre onéreux et, ce d'après la nature des biens qui en font l'objet. La quotité des droits applicables est déterminée comme s'il s'agissait d'une vente ordinaire des biens apportés.

Si les biens apportés sont des immeubles, le droit de mutation immobilier à titre onéreux s'applique. Ce droit est augmenté des taxes additionnelles.

Si les biens apportés sont des meubles, dont la transmission de gré à gré n'est pas soumise à un droit fixe qui n'est d'ailleurs pas perçu en raison du fait que ce droit sera inférieur au droit proportionnel dû par ailleurs sur les apports purs et simples et sur les apports à titre onéreux. En effet, l'acte constitutif des sociétés constate en général, différents apports pouvant relever les uns de droits fixes, les autres des droits proportionnels ou progressifs. L'apport à titre onéreux des marchandises ne dépendant pas d'un fonds de commerce apporté à la société, est soumis au régime de vente d'un meuble ordinaire. Par contre, l'apport à titre onéreux des marchandises dépendant d'un fonds de commerce, lui-même apporté à la société à titre onéreux est soumis au droit de cession du fonds de commerce, droit réglé au taux de 10%.

Si les marchandises ainsi apportées font l'objet d'un prix particulier, et d'une estimation détaillée article par article, dans un état déposé en triple exemplaire, le taux de droit exigible sera réduit à 5%. Si un apport à titre onéreux comprend à la fois des meubles et des immeubles, les objets mobiliers doivent faire l'objet d'un prix particulier et d'une estimation article par article. À défaut, le tarif immobilier est applicable à l'ensemble de l'apport. Si l'apport à titre onéreux a pour objet un droit de jouissance, le droit exigible sur cet apport sera le droit de mutation en jouissance (bail).[10]

Paragraphe 2. Assiette des droits de mutation des apports à titre onéreux

Les droits de mutations à titre onéreux des apports sont perçus sur le prix de l'apport augmenté le cas échéant des charges ou sur la valeur vénale des biens apportés, si elle est supérieure au prix exprimé augmenté des charges. Si le prix consiste en obligation émise par la société, l'assiette des droits sera constituée par la valeur de remboursement des obligations de celle-ci et non par leur valeur d'émission. Si le prix consiste dans le paiement du passif, le droit est exigible sur le montant de ce passif.

Section 3. Les apports mixtes

Les apports peuvent être en partie à titre pur et simple et en partie à titre onéreux. Pour la partie à titre pur et simple, l'apporteur reçoit les droits sociaux. Et pour la partie à titre onéreux, la société paye la contrepartie à l'apporteur ou à son créancier. En particulier, l'apport d'un fonds de commerce composant l'actif et le passif entraîne l'obligation pour la société de payer un prix en retour de l'apport. Le montant de ce prix correspond à celui du passif incombant personnellement à l'apporteur. À concurrence de ce montant de ce passif, l'apport est à titre onéreux et supporte le droit de mutation correspondant. À concurrence de l'excédent d'actif, l'apport est pur et simple et, soumis au droit d'apport.

Imputation du passif. La loi accorde à la société bénéficiaire d'un apport pur et simple grevé d'un passif que la société prend à sa charge d'imputer sur le passif de façon avantageuse pour elle.[11] Les droits de mutation dus sur apport à titre onéreux sont en général supérieurs au droit d'apport pur et simple. Le calcul des droits se fait sur la valeur des apports déduction faite des dettes. Pour bénéficier de cet avantage, la société, sous sa demande, impute en priorité le passif sur les apports non passibles des droits d'enregistrement ou sur les apports faiblement taxés. A cet effet, les parties à l'acte déclarent quels sont parmi les biens apportés ceux qui constituent un apport et simple, et ceux qui par contre seront considérés comme vendus parce que faisant l'objet d'un apport à titre onéreux. Si de ce fait, la totalité du passif est imputée, seul le droit d'apport pur et simple du fonds de commerce et le droit de cession des marchandises neuves seront exigibles.
Si le montant ou la valeur des marchandises est inférieur à celui du passif, de manière qu'il ne suffit pas à éponger la totalité de ce passif, le reliquat est

[10] Cf. H. D. Amboulou, *Le droit des affaires dans l'espace OHODA*, précité.
[11] Article 225.CGI.

imputé sur le fonds du commerce. Dans ce cas le fonds de commerce se décompose en fait en deux apports différents :

- un apport à titre onéreux à hauteur du passif imputé ;
- apport à titre pur et simple sur l'excédent de valeur du fonds de commerce.

CHAPITRE 5.
ACTES PASSES AU COURS DE L'EXISTENCE DE LA SOCIÉTÉ

Au cours de son existence, une société peut être amenée à passer divers actes. Ceux-ci se répartissent en deux catégories à savoir :

- les actes qui modifient les statuts de la société ou son activité ;
- et ceux qui, sans toucher les statuts, constatent les cessions des droits sociaux ou d'obligation.

Section 1. Modification du pacte social (statut)

- les plus importants sont : du capital ;
- l'augmentation ;
- la réduction ou l'amortissement du capital ;
- le changement de type juridique de la société ;
- la prorogation des sociétés ;
- les fusions des sociétés ;

Toutes ces opérations propres à l'être moral sont soumises à l'enregistrement et au droit de timbre de dimension.

Paragraphe 1. Augmentation de capital

L'augmentation de capital peut être réalisée soit au moyen d'apports nouveaux, soit par incorporation de réserves, de bénéfices ou de provisions.

1. Augmentation de capital au moyen des nouveaux apports. Cette opération entraîne en général, l'exigibilité d'un même droit que les apports étudiés lors de la formation des sociétés. Lorsque le capital d'une société existante est augmenté au moyen d'apports nouveaux effectués à titre pur et simple, soit par les associés ou soit par des personnes jusque-là étrangères à la société, les droits d'apports prévus par les articles 259 et 260 du CGI sont dus sur les montants de l'augmentation. Une augmentation de capital peut être aussi réalisée au moyen d'apports à titre onéreux. Dans ce cas, le droit de mutation à titre onéreux s'applique.

Condition d'exigibilité. Le droit d'apport est un droit d'acte. En général, ce droit est dû sur l'acte qui constate l'augmentation de ce capital. Cependant, dans les sociétés anonymes (SA) et les sociétés en commandites par actions (SCA), ce droit est dû :

- sur la déclaration notariée de souscription et de versement, lorsque l'augmentation est faite en numéraire ;
- sur le procès-verbal de la deuxième assemblée de vérification des apports, lorsque l'augmentation comporte les apports en nature.

Le droit de mutation à titre onéreux, en raison de la nature des biens apportés à titre onéreux, s'applique.

Assiette des droits. L'assiette des droits correspond à la valeur réelle des apports nouveaux. Les frais de l'augmentation de capital ne sont pas déduits. La base de calcul des droits inclut la valeur nominale des titres et aussi éventuellement le montant des primes d'émission exigé de nouveaux associés. Le droit de mutation à titre onéreux est dû sur le prix augmenté des charges ou sur la valeur vénale des biens si elle est supérieure.

Remarque. Sont des apports en numéraire, pour la perception de droit :
- les apports libérés en espèces ;
- les apports libérés par compensation avec des créances liquides et exigibles sur la société, tels que les comptes courants d'associés, la conversion d'obligation en action dans les sociétés anonymes ou dans les sociétés en commandites par actions.

2. Capitalisation des avances en compte courant des associes dirigeants. L'incorporation au capital d'une société passible de l'impôt sur les sociétés sur tout ou partie de ses résultats du montant des comptes courants ouverts au nom des associés ou actionnaires, personnes physiques, qui possèdent en droit ou en fait la direction de l'entreprise ne donne lieu qu'à la perception d'un droit réglé au taux de 3%.[12]

3. Augmentation de capital par incorporation de réserves, de bénéfices ou de provisions. Cette opération diffère de la précédente du fait que l'augmentation a lieu en « circuit fermé » sans l'intervention des nouveaux apporteurs extérieurs. Les réserves, les bénéfices ou les provisions générés par la société financent donc l'action. Toute société peut procéder à une augmentation de capital par incorporation de réserves de bénéfices ou de provisions. Les réserves constituées par les primes d'émission peuvent être incorporées au capital. Les réserves peuvent aussi être constituées par les primes de fusion c'est-à-dire l'excèdent de l'actif net apporté par une société absorbée, sur le montant nominal des actions ou des parts remises en représentation de cet apport.

Tarif et assiette des droits. L'augmentation de capital au moyen d'incorporation de réserves de bénéfices ou de provisions de toute nature est

[12] Article 259 et 260, CGI.

passible d'un droit d'enregistrement liquidé au taux de 5%. Ce droit est établi sur le montant capitalisé de la réserve des bénéfices ou de la provision (article 262, CGI).
Ce taux est passé à 10% lorsqu'il s'applique aux actes de fusion des sociétés ; pour ces derniers, le droit proportionnel d'apport en société n'est perçu que sur la partie de l'actif apportée par la ou des sociétés fusionnées qui excèdent le capital appelé et non remboursé de ces sociétés.

Paragraphe 2. Réduction du capital social et amortissement du capital social

1. Réduction du capital social. La réduction du capital d'une société est la diminution de ce capital opposable aux créanciers postérieurs. Elle peut avoir deux objectifs :

- compenser les pertes subies par la société ou la dépréciation de son actif ;
- financer une distribution au profit des associés.

La réduction du capital social peut s'effectuer de trois manières.

2. Réduction de capital en vue de compenser les pertes. Dans ce cas l'opération ne s'accompagne d'aucun remboursement aux associés (diminution de la valeur nominale des actions). Le droit d'enregistrement exigible sur une telle opération est le droit fixe d'actes innommés. Le montant de ce droit est actuellement de 10.000F.F.A

3. Réduction de capital social entraînant distribution ou remboursement en numéraire aux associés. L'opération s'analyse en un partage partiel de la société. L'acte qui le constate supporte le droit de partage. Ce droit est réglé au taux de 1%.[13] Ce droit a pour base le montant de la réduction du capital. Pour qu'il s'applique, les parties prenantes doivent être suffisamment désignées soit nommément soit par le numéro de leurs titres. À défaut, l'opération peut être considérée comme seulement préparatoire au partage. Dans ce cas, le droit fixe s'applique.

4. Réduction avec attribution des biens sociaux aux associés. Les règles prévues en cas de partage de la société s'appliquent.

Amortissement du capital social. L'amortissement du capital social consiste dans le remboursement total ou partiel des apports aux associés au moyen des bénéfices ou des réserves disponibles à l'exception de la réserve légale. Ces titres sont échangés contre les actions de jouissance sans valeur nominale propre. L'amortissement de capital n'entraîne aucune modification

---

[13] Article 255, 256. CGI.

au statut, ni au bilan. Il est différent de la réduction du capital à l'égard des tiers, il n'entraîne pas de diminution de capital.

Paragraphe 3. Changement de type juridique de la société et prorogation des sociétés

1. Changement de forme juridique des sociétés. La transformation d'une société correspond à un changement de sa forme juridique (une SARL se transforme en une SA, une société de personnes devient une société de capitaux).
Un tel changement peut :

- ne pas donner naissance à un être moral
- ou bien entraîne la création d'une société nouvelle.

Dans l'un ou l'autre cas, les conséquences au regard de la perception des droits d'enregistrement ne sont pas les mêmes.[14]

2. La transformation laissant subsister la société. La transformation régulière d'une société en une société d'une autre forme n'entraîne pas la naissance d'un être moral nouveau. Il en est de même de la prorogation ou de toute autre modification entraînée par les statuts. La transformation est donc régulière si le changement est prévu soit par les statuts ou autorisé par la loi. Dans cette circonstance, l'acte qui constate le changement est soumis au droit fixe des actes innomés.

3. Changement entraînant la création d'une société nouvelle. Si par contre la transformation n'est prévue ni par la loi, ni par les statuts, l'administration de l'enregistrement soutient qu'une nouvelle société s'est formée. Dès lors l'acte qui constate le changement de forme de la société est assujetti au droit d'apports afférent aux constitutions des sociétés.
Les droits à percevoir s'appliquent aux apports purs et simples sur l'intégralité de l'actif net. Tandis que les droits de mutation à titre onéreux sont liquidés sur le montant du passif de la société primitive que la société nouvelle est tenue d'acquitter.

4. Prorogation des sociétés. La durée d'une société est déterminée par les statuts.[15] Elle ne peut excéder 99 ans. La prorogation d'une société est la prolongation de la durée qui lui a été primitivement assignée. Les articles 71, 72 du CGI font état de l'obligation d'enregistrement des actes de prorogation des sociétés dans un délai de trois mois et l'imposition desdits actes aux droits d'apports purs et simples en espèces. La loi congolaise ne donne pas d'autres précisions sur la prorogation des sociétés. Le code général des impôts de la France distingue selon que l'opération de prorogation intervient

---

[14] Cf. H. D. Amboulou, *Le droit des affaires dans l'espace OHODA*, précité.
[15] Article 1838, C. civ.

avant ou après l'arrivée à terme de la société. Selon le cas il soumet l'opération à un régime fiscal différent.
Lorsque la prorogation antérieure à l'expiration de la société est pure et simple, l'acte qui la constate est soumis à un droit fixe. Par principe, la prorogation postérieure à l'expiration de la société donne naissance à une société nouvelle. Elle doit être soumise aux droits d'apports dans les conditions ordinaires sur le fonds social net, puis aux droits d'apports à titre onéreux sur le montant du passif. Les actes de prorogation des sociétés comportent fréquemment des augmentations de capital réalisées soit au moyen d'apports nouveaux, ou soit par incorporation de réserves. Les droits exigibles sur les augmentations de capital sont liquidés dans les conditions ordinaires.[16]

Paragraphe 4. Les fusions des sociétés

1. Définition. La fusion est l'opération par laquelle, une ou plusieurs sociétés transmettent leur patrimoine à une société existante ou à une nouvelle société qu'elle constitue. L'article 1844-4 du Code civil prévoit qu'une société « même en liquidation peut être absorbée par une autre société ou participer à la constitution d'une société nouvelle par voie de fusion ». Les membres des sociétés apporteuses reçoivent des titres de la société absorbante soumise aux aléas sociaux.

2. Présentation. Les fusions peuvent s'opérer de deux manières :

- par absorption : cette hypothèse est la plus courante. L'une des sociétés survit et absorbe l'une ou les autres sociétés qui disparaissent ;
- par création d'une société nouvelle : dans cette hypothèse, toutes les sociétés apporteuses sont dissoutes et disparaissent pour constituer une nouvelle société.

La fusion consiste en un apport global de la totalité des éléments d'actif et passif du patrimoine des sociétés absorbées ou qui disparaissent. L'opération de fusion entraîne donc pour la ou les sociétés absorbantes l'augmentation du capital et elle dégage pour la ou les sociétés absorbées soit un mali, soit généralement un boni de fusion. Le mali de fusion étant le déficit dégagé lors de la fusion à la charge de la société absorbée.
Le boni de fusion est l'excèdent d'apport net. Il est en sorte la prime de fusion portée au bilan de la société absorbante et représentant la différence entre la valeur des biens apportés et la valeur nominale des actions ou parts rémunérant cet apport.

[16] Cf. H. D. Amboulou, *Le droit des affaires dans l'espace OHODA*, précité.

Paragraphe 5. Scission des sociétés

La scission est l'opération par laquelle une société fait apport de son patrimoine à deux ou plusieurs sociétés nouvelles.

1. Fusion – scission. La fusion-scission est l'opération par laquelle une société fait apport de son patrimoine à plusieurs sociétés préexistantes ou participe avec elles à la constitution de la société nouvelle.

2. Caractère distinctif. La fusion implique l'émission d'actions ou parts sociales en représentation de la ou les sociétés absorbées. Si ledit apport est rémunéré par des obligations ou par une somme d'argent, il y a non pas fusion, mais mutation à titre onéreux. Cependant, la prise en charge par la société absorbante de tout ou partie du passif de la société absorbée n'empêche pas la réalisation de la fusion, ni l'application du régime fiscal de fusion.
En résumé, la fusion se décompose en deux phases :

- d'une part, l'apport de son patrimoine par la société absorbante avec émission par cette dernière d'actions destinées à rémunérer ledit apport ;
- d'autre part, la répartition des actions d'apport entre les ayant droit de la société absorbée et dissoute du fait de la fusion.

Paragraphe 6. Régime fiscal de fusion des sociétés

1. Régime de droit commun. Au regard des droits d'enregistrement, toutes les opérations de fusion s'analysent :

- d'une part, la dissolution d'une ou plusieurs sociétés ;
- d'autre part, soit l'apport d'un patrimoine à une ou plusieurs sociétés nouvelles ou soit l'augmentation de capital d'une ou plusieurs sociétés préexistantes.

Pour l'application des droits, il faut voir distinctement la partie de l'apport qui est rémunérée en actions ou parts sociales, c'est-à-dire qui a le caractère d'un apport pur et simple (APS), et celle qui est rémunérée d'une autre manière, notamment par la prise en charge du passif de la société absorbée, et qui a le caractère d'un apport à titre onéreux.

2. L'apport pur et simple. La partie de l'apport rémunérée en action ou en parts sociales c'est-à-dire l'actif net apporté est soumise au droit d'apports réglé au taux de 3%. En outre, la partie de cet actif net qui excède le capital appelé et non remboursé de la société absorbée est soumise au taux de 10%.[17]
Ainsi, l'actif net apporté par la société absorbée est divisé en deux fractions :

---

[17] Article 262, CGI.

- celle qui correspond à l'apport pur et simple soumis au droit d'apport réglé à un taux réduit ;
- et, l'excédent de l'actif net apporté par la ou les sociétés fusionnées est soumis au droit proportionnel de 10%.

3. Détermination de l'actif net. L'actif net est constitué par la différence entre l'actif brut et le passif de la société absorbée.

L'actif brut. Il est constitué de tous les éléments corporels et incorporels compris dans l'apport de fusion.

Règles d'évaluation. Pour la détermination des droits d'apports, les éléments apportés doivent être évalués non à leurs valeurs comptables inscrites au bilan de la société absorbée, mais à leurs valeurs réelles à la date de fusion. L'actif apporté doit faire l'objet d'une déclaration estimative des parties sous le contrôle de l'administration.

Déduction du passif. Pour la détermination de l'assiette du droit d'apport, le passif de la société absorbée pris en charge par la société absorbante doit être déduit de l'actif brut. Le passif déductible s'entend uniquement du passif réel, non pas du passif non exigible tel que le capital social, les réserves, les provisoires. La différence entre l'actif brut et le passif pris en charge par la société absorbante constitue l'actif net apporté servant d'assiette au droit d'apport.[18] Par analogie, avec les règles qui gouvernent la constitution des sociétés, la prise en charge du passif de la société absorbée s'analyse en un apport à titre onéreux soumis au droit de mutation à titre onéreux.

[18] Cf. H. D. Amboulou, *Le droit des affaires dans l'espace OHODA*, précité.

CHAPITRE 6.
LES CESSIONS À TITRE ONÉREUX DES DROITS SOCIAUX ET D'OBLIGATIONS

La loi prévoit un régime général et un régime particulier

Section 1. Régime général

Les cessions d'actions, de parts de fondateur ou de parts de bénéficiaires ainsi que les cessions de parts d'intérêts dans les sociétés dont le capital n'est pas divisé en actions sont soumises à un droit d'enregistrement réglé au taux de 3%[19], qui est liquidé sur le prix exprimé et le capital des charges qui peuvent s'ajouter au prix ou sur estimation des parties si la valeur réelle est supérieure au prix augmenté des charges. Il en est ainsi même si les cessions interviennent après dissolution de la société, mais au cours des opérations de liquidation. Lorsqu'il s'agit d'actions, de parts de fondateur ou de part de bénéficiaires, le droit de 3% n'est dû que si la cession est constatée par un acte écrit ou un ensemble d'écrits constatant l'accord des parties sur la chose ou sur le prix.[20]

Remarque :
Le bordereau de transfert des titres nominatifs qui ne porte pas la mention du prix ne constitue pas un acte et ne peut, à lui seul, rendre exigible le droit de 3%. En revanche, lorsqu'il s'agit des parts sociales, les cessions non constatées par un acte sont également imposables et doivent être déclarées dans le délai légal à la recette des impôts du domicile de l'une des parties. Les cessions de parts de sociétés congolaises résultant d'actes passés à l'étranger doivent être déclarées dans les mêmes conditions.

Section 2. Régime particulier

Les cessions de droits sociaux représentatifs d'apports en nature. Lorsqu'elles interviennent dans les trois ans de la réalisation définitive de l'apport fait à la société, les cessions de parts sociales dans les sociétés dont le capital n'est pas divisé en actions sont considérées, du point de vue fiscal, comme ayant pour objet les biens en nature représentés par les titres cédés et sont soumises en conséquence au droit de mutation correspondant à la nature des biens apportés. Cependant, ces dispositions ne sont pas applicables aux

---

[19] Art. 259 CGI, t2.
[20] Cf. H. D. Amboulou, *Le droit des affaires dans l'espace OHODA,* précité.

cessions d'actions ou de parts émises par les personnes morales passibles de l'impôt sur les sociétés. Ce qui est le cas notamment des parts de SARL. Dans ce cas, seul le droit de 3% est exigible selon les conditions fixées par l'article 259 CGI 2. C'est également le droit de 3% qui s'applique aux cessions de parts représentatives d'un apport de terrain à bâtir à une société de construction-vente.

Cession massive de droits sociaux. En présence de la cession de la totalité ou de la quasi-totalité des titres d'une SARL ou d'une société anonyme, il y a un risque que l'administration fiscale considère, en invoquant l'existence d'un abus de droit, que cette opération dissimule la vente des éléments de l'actif social suivi de leur apport à une nouvelle société, ce qui entraînerait les conséquences fiscales particulièrement lourdes d'une dissolution de société : notamment taxation des bénéfices en sursis d'imposition et des plus-values latentes, imposition du boni de liquidation au nom des associés, droits de mutation à titre onéreux sur les éléments réputés cédés et droits d'apport sur les biens transmis à la société nouvelle.
Or il résulte clairement de la doctrine actuelle que le seul fait que la majorité (ou même la totalité) du capital change de mains ne suffit pas à entraîner la disparition de la société des capitaux. Il ne peut en être ainsi qu'à la double condition :

1. Que les titres cédés, dans un délai rapproché, représentent au moins les 2/3 (pour les sociétés anonymes) ou les ¾ (pour les SARL) du capital social.
2. Que la cession prélude à la dissolution (ou à l'absorption de la société) ou encore qu'elle accompagne de modifications importantes du pacte social entraînant création d'une personne morale nouvelle (changement de type juridique de la société).

Pour exemple, dans le cas de la transformation d'une SARL en société anonyme juste avant la cession massive des titres de cette dernière, l'administration n'invoquera l'abus de droit que si cette transformation répond au souci d'éluder le droit d'enregistrement de 3% et non à des préoccupations d'ordre économique.
Bien entendu, cette doctrine est valable aussi bien en matière d'impôts directs que de droits d'enregistrement, ainsi qu'il résulte de la jurisprudence.

Réunion de tous les droits sociaux en une seule main. Cette opération est également soumise aux règles de droit commun (voir ci-dessous, *dissolution des sociétés*).

CHAPITRE 7.
LES ACTES DE DISSOLUTION DES SOCIETES ET DE PARTAGE DES SOCIÉTÉS

La dissolution est un évènement juridique qui n'entraîne pas immédiatement des mouvements des biens ou des valeurs. Malgré la dissolution, la société demeure pour les besoins de la liquidation. Celle-ci a pour but de réaliser l'actif, d'éteindre le passif, pour ressortir l'actif net correspondant à la masse à partager entre les associés.

Dans ce chapitre nous étudierons successivement :

- la dissolution des sociétés ;
- la liquidation des sociétés ;
- le partage des sociétés.

Section 1. Dissolution des sociétés

La dissolution d'une société peut résulter d'une décision des associés. Elle peut aussi résulter de l'application d'une disposition statutaire ou légale.

Paragraphe 1. Les principales causes de dissolution des sociétés

Les principales causes de dissolution des sociétés sont :

- l'arrivée du terme prévu au statut ;
- la disparition de l'objet social ;
- la volonté des coassociés ;
- la nullité de la société, etc.

Autrefois, les cessions massives des droits sociaux pour le changement total des membres d'une société de personnes étaient considérées comme de nature à mettre en cause l'existence de la société. Aujourd'hui, l'administration fiscale a renoncé à les considérer comme telles.

Paragraphe 2. Régime fiscal des dissolutions des sociétés

Les dissolutions des sociétés sont soumises obligatoirement à la formalité de l'enregistrement. Les actes qui les constant doivent être enregistrés dans un délai de trois (3) mois à compter de leur date.

Tarifs et exigibilité. Lorsque la dissolution d'une société n'entraîne aucune transmission des biens entre les associés, l'acte qui la constate supporte un droit fixe des actes innomés de 10.000 francs CFA. La dissolution peut découler d'une disposition principale taxable telle que la création d'une société nouvelle, ou de disposition indépendante soumise à des droits plus élevés (partage des sociétés). Par l'application de la théorie des dispositions dépendantes et indépendantes, le droit fixe n'est pas perçu.

Section 2. Liquidation des sociétés

Durant la liquidation, l'être moral survit, la société continue d'avoir un patrimoine propre et jusque-là les droits des associés demeurent mobiliers. Les associés ne sont pas donc des copropriétaires indivis de l'actif social. Les ventes des biens sociaux sont réputées faites par la société elle-même. Elles donnent ouverture aux droits de mutation afférents à la nature du bien vendu.

Paragraphe 1. Opérations intervenant après la clôture de la liquidation

1. Les cessions consenties à un tiers. Après la clôture de la liquidation, les cessions, les droits sociaux constituent de véritables ventes passibles des droits de mutation aux tarifs prévus pour chacun des biens composant l'actif social.

2. Les cessions consenties à un associé. D'après la théorie de la mutation conditionnelle, l'apport pur et simple est une mutation du bien apporté sous la condition suspensive de l'attribution de ce bien à un associé autre que l'apporteur au moment où ce bien sortira du patrimoine de la société. Cette théorie s'applique exclusivement aux corps certains apportés à titre pur et simple. Les acquêts sociaux (biens apportés à titre onéreux ou biens acquis de tiers ou encore des crées par la société) ne sont pas concernés. Lorsque la cession a pour objet les acquêts sociaux, le droit de mutation est dû sur les parts acquises dans l'acte de cession.
Lorsque la cession a pour objet les apports effectués par un associé, ce dernier est réputé n'avoir jamais cessé d'être propriétaire des biens concernés au cas où la cession est faite à son profit. Aucun droit de mutation n'est exigible. Si la cession a pour objet l'apport des corps certains émanant d'associés autres que le cessionnaire, le droit de vente devient exigible sur l'acte d'apport et rétroactivement.[21]

Section 3. Le partage des sociétés

Lorsque la liquidation est terminée, le passif réalisé et l'actif acquitté, la société n'existe plus comme personne morale et ses biens qui sont des acquêts sociaux sont en indivision entre les associés. Le partage vient mettre fin à cette indivision. Il attribuera à chaque associé un droit exclusif sur les

[21] Cf. H. D. Amboulou, *Le droit des affaires dans l'espace OHODA*, précité.

biens mis dans son lot à la place des biens indivis qu'il possède dans l'ensemble du fonds social. Les actes constatant le partage des sociétés sont soumis obligatoirement à l'enregistrement que l'actif soit mobilier, immobilier ou mixte. Les biens considérés comme des acquêts sociaux sont assujettis au droit de partage réglé au taux de 1% liquidé sur l'actif net partagé, c'est-à-dire l'actif brut démuni du passif et de soulte.

Le droit de partage. L'assiette de droit de partage s'obtient en déduisant de l'actif brut du passif, des soultes ou de plus-values. L'actif brut est constitué par l'ensemble des biens congolais et étrangers composant l'actif social. Ces biens sont estimés d'après leur valeur vénale réelle à la date de l'acte de partage. Le passif est constitué par les créances des tiers éventuellement d'associés, des frais de liquidation et les impôts à la charge de la société du fait du partage. Les parties ne sont pas tenues de justifier le passif ni de le détailler.

TROISIÈME PARTIE. L'ANALYSE DE LA SITUATION ÉCONOMIQUE DES ÉTATS

CHAPITRE 1.
L'ANALYSE DE LA SITUATION ÉCONOMIQUE AU GABON

Pour importantes qu'elles soient, les actions économiques au Gabon demeurent marginales quant à la masse budgétaire des dépenses engagées, même si, ici ou là, quelques administrations ont pris des risques inconsidérés en accordant leur garantie à des emprunts émis par d'autres. Les activités traditionnelles d'entretien de routes, des écoles et des services sociaux occupent encore la part du lion du budget pour lesquels, comme on le constate dans le Code des investissements, l'État est loin de se désengager au profit des collectivités locales. Les dépenses de l'État se concentrent aussi sur le fonctionnement de certains équipements sportifs ou culturels. C'est pourquoi les salariés de la fonction publique sont les plus nombreux ; jardiniers, électriciens, gardiens, policiers, médecins, enseignements, personnels administratifs dans les régies financières... L'État est ainsi fréquemment le plus grand employeur, surtout si l'on ajoute aux fonctionnaires proprement dits les salariés des organismes qui dépendent des communes ou les associations largement subventionnées par le budget de l'État. Si le principe de l'universalité budgétaire veut qu'à une administration corresponde un budget et un seul, il en va tout autrement dans la réalité. Quoi que le secteur privé se montre assez émergent dans le pays avec environ 703 entreprises du secteur PME crées depuis l'année 2008, et le fort engouement dans le secteur informel, de multiples raisons ont poussé en effet les administrations à budgétiser certaines dépenses :

— la comptabilité publique souffre en effet de nombreuses lourdeurs qui rendent attrayant le transfert de certaines activités à des associations à but non lucratif, généralement présidées par les maires des communes. Cela réduit fortement les possibilités de contrôle puisque les comptes des associations ne sont pas publics. On comprend pourquoi cet usage est si répandu, bien qu'il soit une menace pour la démocratie et les investissements privés ;

— la débudgétisation peut aussi se faire par la mise en place d'une administration spécifique, dotée d'un budget propre, mais étroitement surveillée. C'est dans ce cadre que se situent, au niveau des administrations, les offices HLM ou hôpitaux qui sont en fait des activités marchandes, même si elles sont souvent déficitaires. Leurs recettes et leurs dépenses ne rentrent pas en conséquence dans l'archipel des administrations, même si elles y sont liées institutionnellement. Par contre, à l'échelon central, on rencontre un budget autonome qui entre typiquement dans le champ de l'économie administrée : celui des organismes de sécurité sociale.[22]

[22]Cf. H. D. Amboulou, *Le droit des marchés financiers dans l'espace OHADA*, L'Harmattan, 2015

CHAPITRE 2.
L'ANALYSE DE LA SITUATION ÉCONOMIQUE EN GUINÉE ÉQUATORIALE

La dynamique public/privé et marchand ou non marchand rend les frontières entre les divers secteurs de l'économie difficiles à déterminer et que, de plus, les transferts sont fréquents d'un abord à l'autre. Tout cela du fait que les catégories que l'on a fixées par les politiques d'investissements ne sont pas réelles, elles sont conceptuelles. Il s'agit donc d'une construction mentale destinée à rendre intelligible la situation économique du pays. Au total, l'économie de marché articule donc les différents types d'activité de façon suivante. Son principal dynamisme repose sur les entreprises marchandes, une part de profit, et dont l'efficience est sans cesse confrontée aux divers marchés, même ceux-ci ne sont pas exactement conformes au modèle classique environ 73% dans le secteur des PME. Mais toutes productions nécessaires à la vie en société ne peuvent se faire dans le cadre marchand. C'est ainsi que ce développement des initiatives privées collectives, même par le souci du bien commun de tout ou partie de la population. Comme ces initiatives ne sont pas toujours suffisantes et qu'elles sont aussi parfois sources de conflits, une intervention supérieure provient du fait qu'elle est issue d'une légitimité politique et qu'elle détient le monopole de la violence légale. En outre, elle articule les niveaux locaux et centraux de l'action publique. Elle dispose ainsi d'une marge de manœuvre certaine qui lui permet en outre d'interférer dans le secteur marchand par le développement de la propriété publique. Cette supériorité de l'État équato-guinéenne n'empêche pas la subsidiarité, car l'intervention publique ne doit pas se faire contre les autres formes de production, mais en complément avec elles.

CHAPITRE 3.
L'ANALYSE DE LA SITUATION ÉCONOMIQUE AU MALI

Au Mali, avec le nouveau Code des investissements, ce n'est plus le marché qui décidera de tout, mais une régulation nationale ou internationale. L'État en profitera pour supprimer toute évasion fiscale et c'est une véritable chasse aux sorcières qui va se mettre en place contre les riches malhonnêtes. Le contournement fiscal sera lui-même proscrit et assimilé à de l'évasion. Dans les emplois publics, les hauts salaires seront réglementés et tout sera fait pour que l'écart entre pauvres et riches soit ramené à des niveaux décents et acceptables par l'opinion. Seul l'entrepreneur pourra donc faire fortune. On en revient à une règle essentielle du libéralisme. Le partage de la valeur ajoutée favorisera donc à nouveau les salaires et l'on reviendra à des niveaux proches de ceux des années 1970. Pour son équilibre même, l'État doit se réconcilier avec sa classe moyenne en dehors du défi de la sécurité intérieure suscité par la lutte contre le terrorisme.

Le déclenchement de la crise a mis l'État sur le devant de la scène, obligé d'intervenir pour sauver ce qui pouvait l'être. Sans l'intervention de l'État, la situation aurait été rapidement dramatique. Face à la posture de blocage dans laquelle se trouvaient les banques, l'État est parvenu à s'immiscer dans le jeu financier puis économique en garantissant l'essentiel du système en faisant ainsi revenir la confiance (ou, à tout le moins, en éradiquant la méfiance), ce qui est essentiel pour espérer un retour à la normale et travailler davantage pour attirer les investissements. Avec seulement 20% du capital dans les banques, l'État essayera d'imposer ses propres décisions aux banques ou aux entreprises, il suffit de leur avoir prêté de l'argent pour les influencer dans leurs prises de décisions. Si l'on y prend garde, les entreprises véritablement indépendantes du giron de l'État ou de ses sphères d'influence seront bientôt minoritaires. Cette politique concerne la finance avec en premier lieu les marchés financiers (tout particulièrement les marchés de gré à gré, les possibilités de vente à découvert, le recours à l'effet de levier), les fonds d'investissements, les paradis fiscaux, les rémunérations des employés… mais aussi les échanges commerciaux (contrôle des contraintes environnementales notamment). L'activité économique devra se plier à nouveau aux carcans d'un resserrement des règlements internationaux. Ce qui est paradoxal, c'est, d'un côté, l'appétit très marqué de l'État pour plus de régulation dans l'économie et, de l'autre côté, sa capacité à s'affranchir des règles et des régulations imposées par les organismes communautaires (anti concurrence, contraintes budgétaires…). L'État doit balayer ces paradoxes en s'abritant, non sans raison, sous l'extrême gravité de la situation.

CHAPITRE 4. L'ANALYSE DE LA SITUATION ÉCONOMIQUE AU SÉNÉGAL

Le déclenchement des crises comme celle que le continent connaît actuellement se caractérise au Sénégal par une situation de blocage de l'économie. L'économie est paralysée et aucune décision ne parvient à altérer la donne. Pendant les années 1990, la dégradation économique a été considérable : entre 1989 et 2010 de 26% en termes réels et de près de 50% en nominal (du fait d'une déflation très marquée dans le même temps, le chômage a explosé de 25%, entraînant une misère considérable. Au niveau du continent, la production industrielle a baissé de près de 40% sur la même période, tandis que le commerce international se contractait de plus de 30%. Le risque de subir, aujourd'hui une crise aussi douloureuse semble assez faible. La société sénégalaise semble mieux organisée et plus à même de se défendre contre un tel effondrement. Les plans de sauvetage bancaires, l'injection massive de liquidités ainsi que les différents plans de relance budgétaire devraient avoir une réelle efficacité.
La raison de cette hyperréactivité tient en grande partie de la très forte interconnexion de toutes les économies de la région, voire du continent : pas une seule n'a pu se désolidariser du jeu. Ainsi, les conséquences sont déjà perceptibles : récession (c'est-à-dire croissance négative du PIB prévue entre -5% et -10% dans la zone CEDEAO), baisse des investissements, augmentation du chômage (les prévisions pour 2020 vont au-delà du seuil des 10% dans la plupart des pays de la zone CEMAC et jusqu'à 20% dans des pays comme la République démocratique du Congo, baisse de la consommation. Au Sénégal, ce cycle peut s'autoalimenter jusqu'au point où la consommation cesse de baisser et où les investissements reprennent, permettant ainsi à la confiance des ménages et des industriels à répartir, favorisant ainsi un nouveau cycle de croissance avec baisse du chômage. Dans une certaine mesure et dans des conditions particulières, une période récessive peut aussi s'accompagner d'une baisse de prix des actifs et des biens. Pour parvenir à vendre leurs produits, les entrepreneurs peuvent être amenés à baisser les prix de leur production, permettant ainsi d'écouler les stocks et de faire face aux différentes échéances. Cette chute des prix est extrêmement dangereuse, car elle hypothèque l'envie même d'investir, d'entreprendre et aussi de consommer malgré le développement des PME. Le consommateur tire avantage à repousser ses achats à plus tard puisque son pouvoir d'achat augmente avec le temps. Celui qui détient le capital à tout intérêt à thésauriser patiemment puisque les investissements qu'il pourrait faire ont de fortes chances de s'avérer risqués : les biens de

production sont supposés baissés, la valeur des stocks de produits fabriqués va également se dégrader. Bref, l'entrepreneur a peu de chances d'être récompensé de sa prise de risque tandis que le rentier se trouve, lui, dans une position idéale. La spirale est à la fois décourageante et dangereuse puis qu'elle menace les fondements mêmes de la société.

CHAPITRE 5.
L'ANALYSE DE LA SITUATION ÉCONOMIQUE AU TOGO

Il n'y avait pas jusqu'à présent de références long terme sur les indicateurs économiques comme cela existe aujourd'hui. Depuis les années 2000, environ 647 PME sont créées. Mais, malheureusement, les performances de long terme de l'indice du Togo – comparées à celles des pays voisins (Bénin, Niger, Nigeria) — sont assez incertaines. Les investisseurs en choisissant le pays auront bien fait, surtout s'ils ont pu le faire il y a deux ans. Le Togo est une zone d'investissements rassurante et le doit à la stabilité politique intérieure. Le poids de la politique bancaire n'a jamais été très significatif. La moyenne de la capitalisation boursière des quarante plus grosses valeurs représente environ 20% du PIB. Après le vaste programme des privatisations des années 2004, ce ratio est proche de 2%/. Depuis ce point bas historique, c'est une croissance régulière soutenue et, depuis les années 2010, tous les plafonds ont été crevés et la capitalisation boursière a avoisiné 80% du PIB. La crise économique et financière devrait logiquement faire revenir ce ratio sous les 40%. Les entreprises auront à lever de l'argent en Bourse et les augmentations de capital et les introductions seront rares. Certaines entreprises disparaîtront de la côte, de gré ou de force (faillites, rachat du flottant par l'entreprise…). Pour développer leur activité, les entreprises préféreront émettre des obligations plutôt que de diluer davantage des entrepreneurs déjà mécontents.[23]

[23] Cf. H. D. Amboulou, *Le droit des marchés financiers dans l'espace OHADA*, précité.

CHAPITRE 6. L'ANALYSE DE LA SITUATION ÉCONOMIQUE AU BÉNIN

Les pires craintes des adversaires du développement des économies de l'Afrique subsaharienne sont en train de se réaliser. Depuis environ dix ans, en effet, la généralisation ou le renforcement des politiques budgétaires restrictives (« au nom du respect des critères de gouvernance ») entretiennent la récession en Afrique et, ce faisant, nourrissent les déficits des administrations publiques. Condition nécessaire de restauration des marges de manœuvre de politique économique dans le pays, le Code des investissements du Bénin n'en est pas une condition suffisante. Il faut encore, outre la volonté politique des gouvernements, ce qui n'est évidemment pas une mince à faire, une capacité de régulation minimale des marchés financiers. Promouvoir les investissements est donc un impératif absolu, d'autant que la fenêtre historique actuellement ouverte risque de se refermer. Faut-il rappeler que près de cinquante années se sont écoulées depuis l'accession du pays à la souveraineté internationale, et combien le pays a souffert des chocs successifs sur les prix des matières premières agricoles (coton, maïs, café, cacao).

Bien entendu, le Code des investissements signifie la perte définitive de l'autonomie des politiques économiques nationales. Mais ce ne sera jamais que la consécration d'un état de fait provoqué par l'unification de la politique d'intégration sous-régionale.

Cependant, rendons aussi justice aux investisseurs des griefs qui ne leur sont pas imputables : ainsi du risque de polarisation sociale, régionale ou sectorielle de la croissance, risque lié au manque de performance du secteur bancaire et financier, et non presque nécessairement au climat des affaires. Bien sûr, ceux-ci contribueront à terme à réguler dans le pays le système des prix des biens et services sur le marché, à uniformiser les salaires dans les secteurs économiques générateurs de revenus et créateurs d'emplois. Mais l'enjeu du Code est surtout de sécuriser les investissements par des règles de compétences et des mécanismes administratifs et judiciaires qui repartissent et garantissent la responsabilité. Pour autant, si les avantages à long terme du Code paraissent assez incontestables, à court terme, les difficultés de son application au début n'en sont pas moins considérables. D'abord, le fait que le secteur bancaire n'est pas toujours prêt à accompagner les entrepreneurs ; ensuite, le fait que les secteurs prioritaires, selon la considération des gouvernements, sont définis sur des critères de déséquilibres infrastructurels et les investissements à y consentir risquent de plonger les investisseurs dans la récession.

Sans négliger le premier point, disons tout de même que l'expérience des banques commerciales en Afrique a montré qu'il y a souvent un fossé entre la règle et son application. Les risques de récession dus à l'austérité budgétaire généralisée sont autrement plus graves et appellent des appuis efficaces au processus engagé. Il convient tout d'abord de distinguer nettement deux sous-ensembles parmi les quatre secteurs prioritaires ou de convergence aux investissements : le premier comprend les investissements qu'on pourrait qualifier de ‘‘purement nominaux’’ avec leurs conséquences d'inflation, de taux d'intérêt et de stabilité de taux de change pour les marchés financiers ; le second sous-ensemble comprend les critères relatifs à la situation des finances publiques (importance du déficit budgétaire courant et poids de la dette publique). Deux raisons justifient de les distinguer : d'une part, ils ne sont pas formulés dans les mêmes conditions, et leur respect ne soulève donc pas de difficultés de même nature ; d'autre part, étant donné l'état d'avancement du processus de convergence des investissements, ces deux sous-ensembles ne constituent pas des problèmes d'importance égale pour la promotion des investissements.[24]

[24] Cf. H. D. Amboulou, *Le droit des marchés financiers dans l'espace,* L'Harmattan, 2015.

CHAPITRE 7.
L'ANALYSE DE LA SITUATION ÉCONOMIQUE AU BURKINA FASO

Dans ce pays, le Code des investissements se donne pour une méthode de développement économique. Les spécialistes du droit des investissements indiquent que ce code va beaucoup développer le champ de l'activité réglementaire, car celui-ci a été jusqu'ici défini en creux. Le Code indique précisément tout ce qui est du domaine législatif, le reste étant du domaine réglementaire et relevant donc des décrets et arrêtés ministériels. Il en va surtout de l'économie du bien-être. Parce que l'intervention de l'État y est définie en creux comme s'appliquant à tout ce qui ne relève pas du marché, elle est infinie, car indéfinie. Quand on sait, par ailleurs, que l'économie de marché s'accompagne parfois d'un pouvoir politique fort, voire autoritaire, on a le sentiment que le Code des investissements du Bénin est débordé par les politiques qu'il embrasse ou qu'il n'est qu'un rideau de fumée destiné à masquer le pouvoir que l'État exerce sur le secteur des entreprises. Car ce qui distingue l'analyse organique des investissements, c'est que cette dernière dispose du contrepoids du marché et de son penchant politique que constituent la démocratie pluraliste et la liberté d'entreprendre, qualifiées jusqu'ici de formelles dans l'entendement des lois qui l'ont précédé.
Le Code, du fait de sa complétude, ouvre désormais la voie à une approche duale du fonctionnement social et économique des investissements. Comme cela se présente, la régulation marchande, économique et l'action de l'État se conjuguent. La combinaison résulte en fait d'une double détermination que l'on peut résumer en indiquant que dans ce Code l'investissement est un moyen d'expression et de mesure de l'intensité de l'activité économique du pays. Les faveurs présentées dans le Code indiquent que les objectifs de l'État en ce qui concerne le développement de l'économie sont notamment : une économie plus forte, plus ouverte sur l'extérieure et régulée, plus démocratique, politiquement, plus stable, plus libérale avec des risques amoindris de conflits aux conséquences incertaines sur les approvisionnements et le commerce. L'ensemble converge donc vers un environnement beaucoup plus certain et très propice à l'initiative libérale. L'entrepreneur n'aura pas face à lui un terrain de jeu plus hostile, sans comparaison avec le régime des investissements antérieur.
Les conséquences du Code sur la vie des entreprises devraient avoir un impact positif sur le plan économique. L'objet de ce Code est justement de présenter les perspectives économiques et financières qui paraissent plus probables aux investisseurs. Prenant acte des influences négatives de l'ancien régime juridique des investissements, les acteurs de l'économie vont

bénéficier des avantages géostratégiques de leurs politiques auxquelles on peut s'attendre et tout particulièrement la thématique du déficit du soutien bancaire. Le Code leur permet également d'affronter les facteurs structurels qui leur paraissent majeurs pour vaincre les aléas de l'environnement économique à venir. Les investisseurs bénéficient, en outre, et en détail, des moyens d'analyse des perspectives économiques et financières. Ils comprendront les principales mesures budgétaires et financières prises par l'État et les banques, puis en s'appuyant notamment sur l'analyse de l'environnement, décideront sur des choix qui pourraient fonder l'économie du pays pour l'avenir, en termes de croissance et d'inflation.[25]

[25] Cf. H. D. Amboulou, *Le droit des marchés financiers dans l'espace OHADA*, précité.

CHAPITRE 8.
L'ANALYSE DE LA SITUATION ÉCONOMIQUE AU CAMEROUN

Si le dynamisme et le goût d'entreprendre des Camerounais ont jusqu'ici été des déterminants essentiels dans le développement du pays, le défi économique à relever aujourd'hui est considérable et il convient de battre en brèche une partie des mythes sur l'économie camerounaise. Tout d'abord, la croissance moyenne de ces dix dernières années atteint 2,6%, c'est aussi la plus basse de ces cinquante dernières années avec la période 1974-1983. De plus, étant donné que la croissance démographique est restée avantageuse, hausse moyenne de plus de 1%, la croissance par tête d'habitant s'est maintenue sous le seuil des 2%. Enfin, et c'est bien sûr le plus inquiétant, toute la progression du PIB de ces dernières années que le reflet d'une explosion des dettes. La croissance s'est totalement faite à crédit. Les Camerounais se sont endettés auprès du reste du monde pour acheter des produits qu'ils ne fabriquaient plus, contribuant ainsi à l'explosion des déficits. Pire, sans le crédit, la croissance camerounaise aurait été certainement négative. Ainsi, en 2003, le ratio dette/PIB représentait 306% et explosait à 356% en 2008. Cela signifie que l'augmentation des dettes sur la période représente plus de 17 milliards de FCFA (soit plus que le PIB de 2008). Plus précisément, concernant les ménages, ceux-ci ont bénéficié de crédits supplémentaires basés sur la revalorisation de leurs biens immobiliers ou de la baisse des taux d'intérêt. On comprend donc qu'en l'absence de ce Code des investissements, la croissance camerounaise aurait été beaucoup plus faible et peut être négative, confirmant ainsi le principe que la crise des investissements a commencé dès les années 2000 dans le pays et que le crédit n'a fait que reculer l'échéance en aggravant considérablement le problème.

L'effondrement du secteur bancaire camerounais, grand dominateur des investissements jusqu'en 2007, offre une idée explicite de la situation. En 1999, il représentait plus de la moitié de la capitalisation boursière du secteur au niveau de la CEMAC. En mars 2009, il représente à peine le tiers du secteur. Pire, la Chine l'a indiscutablement détrôné et est désormais le grand leader de l'investissement en infrastructures dans le pays et dans la sous-région, avec plus de 509 milliards, par an. La suprématie des investissements chinois devant ceux de la France et des autres pays de l'Union européenne dans le pays est telle que les trois plus grands secteurs de l'économie sont en leurs mains (infrastructures, secteur forestier, pêche).[26]

---

[26] Cf. H. D. Amboulou, *Le droit des marchés financiers dans l'espace OHADA*, précité.

CHAPITRE 9.
L'ANALYSE DE LA SITUATION ÉCONOMIQUE AU CONGO-BRAZZAVILLE

L'une des exigences qui découle des dispositions du Code des investissements c'est qu'il encourage l'initiative privée. En effet, même s'il détient un certain pouvoir de tutelle sur le fonctionnement de l'économie, l'État congolais s'inscrit dans une perspective de respect de l'initiative privée. Au sein de l'économie politique, ce choix normatif, puisque c'en est un, a placé l'économie publique dans une situation de sujétion : l'intervention publique ne s'impose que lorsque sont épuisées les vertus de la régulation marchande.

Si l'on demande à un investisseur pourquoi l'économie congolaise est moins efficiente que les autres économies de la sous-région, il dira que c'est parce que ce dernier réalise mieux qu'un plan l'allocation optimale des ressources rares. Cette formule est fondamentale, elle résume les centres d'intérêt majeurs de l'investissement. Le terme allocation ne doit pas induire en erreur. On ne s'intéresse pas ici à la distribution d'allocations, mais à l'affectation des ressources du pays (hommes, matières premières, équipements). Le principal problème des investissements est donc celui de l'efficience.

Les avantages que le Code prête aux investisseurs découlent de la capacité qu'ils auraient d'accroître leurs profits. Sous la pression de la compétition des entreprises, les investisseurs vont améliorer l'efficience du processus de production. D'une certaine façon, les investisseurs sont les dindons de la farce du fonctionnement de l'économie puisque les efforts qu'ils font se traduiront par une baisse des prix qui profite aux consommateurs. Dans la logique que nous venons d'exposer, cette situation n'a rien de surprenant, elle est une concrétisation des exigences du marché qui conduit les entrepreneurs, les gagnants du régime, pour que l'économie tout entière se trouve équilibrée. Ce qui peut éviter les poussées de fièvre chroniques de PME, et du secteur agricole encore embryonnaire.

Les appels à l'intervention de l'État seront dans ce cas moins nombreux, qu'il s'agisse de la fixation des prix ou de la mise en place de divers obstacles à la pénétration des produits étrangers. La préférence nationale avantage alors les investisseurs et amoindrit les efforts des producteurs. Qui dans ce régime de libre échange et de concurrence seront considérés comme un stimulant nécessaire. C'est dans un horizon vers lequel une économie congolaise doit tendre, et les interventions de l'État s'inscrivent dans cette perspective. Les hypothèses marchandes sur la situation des investisseurs

doivent par conséquent être considérées de cette manière ; des repères, pratiques qui rendent intelligible la réalité qui s'écarte des régimes anciens.
Le régime actuel ne retient que deux acteurs pour le développement économique : les investisseurs et les consommateurs. Tous deux sont supposés utilitaristes et rationnels. Pour atteindre la maximisation du profit pour l'un et de l'utilité pour l'autre, ils sont capables de faire des calculs comparant les coûts et les avantages des diverses options. Les investisseurs chercheront donc à maximiser leur profit. Mais il faut éviter qu'ils le fassent en imposant des prix supérieurs aux prix d'équilibre. Pour cela, la concurrence doit jouer, en ce sens qu'il doit y avoir atomicité des opérateurs. Ils doivent être sur chaque marché un grand nombre, non coalisé, afin que chacun d'entre eux ne puisse infléchir les prix. En d'autres termes, dans ce régime, l'absence de monopole ou de l'oligopole est impérative. Les principes ainsi résumés sont fondés sur la mesure. Dans chaque secteur de l'économie congolaise, des conditions des investissements sont homogènes en ce sens que les investissements réalisés bénéficient du même régime. Cela signifie qu'il n'y a pas de préférence pour un secteur quelconque. Et par chaque niveau d'investissement, il va exister un certain nombre de garanties propres.
Tout cela conduit à une indépendance complète des choix. On ne choisit pas tel investissement pour épater ou imiter le voisin, et lorsqu'on choisit d'investir dans tel ou tel autre secteur, cela n'a pas d'incidence sur les productions ou les utilités des autres. Le Code ne produit pas d'effet externe ou externalité. Dès que toutes les conditions concernant les investisseurs sont remplies, on se trouve dans une situation de concurrence pure. Le Code garantit les conditions suivantes : atomicité, homogénéité, fluidité et libre entrée sur le marché, la transparence et la mobilité des facteurs de production.
— la transparence concerne l'information des investisseurs : ils doivent tous disposer de la même connaissance des prix ;
— la mobilité des facteurs est la fluidité appliquée au travail et au capital, que l'investisseur recherche en amont de son activité ;
— la fluidité désigne la possibilité pour les biens de circuler librement, autrement dit l'absence de frontières et de péages discriminant les différentes zones économiques ;
— la libre entrée sur le marché est avérée lorsque des nouveaux investisseurs peuvent venir se porter offreurs sur le marché.

CHAPITRE 10. L'ANALYSE DE LA SITUATION ÉCONOMIQUE AU CONGO-KINSHASA

À la suite des deux guerres civiles, celle de 2002 et celle de 2010, des nouveaux paliers économiques sont franchis. À chaque fois, tout se passe comme si ces perturbations engendraient une brutale montée de la part des dépenses publiques dans le PIB. Ensuite, une stabilisation, qui semble correspondre à l'effet de cliquet, apparaît. Le poids de l'État dans l'économie pourrait s'accroître, mais ne pas diminuer. Les dépenses nouvelles engagées pour faire face à la crise seraient ensuite maintenues sous d'autres formes. Cela proviendrait d'une plus grande disponibilité fiscale. Aux dépenses militaires, par exemple, succèdent celles de la reconstruction. En présentant les principes de fonctionnement de l'économie congolaise, l'on a toujours insisté sur le caractère contraignant de son marché pour les investisseurs. Les grands principes du Code des investissements actuel, une main de fer, éliminent les acteurs économiques les moins performants, incitent sans cesse les autres à améliorer leur productivité et contraignent l'État à relever leurs préférences. Ce point est essentiel, car, en indiquant quel est leur coût d'opportunité pour les différents investissements, les acteurs mettent à profit leur aptitude à développer les secteurs de l'économie concernés. Cela donne naissance à un comportement de ''resquilleur'' qui rend difficile le financement des dépenses publiques et éclaire le recours à une multitude de ressources auxquelles le pays fait différemment appel.

Une des particularités de ce pays est la baisse quasi régulière de la part des salaires et a contrario la hausse tout aussi régulière de la part des profits dans le partage de la valeur ajoutée entre salaires et profits. La hausse des profits s'affirme d'année en année (de 1994 à 2012) pour atteindre des seuils de croissance encore jamais vus dans certains secteurs de l'industrie. Mais le salarié semble être devenu l'éternel oublié de cette embellie. Le salaire réel progresse peu voire stagne sur la période 2005-2010. Pire, le salarié est souvent la victime de cette recherche du profit. Cet aveuglement au profit du court terme s'est propagé à de nombreux niveaux de la société, aggravé par la circulation des monnaies, le dollar et le franc congolais. Les décisions de gestion de nombreuses entreprises et un certain nombre de choix politiques ont été guidés par ce biais. Beaucoup de décisions difficiles ont été repoussées à plus tard : le financement du régime des retraites a clairement souffert d'une absence de décision lucide et ainsi, pour éviter tout conflit et ne pas perdre d'électeurs, les décisions politiques n'ont pas été à la hauteur de l'enjeu, préférant laisser à plus tard le règlement du problème qui, année après année, devient de plus en plus inextricable.

Le manque ou l'absence de réaction ou de ligne politique claire sur certains dossiers de sociétés sont difficilement compréhensibles ; en matière d'environnement (l'eau, l'utilisation des engrains et des pesticides) ou sur des sujets de santé publique. Récemment l'adhésion du pays à l'OHADA, en 2010, la privatisation de nombreuses sociétés du secteur public (eau, gaz, électricité, télécommunications…) a participé à cet abandon de l'État en faveur de l'initiative privée sans aucune garantie sur la qualité du service qui en découlera (si ces entreprises deviennent souvent plus profitables, la qualité de leurs services, s'en ressent). Profit à court terme pour l'État qui encaisse de confortables plus-values, dégradation du service à long terme pour de nombreux usagers.
Le secteur des médias (le plus dense de tous les pays membres de l'OHADA) fournit une illustration de l'effondrement culturel dans lequel ont plongé la majorité des médias et notamment la télévision, avide de profits à court terme et esclave de l'audimat. Au final, le résultat est le même : stagnation et régression de la culture et de la connaissance pour les masses (abêtissement médiatique) face à une élite culturelle et dirigeante toujours aussi cultivée et à l'abri des marais télévisuels. L'écart entre l'élite culturelle et les masses continue à se creuser, sans oublier la situation sécuritaire qui préoccupe les investissements dans la partie Est.

CHAPITRE 11.
L'ANALYSE DE LA SITUATION ÉCONOMIQUE EN COTE D'IVOIRE

L'État s'est très lourdement investi dans la crise pour éviter les conséquences potentielles très dévastatrices pour l'économie et aussi pour son unité nationale même. L'implication de l'État regroupe plusieurs volets ; le sauvetage du secteur bancaire, le sauvetage des entreprises industrielles en difficulté, les plans de relance de l'économie avec soutien spécifique selon les acteurs économiques, les pertes fiscales dues à l'affaissement de la croissance. Nous avons déjà mentionné ces points, dans notre ouvrage, dans la même collection : le droit du développement et de l'intégration économique dans l'espace OHADA. L'État s'est fortement impliqué dans le règlement de la crise bancaire en se substituant en partie aux banques ou en prenant physiquement ou moralement leur contrôle. Toutes les banques n'ont pas été nationalisées, mais celles qui ne le sont pas subissent explicitement une tutelle étatique forte. Quand l'État ne prend pas le pouvoir en direct, il propose des prêts (à un coût que certains pourraient juger prohibitif), organisation des plans pour loger les actifs toxiques. En tout cas, tout est fait pour éviter que les banques ne portent trop longtemps le poids de cet actif qui met en péril le reste de leur activité et en premier leur rôle de préteur à l'économie, permettant de fluidifier la circulation de la monnaie et donc de participer activement à l'activité économique par la promotion des investissements.

L'ensemble des sommes dépensées pour sauver le système bancaire en Côte d'Ivoire dépasse les 300 milliards de Francs CFA. Si l'on fait la somme de tous les plans de sauvegarde à travers l'espace OHADA ce montant doit dépasser les 3650 milliards de Francs CFA. Les plans d'aide à l'industrie agricole représentent d'ores et déjà environ 30 milliards de Francs CFA. Les autres industries ne sont pas en reste et profiteront des plans de relance, tout particulièrement le secteur de la construction, très sévèrement impacté par l'effondrement du marché immobilier. Au total, les déficits budgétaires sont littéralement abyssaux : plus de 12,3% du PIB, soit environ 1750 milliards de francs CFA pour un budget de seulement 3940 milliards (soit un déficit proche de 50% du budget lui-même).

Dans la zone OHADA et au Bénin, les déficits envisagés sont beaucoup plus modestes (entre 3 et 5%). Ils le sont certainement trop. Vu l'ampleur des risques connus, ont peut être déçu par cette forme de faiblesse. L'absence de plan cordonné, due notamment à l'inexistence d'un pouvoir politique de la zone OHADA, rend l'action de chacun des pays particulièrement timorée. La peur que d'autres pays puissent profiter de son propre plan de relance ou

(pire, l'espoir que les plans de relance des autres pays puissent suffire à soutenir son propre pays, comme c'est le cas au Cameroun) semble avoir justifié ce manque d'engagement.
Néanmoins, en 2009, tous les pays de la zone OHADA étaient en déficit et la grande majorité a connu un déficit conséquent. De ce fait, les besoins de financement des pays souverains devraient dépasser les 4000 milliards de FCFA.
Tandis que ces dernières années ces États dans leur globalité avaient été vertueux et souvent excédentaires, ils replongent dans le rouge et aggravent leur dette globale. Ils sont les principaux agents économiques à s'endetter et se substituent ainsi au secteur privé. Il y a de facto un transfert de dettes du secteur privé à l'État. Par ailleurs, ce besoin massif de financement a un impact sur le coût de financement. Cette situation est un véritable danger, car si un État important fait défaut, la contagion est certaine et les autres pays risqueraient alors de ne plus pouvoir se financer. Ils n'auraient dans ce cas pour ultime recours que l'appel à une souscription nationale pour soutenir une nation en danger (les pays dont le taux d'épargne est élevé seront fortement avantagés. C'est le cas du Congo, de la Guinée Équatoriale, du Gabon) ou bien encore l'aide intéressée d'une autre nation qui n'oublierait pas d'en exiger certains avantages géopolitiques.[27]

[27] Cf. H. D. Amboulou, *Le droit des marchés financiers dans l'espace OHADA*, précité.

QUATRIÈME PARTIE.
LES CONTRAINTES DES POLITIQUES PUBLIQUES EN MATIÈRE DE CROISSANCE

CHAPITRE 1. LES POLITIQUES MONÉTAIRES DES BANQUES CENTRALES

À côté des efforts budgétaires offerts par les États, les banques centrales ont naturellement un rôle décisif à jouer pour que la crise ne se transforme pas en dépression. Comme nous venons de le voir, l'action la plus visible des banques centrales a été de se diriger vers une politique monétaire de taux à zéro). La Banque centrale des États de l'Afrique centrale, BEAC se refuse à de tels excès, mais a déjà ramené ses taux d'intervention à 1% (ce qui ne change pas radicalement les choses). La politique des taux courts est l'arme la plus souple pour espérer impacter les taux longs qui, seuls, peuvent influencer l'activité économique. Une baisse des taux courts s'accompagne généralement d'une baisse des taux longs, à condition que le marché anticipe également la poursuite d'une politique accommodante de la banque centrale. Mais quand les taux courts sont à zéro, ne pouvant devenir négatifs, ils ne peuvent que monter. Du coup, la politique monétaire tombe dans ce qu'on appelle la « trappe à liquidité », c'est-à-dire que l'arme des taux d'intérêt devient totalement inefficace.

La politique quantitative de la monnaie devient alors décisive. Elle consiste à jouer sur la masse monétaire mise en circulation. En augmentant cette dernière, la banque centrale libère mécaniquement des liquidités qui se trouvent soit sur les marchés financiers, soit directement dans les banques, mais qui de toute façon facilitent le fonctionnement de l'économie. En effet, quand la banque centrale augmente sa masse monétaire, cela signifie qu'elle accepte de la part des établissements financiers davantage d'instruments financiers en dépôt en échange de liquidités monétaires (cash ou assimilé) qui sont ensuite utilisées par les banques pour faire des crédits aux entreprises ou aux ménages. Plus la masse monétaire est importante, plus le crédit à l'économie est facilité. Au final, les banques centrales ont joué un rôle essentiel dans la tentative de résolution de la crise. Les moyens mis en œuvre sont sans précédent dans l'histoire monétaire des différentes banques centrales des États membres de l'OHADA. Les résultats sont à la hauteur des ambitions : le système financier a été sauvé et le marché monétaire fonctionne à nouveau.

Section 1. Les perspectives économiques et monétaires

L'objet de cette section est de présenter les éléments structurels et conjoncturels qui devraient influencer les perspectives de la croissance et de l'évolution des investissements. L'analyse des cycles de croissance dans la zone OHADA est apparue comme un élément très utile dans le cadre d'une analyse de long terme. Il s'agit de présenter l'importance des cycles en économie et de montrer ensuite comment ils peuvent impacter les perspectives en termes d'inflation et de croissance.

L'importance des cycles économiques. Rappelons tout d'abord que la théorie des cycles économiques n'est pas considérée comme elle le devrait dans les milieux académiques. Elle est peu enseignée et ensuite assez peu usitée par les économistes eux-mêmes. On peut donc de droit s'interroger sur cette mise à l'écart.

Section 2. L'intérêt des États et des banques centrales

Ce que redoutent le plus les politiques dans l'espace OHADA, aujourd'hui est une situation déflationniste. D'une part, une déflation généralisée aggrave la paralysie de l'économie puisque la déflation invite naturellement les agents économiques à repousser leurs dépenses et leurs investissements. Le cash déposé en banque dispose ainsi implicitement d'un taux de rentabilité égal au taux de déflation. La déflation ne profite donc qu'aux rentiers. Pire, le taux de rentabilité des investissements est le taux de déflation observé dit, très peu d'investissements ont une chance de s'avérer rentables, ils risquent alors de s'effondrer, risque entraînant une véritable dépression. D'autre part, la déflation aggrave de fait le problème du ratio de dette/PIB en baissant le niveau du PIB nominal.

À l'inverse, l'inflation est souvent perçue comme une solution raisonnable pour régler tout un ensemble de problèmes en douceur, dont justement celui de la dette. Une inflation de 8% par an permettait de diviser le ratio dette/PIB par deux en neuf ans en supposant une croissance réelle nulle et le maintien de la dette nominale au même niveau sur la période. Ainsi le problème crucial de la dette serait-il réglé sans violence et sans effort. Le temps réglerait l'affaire ! Le second avantage de l'inflation repose également sur sa nature redistributive : elle bénéficie aux investisseurs, à ceux qui s'endettent, et pénalise les rentiers en rongeant leur épargne improductive.

Une inflation stable et bien maîtrisée de 4% et 7% serait, sans les conditions actuelles, une bonne chose. Mais cela suppose la capacité de contrôler réellement l'inflation. Or, l'histoire nous rappelle qu'une fois certains seuils franchis, la maîtrise de la hausse des prix est délicate et souvent coûteuse.

CHAPITRE 2.
LE RÉVÉLATEUR DES PRÉLÈVEMENTS OBLIGATOIRES

C'est cette difficulté à définir l'assiette de l'impôt, ou plus simplement à le lever, qui a encouragé l'utilisation de méthodes relativement indolores parce que ce n'est pas le contribuable qui verse directement ce qu'il doit au Trésor. C'est le cas en Côte d'Ivoire, au Cameroun et au Togo, avec le prélèvement à la source de l'impôt sur le revenu, ou au Congo et au Bénin de la TVA, mais aussi des cotisations sociales, qui sont assimilables à un prélèvement à la source. Même si elles ne sont pas destinées au budget de l'État, elles financent les administrations publiques, et c'est pourquoi elles entrent dans le champ des prélèvements obligatoires. La notion de prélèvement obligatoire est aujourd'hui entrée dans le langage courant, mais il faut pourtant ne pas perdre le sens. Par leur niveau et leur structure, ils nous apprennent beaucoup sur la réponse apportée par une société à la question du financement public. Tendanciellement, les prélèvements progressent comme les dépenses publiques avec une différence qui présente le déficit ou parfois l'excédent. Malgré tout ce qui a pu être dit sur la nécessaire baisse des prélèvements obligatoires, ils étaient en 2006 à un niveau supérieur à celui des années 90 (sauf au Tchad et au Sénégal). La progression des dépenses et la volonté d'éviter que se creusent les déficits publics expliquent cette évolution aux vœux des hommes politiques. Au Congo, il faut ajouter à la tendance globale une structure particulière des prélèvements obligatoires.
Le Congo offre cette particularité de recourir faiblement à l'impôt direct sur les revenus ou sur les bénéfices des sociétés. La contrepartie d'un tel choix se trouve dans l'importance des impôts directs sur la dépense et des cotisations sociales. On peut y voir une concrétisation de ce que les économistes appellent la translation fiscale, c'est-à-dire la capacité à reporter le poids de l'impôt sur des tiers. Ainsi la TVA est reversée à l'État par les entreprises, mais elle est supportée par les consommateurs. Symétriquement, les cotisations sociales pèsent principalement sur les entreprises sous la forme des cotisations patronales. Si l'on ajoute à ce constat le fait que l'impôt sur le revenu des personnes physiques (IRPP) est concentré sur la moitié seulement des ménages, on comprend pourquoi on évoque fréquemment au Congo la nécessité d'une réforme fiscale.
Son principe serait simple, il s'agirait de réduire le poids des cotisations sociales dans tous les pays membres de l'OHADA afin de réduire le coût du travail, ce qui devrait stimuler la création d'emplois. Un tel choix en exige un autre : quelle sera la forme du prélèvement compensant cette baisse de recette des administrations ? On sait que la réponse la plus probable se situe

dans l'accroissement du taux de la Contribution Sociale Généralisée (CSG). L'impôt direct a l'avantage de reposer sur une assiette fiscale large (pratiquement tous les revenus). Mais ceci constitue également un inconvénient si les contribuables ne peuvent plus exercer ce sport national que constitue au Congo l'évasion fiscale (plus ou moins légale), ils vont sans doute le faire savoir. C'est pourquoi on ne peut raisonner dans l'absolu sur le système fiscal optimal, les variables politiques et mêmes politiciennes doivent être prises en compte.

CHAPITRE 3.
L'INCIDENCE DES CHOIX PUBLICS SUR LES INVESTISSEMENTS

Les interventions de l'État sont multiples. De plus, avec la croissance économique, elles connaissent une extension qui résulte à la fois d'une forte demande sociale et du comportement des responsables politiques. Dans l'espace OHADA, cependant, ce développement permanent de l'activité publique se heurte, tout comme les activités privées, à la contrainte de rareté des investissements. Il n'est pas possible de satisfaire toutes les revendications qui s'adressent aux administrations car un problème de financement se pose. Dans ces pays, la disposition à payer des utilisateurs de services publics étant modeste, des choix doivent être opérés. On ne peut pas tout faire au même moment. Cette évidence économique et politique que l'on appelle aussi contrainte de budget implique donc un processus de sélection.

Parmi tous les secteurs qui nécessitent les investissements, quels sont les plus importants, les plus prioritaires. En d'autres termes, ne serait-il pas préférable de substituer d'autres formes d'action publique aux formes existantes ? Ou encore, ne pouvait-on pas envisager un transfert de certaines activités à l'initiative privée ? Il ne suffit donc pas de dire que l'on ne peut pas tout faire, il faut en plus préciser les priorités. C'est un exercice délicat dans la mesure où les bénéfices de l'action publique sont intégralement distribués au sein de la population. Si l'on choisit d'accroître les allocations familiales ou d'instaurer des réductions dans les transports publics pour les familles nombreuses, ceux qui n'ont pas d'enfant à charge seront relativement laissés. La mise en place d'un service collectif particulier ou d'une allocation spécifique modifie ainsi la répartition des ressources. La fonction de tutelle qui incombe implicitement à l'État dans les pays de l'espace OHADA se trouve alors interpellée. Au nom de quel principe, et avec quelles méthodes va-t-on pouvoir organiser l'action publique ?

Section 1. La démocratie et les préférences économiques dans l'espace OHADA

Le pouvoir absolu apparaît souvent comme un archaïsme. On voudrait croire que l'histoire des nations aurait un sens et que celui-ci s'inscrirait dans la substitution progressive de la démocratie à l'autoritarisme. Dans l'espace OHADA, les pouvoirs totalitaires devraient disparaître avec le temps et laisser la place à l'État de droit assis sur le respect des droits de l'homme. Il est vrai que depuis quelques années, l'évolution de l'Afrique, au nord, à

l'ouest et au centre, a été marquée par l'avènement ou la restauration de nombreuses démocraties pluralistes. Le Congo, le Sénégal, le Burkina Faso, mais aussi le Bénin et le Togo se sont agrégés un modèle dominant l'Afrique de l'Est et du Sud. On évitera cependant de voir dans ce phénomène exactement opposé à ce qui s'était passé dans les années 90 après la Conférence de la Baule, un mouvement irrémédiable. Ce serait, en effet, oublier les possibilités de régression. Ce serait aussi omettre l'existence d'une multitude de pays, hors l'espace OHADA, où la démocratie est inexistante, ou constamment menacée.
Cette situation ne doit pas surprendre, elle tient au fait que la démocratie est un système politique fragile. En effet, les méthodes auxquelles elle recourt pour élaborer les choix collectifs sont complexes et ne résistent pas aisément à des phases de brutales tensions économiques ou sociales. De plus, les notions mêmes de volonté collective ou d'intérêt général demeurent problématiques. Contrairement à l'idée reçue, il n'est pas évident qu'une procédure de négociation, ou même un vote, détermine systématiquement les préférences collectives.

Section 2. Les investissements et la réduction des inégalités

Quand on étudie la répartition des investissements dans un pays, deux approches sont possibles :
— l'une qualifiée de fonctionnelle, s'intéresse aux parts relatives des différents types d'investissement ; infrastructures, entreprises, main d'œuvre… Elle dérive des recherches théoriques sur la détermination de la valeur et la contribution des divers facteurs à la production et à la croissance économique ;
— celle que nous allons utiliser maintenant est dite personnelle, car elle s'intéresse au niveau relatif de revenus des individus dans les ménages. Elle est de ce fait plus empirique que théorique. Pour retenir ces enseignements, il faut d'abord présenter les principales méthodes de saisies des inégalités de ces investissements. La répartition des investissements à l'intérieur d'un pays concerne aussi le partage des biens et des services disponibles que celui des investissements. En première analyse toutefois, c'est sur ce dernier que l'on centre les études, car c'est l'indicateur le plus accessible.

CHAPITRE 4.
LE NIVEAU GLOBAL DES INÉGALITÉS DUES AU DÉSÉQUILIBRE DES INVESTISSEMENTS

Avec la moindre croissance économique, qui prévaut depuis le milieu des années 2000, est apparue une crise de l'État providence en Afrique.

— le premier aspect de cette crise, qui est aussi de la redistribution, est financier. La montée du chômage, l'accroissement du nombre de retraités et la progression des dépenses de santé ont alourdi le poids des revenus de transfert dans le revenu national. Il a donc fallu accroître les prélèvements obligatoires. Les revenus d'activité se sont ainsi trouvés amputés et leur progression a été ralentie, voire stoppée, réduisant d'autant les incitations au travail et à l'investissement. Ainsi, le poids de la redistribution pouvait remettre en cause l'efficience du processus de production ;

— l'autre dimension de la crise de l'État providence est une crise de légitimité. On pourrait en fait parler d'une double crise, conduisant à une double critique. D'une part, les nouvelles situations de précarité sont mal prises en compte par les formes traditionnelles de la protection sociale.[28] D'autre part, le principe même de cette dernière est remis en cause par certains, qui y voient un encouragement à l'oisiveté.

Section 1. Organisation et risques des investissements

Le recours aux principes de calcul économique, dérivés de la logique marchande, est aujourd'hui indispensable pour aider les États de l'espace OHADA à choisir les projets les plus pertinents par le bien-être collectif. Mais la tutelle publique demeure ,et avec elle la présence d'administrations qui doivent non seulement prendre des décisions, mais aussi produire des services collectifs particuliers. La question de l'efficience de la production administrée subsiste donc et de façon cruciale du fait de la tendance à l'alourdissement du poids relatif des dépenses publiques dans le PIB. Nous avions déjà abordé ce problème avec la question de la désignation du personnel politique, instance qui détient l'autorité sur les administrations. Nous avons alors découvert dans la plupart de ces pays que les élus cherchent d'abord à maximiser leurs suffrages, l'intérêt général n'est souvent pas leur souci premier, quoi qu'ils en disent (Bénin, Congo, Gabon, Côte d'Ivoire, Togo). D'autant que ce dernier est difficile à déterminer. Il

---

[28] V. H. D. Amboulou, *Traité congolais de droit du travail et de la sécurité sociale*, l'Harmattan, 2013.

existe donc un biais entre les objectifs des hommes politiques et ceux d'une collectivité.
Ce contact sur les divergences d'intérêts qui peuvent se manifester dans la détermination des choix publics, notre étude ne l'a pas cautionné aux seules relations entre élus et électeurs. Nous l'avons également appliqué aux relations entre les élus et les administrations qu'ils contrôlent (Tchad, RD Congo, Sénégal, Guinée).

Section 2. Les contraintes démographiques et les investissements

La démographie est au cœur de la politique de la croissance. Un pays disposant des conditions de développement nécessaires et suffisantes a d'autant plus de chances de connaître une forte croissance que sa démographique y est favorable (population jeune et croissance régulière et forte de la population, fécondité au-dessus du seuil de renouvellement, soit 2, 1). À l'inverse, un pays dont la démographie est défavorable aura beaucoup de difficultés à maintenir une croissance positive à long terme. Une part non négligeable de la croissance de la Côte d'Ivoire provient de sa croissance démographique (entre le tiers et la moitié). En revanche les pays en croissance démographique comme le Cameroun ou le Bénin montrent des difficultés à afficher des taux de croissance élevés et mêmes positifs (dans le cas du Bénin).
L'étude de la démographie met en lumière les difficultés évidentes du Sénégal, du Togo, du Mali et du Gabon. Elle montre également que la position du Congo a tout lieu d'être enviée par nombre de pays de l'espace OHADA, il y a plus de jeunes que de seniors et le taux de natalité est l'un des plus forts de cette zone économique. La Côte-d'Ivoire affiche également une santé démographique intéressante qui pourrait être très précieuse à l'avenir pour espérer un rebond de l'économie. Avec des taux de natalité très bas (entre 1,2 et 1,5 enfant par femme), le Gabon, la Guinée Bissau et la Centrafrique auront beaucoup de mal à prétendre à des taux de croissance attractifs.
Rappelons que la croissance de certains pays comme la Guinée Équatoriale ou le Niger a bénéficié de biais spéculatifs marqués (bulle immobilière exceptionnelle accompagnée d'un phénomène de rattrapage économique par rapport au reste de la zone, et bulle bancaire et financière en Guinée équatoriale et au Cameroun). La disparition de ces biais annonce donc des perspectives de croissance très mornes. Par ailleurs, la Côte d'Ivoire qui, jusqu'à présent, compensait son déficit démographique par une forte présence à l'exportation va voir un de ses principaux moteurs de croissance s'affaisser durablement. Seul le Congo dispose d'une démographie encore favorable (3,1 enfants par femme) à tel point que la population congolaise

dépassera la population burkinabé, malienne et centrafricaine et deviendra la plus importante de la zone en densité, ceci d'ici à 2040. Cette vigueur démographique est naturellement une chance pour assurer une certaine vitalité économique. Enfin, certains pays bénéficient des flux migratoires importants, comme le Congo. Mais rien ne permet de certifier la stabilité de ces flux du mali, du Bénin et du Sénégal vers le Congo. Au contraire la crise économique a de fortes chances de voir les frontières se refermer davantage, réduisant sensiblement les flux migratoires.

CHAPITRE 5.
LES INCERTITUDES ENVIRONNEMENTALES ET LES INVESTISSEMENTS

Les incertitudes environnementales sont multiples, mais trouvent leur source principale dans les problèmes liés au dérèglement climatique. En particulier, le réchauffement climatique est actuellement reconnu comme crucial. D'ici à la fin du siècle, la température de la planète devrait progresser d'au moins 1,5° et pourrait même bondir de 5 à 7° selon les hypothèses les plus pessimistes. Quel que soit le scénario, il s'agit d'une vraie catastrophe, synonyme de dérèglements climatiques. L'élévation générale du niveau de la mer et l'instabilité des températures devraient augmenter les déséquilibres hydriques : les régions sèches seront encore plus arides (moins de pluies, baisse du débit des fleuves...) et les régions humides devraient l'être encore plus (le débit moyen des fleuves pourrait augmenter de 10 à 40%, déclenchant des crues extrêmement destructrices), tout en étant régulièrement balayées par des tempêtes et des orages de plus en plus dévastateurs.

Section 1. Quelle forme d'investissement pour demain ?

Dans l'espace OHADA, ce qui frappe tout observateur sur la période qui s'est achevée entre 2008-2012 est la fantastique appétence pour le risque qui régnait alors. Toutes les combinaisons les plus fantasques étaient non seulement possibles, mais aussi encouragées : par abus d'effet de levier ou de sources de financement facilitées et par manque de régulation et de compréhension et de maîtrise des risques. L'ère qui s'est ouverte depuis la vague de créations des Agences pour la promotion des investissements est clairement orientée vers un assainissement de tous les excès passés. Cela suppose donc l'apurement des stratégies à effet de levier et le nettoyage de l'ensemble des bilans des Banques et acteurs financiers. Tant que cette phase de remise à niveau ne sera pas achevée, les primes de risque resteront tendanciellement élevées.
Pendant les prochaines années, la peur et l'incertitude resteront donc des moteurs déterminants de tout investissement (Cameroun, Gabon, Sénégal, Guinée). Certes, quelques phases de répit feront croire à un retour au modèle des années bénies, mais il ne s'agira que de phases temporaires, insoutenables sur une longue durée. Les entrailles des marchés seront tenaillées par la peur. Aucune signature, aucune contrepartie ne sera exempte de méfiance. La défiance sera loin. L'exigence de primes de risque élevées s'accompagnera naturellement de son corollaire en termes de volatilité et

d'instabilité des cours : ceux-ci ne parviendront pas à trouver la voie de la sagesse et de la tranquillité. Au contraire, l'environnement économique dont l'instabilité sera une caractéristique majeure induira une forte incertitude sur la pérennité des investissements. La préférence passée des investisseurs pour la prise de risque sera sérieusement sévère. Tous les modèles théoriques démontrant la supériorité de telle ou telle classe d'actifs sur le long terme seront sérieusement remis en cause et affecteront en conséquence les schémas traditionnels de l'investisseur à long terme. La notion de taux de rendement à long terme de certains actifs, comme les indices boursiers, pourrait devenir caduque et contribuer à brouiller davantage le paysage financier (Côte d'Ivoire, Congo, Bénin). De la même façon, l'incertitude sur la pertinence des modèles d'évaluation et d'appréciation du risque des portefeuilles complète l'impression d'un véritable effondrement des critères de compréhension et d'analyse jusque-là ultra dominants.
Les modèles et la façon de penser et d'investir utilisés jusqu'à présent vont certainement être revus, discutés et peut-être rejetés. De nouveaux concepts verront le jour. La crédulité des investisseurs pour les dogmes sera durablement faible. Seuls le bon sens et surtout l'exigence d'une forte rémunération du risque dans un environnement hostile supplanteront les anciens modèles. Enfin, dans la plupart des cas, le prix réel (et souvent la valeur nominale) des actifs continuera de se dégrader face au manque d'intérêt durable et au fort degré d'incertitude des investisseurs.

Section 2. La place de matières premières dans la politique d'investissements

La hausse des matières premières dans les années 70 était à la fois le résultat d'une très forte inflation mondiale (les prix américains ont plus que doublé sur la période tandis que les prix en France ont pratiquement triplé) et le fruit de tensions répétées dans certains secteurs comme celui de l'énergie (chocs pétroliers). Après la très forte hausse des années 1970 qui a vu les prix plus que tripler, les prix ont commencé à baisser à partir de 1981. Après dix ans de hausse très forte, le marché des matières premières dans l'espace OHADA avait bénéficié d'un engouement de la part de nombreux investisseurs qui y voyaient une alternative attirante face à un marché actions particulièrement morne. Beaucoup d'argent s'était donc déversé dans ce secteur pour augmenter la production en améliorant non seulement l'outil de production lui-même, mais aussi les moyens de distribution. Dès lors que les cours ont commencé à stagner ou à baisser, l'intérêt pour les matières premières s'est réduit fortement. Les commodités ont alors souffert d'une absence marquée et durable des investissements qui s'avéraient effectivement de moins en moins attrayants et de plus en plus risqués. Du coup, de nombreux secteurs des matières premières n'ont bénéficié d'aucun

progrès technique, d'aucune recherche spécifique. L'offre de matières premières stagnait et la demande progressait lentement.
Et puis, à partir du début du 21e siècle, la très forte demande asiatique, et tout particulièrement chinoise, a commencé à impacter les cours des matières premières qui ont connu une ascension marquée entre 2002 et 2008, en étant multipliés par environ 2,5. Cette explosion étant le résultat d'une adéquation entre une demande explosive et une production incapable de s'adapter rapidement à la nouvelle donne économique (obsolescence des outils productifs et de la distribution). Encore une fois, un afflux massif des capitaux s'est déversé vers les matières premières, à la fois au niveau financier (investissements des banques, fonds indiciels...) et au niveau de la production et de la distribution. Les prix ont ainsi pu retrouver leurs sommets des années 1980 et les franchir. Les investisseurs éconduits des marchés actions et du marché du crédit cherchaient un nouvel eldorado pour spéculer et gagner de l'argent rapidement. Alors que la crise économique et financière menaçait, les matières explosaient...
La correction s'explique à la fois par les effets de l'explosion de la bulle ainsi que par le fruit d'un déstockage massif de la part des industriels et des spéculateurs provoquant ainsi un effondrement brutal de la demande. En conséquence, beaucoup d'investisseurs en Afrique ont été pris au piège : ils ont investi trop tard et ont donc, pour la plupart, perdu de l'argent. De même, les effets de la crise financière privent de fait l'ensemble des secteurs d'activité d'argent et les éventuels investissements sont abandonnés. Le secteur des matières premières va donc souffrir non seulement de cette situation structurelle liée au crédit bancaire comme beaucoup d'autres secteurs économiques, mais aussi de l'effet de l'explosion de la bulle spéculative qui refroidit une très grosse majorité d'investisseurs qui, fort logiquement, n'aiment pas revenir sur un marché où ils ont perdu de l'argent.
Il y a donc de fortes chances pour que l'investissement dans les matières premières soit lent à repartir. Cela privera, encore une fois, ce secteur des modernisations nécessaires. Le coût de production pourrait ainsi remonter le niveau de l'offre qui pourrait stagner dans un certain nombre de secteurs. Pendant ce temps, la demande de matières premières, après avoir subi un coup d'arrêt brutal en 2008-2009, pourrait reprendre sa trajectoire d'origine. Si la demande des pays occidentaux s'est bel et bien retournée et devrait être durablement affectée, la demande des pays de la zone OHADA s'est momentanément ralentie, mais a de fortes chances de reprendre un rythme soutenu. Des secteurs comme l'énergie ou les matières premières agricoles devraient rapidement en bénéficier. L'inadéquation entre la demande, qui en dépit d'un coup d'arrêt momentané restera marquée, et une offre en retrait avec une dégradation du montant d'investissements devrait entraîner une reprise progressive des cours, avec à la clé la possibilité de retourner près des anciens sommets atteints avant 2008.

Il faut rappeler qu'en dollars constants, les matières premières sont aujourd'hui très bon marché. Le plus haut constaté en 2008 correspond à peu près au niveau de démarrage de la hausse de 1971. Et si l'on considère le sommet de 1981, il est loin d'avoir été dépassé malgré l'engouement des investisseurs.

Paragraphe 1. La place du marché de l'or dans la politique des investissements

L'or est une matière première aux caractéristiques singulières. Ce métal précieux est en effet à la fois une matière première utilisée dans l'industrie, c'est aussi un métal précieux employé dans la joaillerie et c'est enfin et surtout une réserve de valeur et, à ce titre, il dispose de certaines spécificités réservées aux monnaies. Ce n'est que depuis une trentaine d'années que les principales devises ont cessé d'être référencées à l'or. De ce fait, l'or est la seule matière première à être détenue dans les coffres des banques centrales.

Depuis la nuit des temps, entre 150 et 170.000 tonnes auraient été extraites. Toutefois, d'après certaines évaluations, une partie non négligeable aurait disparu au cours du temps et certains experts estiment qu'il ne restait qu'environ 100 à 120.000 tonnes effectivement disponibles. Le solde aurait été perdu, utilisé ou aurait fait naufrage dans les océans. L'or extrait chaque année dans les pays membres de l'OHADA représente un peu plus de 50 tonnes par an (475 tonnes produites en 2008), soit une augmentation moyenne du stock global d'environ 2% par an. Une des particularités les plus notables de la production d'or est qu'elle baisse depuis l'année 2000 qui représente un pic historique de production à 60 tonnes. Depuis, en dépit d'une poussée des prix, la production est restée sous ce niveau avec une légère reprise en 2008.

Rien ne permet de prédire une baisse durable de la production ni si le record de production de 40 tonnes est un pic majeur. Toutefois, il semble peu probable que le niveau de production puisse passer le cap des 50 tonnes au cours des prochaines années. Le pays emblématique de la production d'or dans l'espace OHADA, la Centrafrique, a depuis quelques années et à cause surtout du mauvais climat intérieur, ralenti sérieusement sa production et a ainsi abandonné la première place au Niger et au Cameroun. Les raisons de la baisse de production se trouvent dans la difficulté d'extraction : l'exploitation étant artisanale alors qu'il faut creuser parfois jusqu'à des dizaines de mettre sous terre.

Les banques centrales détiennent environ 60 tonnes. Vu la dégradation sensible de la valeur des différentes monnaies, il y a fort à parier que les banques centrales ne voudront plutôt diversifier leurs réserves en détenant plus d'or : seule valeur dont la qualité intrinsèque a peu de chances de varier et dont le taux de production est très limité (comparé au taux de création monétaire des différentes devises). L'explosion de la création monétaire par les principales banques centrales est une raison essentielle pour faire de l'or la seule monnaie de réserve crédible, dont le taux de croissance se limite à un modeste 2%. L'or physique, en particulier ne peut souffrir d'aucun risque de défaut de contrepartie et, en ce sens, offre déjà une sécurité formidable. Face aux autres actifs, l'or présente un attrait essentiel : il devrait au moins préserver sa valeur réelle et a de bonnes chances de faire beaucoup mieux. Une chose semble certaine : le pouvoir d'achat de l'or va considérablement s'apprécier.

Paragraphe 2. La place du pétrole dans la politique des investissements

Le pétrole est l'une des clés de la croissance économique des pays de l'espace OHADA (voire même mondiale), mais aussi de l'équilibre géopolitique. Longtemps, le pétrole et l'énergie en général ont été extrêmement bon marché et l'impression d'abondance a conduit à un certain nombre d'excès, notamment en termes de consommation de comportement de la part des pays consommateurs vis-à-vis des pays producteurs. Aujourd'hui, les scientifiques reconnaissent la raréfaction prochaine des ressources pétrolières ainsi que la nuisance croissante des combustions des produits pétroliers sur l'environnement. Un consensus semble établi pour reconnaître l'impérative nécessité de trouver et de développer des énergies alternatives. Certains y voient l'aube de nouvelles industries. La grande majorité des experts sait que le chemin sera extrêmement long avant de pouvoir détrôner le pétrole de sa position clé dans la production d'énergie dans les pays de la zone OHADA.

Il faut en premier lieu rappeler que la production pétrolière connaît un certain nombre d'alarmes qui sous-tendent la proximité d'une phase de déclin. Notons entre autres les points suivants : pas ou très peu de nouveaux gisements opérationnels ont été découverts et il semble donc que tout le pétrole facile d'accès et pas cher à extraire a été trouvé ; 80% de la production actuelle du pétrole dans les pays membres de l'OHADA aurait été découverte en 1973 ; la majorité des puits en production est en déclin et le risque de surestimation de réserves semble élevé. L'évolution de la demande représente l'autre inconnue. Avant la crise, la croissance de la demande s'établissait à environ 2% par an avec une consommation totale d'environ 87 millions de barils par jour en 2007. Depuis l'apparition de la crise économique et l'effondrement de la production industrielle, les perspectives de croissance de la consommation sont revues à la baisse. En effet, les pays occidentaux comptabilisent environ 50% de la consommation (les États-Unis représentent 26%, l'Europe est à 18% et le Japon à 7%). Le reste du monde se partage l'autre partie de la consommation (la Chine est à 6% et la Russie est à 5%).

La Chine devrait maintenir une forte croissance de sa consommation de pétrole (à plus de 4% par an) tandis que de nombreux pays en développement conserveront une évolution positive. Dans l'ensemble, si la crise peut entraîner une stabilisation de la consommation de 82-85 millions de barils par jour, le risque de baisse sensible semble, lui, relativement réduit. À plus long terme, la forte croissance démographique continuera d'impacter positivement la demande de pétrole, mais à un rythme moins soutenu que par le passé du fait de la crise économique et de l'émergence de nouveaux comportements et du développement de nouvelles énergies.

Paragraphe 3. La place des matières premières agricoles dans la politique des investissements

Sur le long terme, les prix agricoles n'ont cessé de baisser répondant ainsi à la formidable augmentation des rendements liée au remembrement des terres cultivables, à la mécanisation des cultures, à l'application d'une agriculture extensive et à l'utilisation systématique des engrains chimiques.

Par exemple le prix du cacao et du café en valeur réelle n'a pas cessé de décliner. La baisse réelle du prix de coton atteint environ 2,5% par an entre 1975 et 2009. Si l'on intègre la croissance de la population, la baisse de prix réel par habitant est considérable puisqu'elle dépasse les 5% par an. L'ensemble des produits agricoles suit approximativement le même régime. Cette tendance de long terme sera-t-elle remise en cause de façon durable ? Il est à l'évidence beaucoup trop tôt pour en discuter. Cependant, il est légitime de s'interroger sur les réelles capacités d'amélioration des techniques agricoles et surtout de la chimie agricole dont les effets à long terme s'avèrent assez désastreux (pollution et destruction des sols, disparition des écosystèmes, espèces menacées, etc.).

La principale piste aujourd'hui ouverte est celle de la génétique, qui semble provoquer plus de questions et d'incertitudes que de proposer de vraies solutions pérennes. En tout état de cause, les éléments conjoncturels et structurels d'aujourd'hui militent en faveur d'une poursuite de la hausse des prix agricoles en termes nominaux et réels pour les prochaines années. La liste est longue et non exhaustive :

— augmentation des coûts de production résultant de la hausse des prix pétroliers et impactant directement le coût de la chimie et des produits phytosanitaires ;

— accroissement quantitatif (augmentation de la demande en produits de meilleure qualité : viandes, céréales, produits laitiers, produits bio…) ;

— impact inévitable et difficile à apprécier des dérèglements climatiques et du déclin des ressources en eau sur la production (sécheresse, inondation…) ;

— faiblesse des investissements pendant les trente dernières années, obsolescence de l'outil de production, raréfaction des terres arables disponibles et augmentation de leur prix ;

— impact de la crise économique et de la sévère correction observée sur les matières premières : des investissements ont été coupés et ne seront pas repris avant longtemps. De même, pour des raisons d'économie, les surfaces exploitées en 2009 seront plus faibles de 2% au Bénin, et au Cameroun, 1,6

en Côte d'Ivoire et au Sénégal, 2,1% au Burkina Faso, 2,4% au Togo et au Mali, ce qui réduira l'offre finale ;
— la baisse sensible des stocks agricoles : pour le cacao, le café, le riz, la banane et les céréales secondaires, le ratio stocks utilisation au niveau du continent est tombé à 16% contre 32% il y a dix ans, soit son niveau le plus faible depuis les années 1960.
À ces éléments internes au marché lui-même s'ajoutent bien sûr les éléments structurels qui devraient perturber l'économie et les équilibres régionaux (inflation, risque de recrudescence des conflits, protectionnisme...). D'ores et déjà, certains pays encadrent très durement l'exportation de leurs produits agricoles quand d'autres l'ont déjà interdite. Des pays prévoyants (Cameroun, Bénin, Côte d'Ivoire...) ont commencé à assurer leur approvisionnement en céréale en se garantissant des marchés, ou bien directement en achetant d'immenses étendues de terres cultivables pour posséder et disposer librement à l'étranger des ressources céréalières.

Section 3. Le marché des actions

Le marché des actions a probablement connu une des plus belles périodes, une période euphorique. Les cours des actions ont explosé comme jamais auparavant et certains concepts ont été revisités pour adapter la théorie à l'observation. Dans l'espace OHADA, la grande difficulté quand on analyse les actions aujourd'hui est certainement l'absence ou le manque de perspectives de long terme. Beaucoup de prévisionnistes établissent des scénarios à la une de celui qui s'est passé sur la période récente, c'est-à-dire depuis les années 1980-1990. Dans ce contexte, un ensemble de fausses vérités sont énoncées qui ne correspondent à rien si on les replace dans une perspective de long terme. Dans le même registre, le taux de dividendes est considéré comme une variable secondaire. En effet, depuis trente ans, les investisseurs actions achetaient des actions non pour leur dividende, mais pour leur capacité à réaliser des gains en capital. Au Cameroun et en Côte d'Ivoire, les entreprises l'avaient compris et préféraient investir une partie de leurs bénéfices pour racheter leurs propres actions afin de faire monter les cours plutôt que de verser des dividendes plus chatoyants. Ainsi, alors que les entreprises enregistraient des profits records, les cours explosaient, mais les taux de dividendes restaient d'une maigreur famélique : à moins de 2% et toujours en dessous du taux des obligations de l'État. Les taux des dividendes sont devenus inférieurs au taux des obligations depuis la fin des années 90, mais l'écrasement voir la quasi disparition du concept de dividende est apparue à la fin des années 1990 notamment grâce au concept de la nouvelle économie. Ce n'est sûrement pas un phénomène atypique, mais très certainement l'amorce d'un changement complet de perspectives sur le marché des actions. Les taux de dividendes vont se recaler sur des

niveaux beaucoup plus élevés comme cela était le cas avant les années 1980. On peut imaginer le taux des dividendes évolué de 3 à 8% au gré des profits salariés, de l'inflation et du niveau des taux longs.
Le dividende va devenir une des principales ressources pour appâter l'investisseur. Celui-ci restera très prudent sur les perspectives de gain en capitaux, réputés incertains et volatils, il exigera au contraire des éléments tangibles qui lui permettront de rentabiliser son investissement sur le long terme. Pour être attractif, le dividende devra être gras (supérieur aux taux des obligations) et stable. Les perspectives économiques étant devenues très difficiles et la visibilité s'étant en partie évanouie, l'investisseur exigera logiquement une prime de risque élevée. En Guinée Équatoriale et au Congo, étant donné la très forte volatilité du marché actions, les faibles perspectives de hausse durable des cours boursiers et le risque potentiel de faillite des entreprises (élément d'appréciation qui avait pratiquement disparu), l'investisseur ne pourra se satisfaire d'un dividende nettement supérieur aux taux longs.

Section 4. Le grand retour des obligations d'entreprises

Par ailleurs, les actions devront faire face à la concurrence des obligations émises par les entreprises. Celles-ci offrent déjà un rendement avantageux (jusqu'à 8 ou 10% pour des signatures sérieuses). L'écart de rendement de ces signatures n'a jamais été aussi élevé depuis les années 1990 à plus de 5% au début des années 2000. L'avantage des obligations est considérable pendant ces périodes troublées : le capital est garanti ; le rendement est très attractif et, si l'entreprise fait faillite, le créancier est prioritaire. Trois atouts qui manquent aujourd'hui cruellement aux actions (Cameroun, Congo, Guinée Équatoriale). C'est pourquoi la préférence des investisseurs pour les obligations d'entreprises qui ont besoin de cash, émettent principalement des obligations et non des actions, car elles sont beaucoup plus sûres de trouver une demande et évitent ainsi le scénario d'un fiasco. De plus, le contexte actuel, le coût d'une émission d'actions est très élevé. En effet, pour attirer de nouveaux actionnaires, le prix d'émission doit être très bas, ce qui est à la fois un mauvais signe pour le marché et également très dilutif pour les actionnaires existants. Dans ces conditions, l'entreprise n'est elle-même guère motivée pour augmenter son capital. Il est assez probable que cette situation perdure. Les obligations d'entreprises devraient donc connaître un essor important (au même titre que les dérivés de crédit) au détriment de la partie actions. L'attrait pour les obligations d'entreprises est un facteur supplémentaire pour contraindre les entreprises à augmenter leurs dividendes si elles veulent à nouveau augmenter leur capital (Côte d'Ivoire, Sénégal, Bénin).

Volume et durée de détention des actions. Une des conséquences probables de ces changements dans la façon même de penser le concept du marché des actions dans l'espace OHADA est l'augmentation de la durée de détention de ces dernières. En effet, si le choix de se porter sur une action se déplace de l'espérance de gain en capital, grâce à une variation de cours, vers un objectif de rendement plus stable, garanti par le dividende, l'investisseur ne peut qu'évoluer vers plus de patience et de sagesse, laissant la fougue à des lendemains meilleurs. L'impact des brokers actions sera lourd : les transactions vont progressivement diminuer et leurs recherches sur les sociétés cotées deviendront inutiles pour motiver les investissements.

CHAPITRE 6. LES INVESTISSEMENTS ET LA CRISE DU SERVICE PUBLIC

Avant de montrer comment les notions de monopole naturel, de péréquation et de statut sont en crise, il n'est pas inutile de rappeler la nature des difficultés que traversent depuis une vingtaine d'années les économies des pays de la zone OHADA. À la suite d'un abus de langage trop largement répandu, on qualifie de crise la période qui nous sépare du premier choc pétrolier de 1973. Or, il est plus pertinent de considérer que nous sommes entrés dans une phase durable de croissance modérée, 2,5 à 3% par an en moyenne, principalement assise sur la productivité des facteurs. Si l'on ajoute à cette hypothèse la tendance à la tertiarisation de l'économie, alors on se rend compte que les activités de service public se trouvent soumises à une exigence d'adaptation qui dépasse la perspective développée ci-dessus.

Il ne s'agit plus seulement, en effet d'adapter telle ou telle production au progrès technique (le développement du courrier électronique, l'amélioration des transports maritimes et aériens…), mais c'est l'organisation même du service qui doit être repensée, car elle est en crise puisqu'elle ne s'est pas suffisamment adaptée aux nouvelles exigences de la croissance. Et ce n'est pas cette dernière qui doit s'adapter à la survie des entreprises de service public. Comme les firmes, les entreprises de service public dans l'espace OHADA doivent contribuer aux gains de productivité de l'économie sans pour autant peser sur les budgets publics. Et c'est cela qui remet en cause le recours aux concepts traditionnels de monopole naturel et de statut.

En ce qui concerne le monopole naturel tout d'abord, la première question posée est celle du déficit et donc des subventions éventuelles. En effet, lorsqu'une activité relève du monopole naturel, cela signifie qu'elle est à rendement croissant. Cela lui laisse deux options pour financer son activité.

— soit elle vend au coût marginal, et alors elle va systématiquement perdre de l'argent puisque le coût marginal est toujours inférieur au coût moyen. C'est le cas, par exemple des chemins de fer de ces pays qui ne peuvent survivre sans subventions ;

— soit elle vend au coût moyen ou à tout autre niveau lui assurant un profit, mais on peut alors craindre que la demande soit trop faible, nuisant ainsi à l'intérêt général.

Pour éviter cette tendance à la sous-consommation, il est parfois possible de développer ce que l'on appelle un tarif binôme : une composante fixe (l'abonnement) et une composante variable (la consommation). Ainsi pour les télécommunications et l'électricité, il est possible d'éviter les déficits tout en vendant les consommations au coût marginal (Congo, Bénin, Togo,

Sénégal). Mais cela n'est possible que si la firme qui développe ce type de pratique est en situation de quasi-monopole. Dès qu'un concurrent apparaît, elle va être obligée de baisser l'une ou l'autre des composantes de son tarif (ou les deux), au risque de perdre de l'argent. Or cette perspective de concurrence s'avère parce que le développement même des entreprises nationales de service public les conduit à s'internationaliser. Les frontières nationales devenant pour elles un obstacle, elles sont amenées, pour développer leur activité à l'extérieur à accepter une réciprocité de la concurrence sur le territoire national (Mali, Tchad, Niger, RD Congo).
Voilà donc la notion de monopole naturel doublement remise en cause :
— soit parce qu'elle est battue en brèche par l'inter nationalisation des productions et des échanges, qui ronge le principe même du monopole (télécommunications, électricité…) ;
— soit parce qu'elle conduit à des activités déficitaires qui réclament des subventions (certaines activités des chemins de fer ou de la Poste).
Dans les deux cas, le monopole coûte cher à la collectivité soit parce que les prix payés par les usagers pourraient baisser, soit parce que les fonds publics sont mis à contribution. Ces deux remarques conduisent logiquement à s'intéresser au phénomène de péréquation qu'impliquent les principes d'égalité et de continuité.
Mais quelle est la destination de ces recettes éventuellement accrues ? Il est évident que si l'entreprise qui en bénéficie est en situation de monopole, elle risque de se comporter comme un chasseur de rente. C'est là bien sûr que le statut particulier des salariés pose problème. D'une part, car les avantages liés au statut ne peuvent être que la contrepartie d'une situation de monopole ou de rente. D'autre part, et ce n'est pas contradictoire avec ce qui précède, car ce statut et les protections multiples qu'il contient peuvent être un obstacle à l'adaptation du service public, tout comme le droit de grève est une infraction au principe de continuité dans le temps de ce service.[29]

[29] V. H. D. Amboulou, *Traité congolais de droit du travail et de la sécurité sociale,* L'Harmattan 2013.

CHAPITRE 7. LES EXTENSIONS MARITIMES ET LA QUESTION DES INVESTISSEMENTS

Promue au rang de réservoir de richesses, la mer est devenue un important facteur de développement économique. Elle attire les extensions de souveraineté des pays de l'espace OHADA en quête d'un Nouvel ordre économique international. D'abord considérée comme unilatérale et inopposable aux autres États, l'extension vers le large, parfois jusqu'à 200 milles marins, de la mer territoriale de certains États de la zone OHADA (Congo, Cameroun, Bénin, Côte d'Ivoire, Sénégal, Guinée Équatoriale...), avait pour objet de réserver à l'État riverain les ressources et les richesses du lit de la mer, du sol et du sous-sol des eaux adjacentes à ses côtés.[30]

Bien que de nouvelles règles élaborées par la IIIe Conférence des Nations Unies sur le droit de la mer n'autorisent pas la fixation d'une mer territoriale supérieure à 12 milles nautiques, la Convention adoptée le 30 avril 1982 établit une zone économique exclusive large de 200 milles marins.

Une telle extension du patrimoine étatique se fonde, à l'origine, sur la nécessité de prévoir des mesures conservatoires à l'égard d'une exploitation, naissante, mais assurément fructueuse, dont les pays du nord détiennent seuls la capacité. Réserver la propriété des ressources c'était garantir à l'État côtier les revenus sur toute forme d'exploitation, fut-elle confiée aux opérateurs des pays développés.

L'émergence du concept de zone économique exclusive traduit la volonté des États défavorisés de maîtriser les ressources potentielles des mers. Les pays africains avec la notion de zone économique ont fait reculer le principe de la liberté de mer forgé par le droit international classique. Ce dernier défendu par les puissances maritimes (essentiellement des pays développés) a rapidement cédé. Divers pays industrialisés ont manifesté le désir de voir les compétences des États côtiers étendues en vue de pouvoir édicter des règles de protection du milieu marin. La convention adoptée le 30 avril 1982 par 130 voix pour (les pays en développement, la France, le Japon, le Danemark et l'Irlande), quatre voix contre (les États-Unis, le Venezuela, la Turquie et Israël) et 17 abstentions (tous les pays socialistes et six membres de la CEE : la RFA, le Royaume-Uni, la Belgique, les Pays-Bas, l'Italie et le Luxembourg) consacre les droits souverains de l'État riverain aux fins d'exploitation, de la conservation et la gestion des ressources naturelles, biologiques ou non biologiques, du fond des mers et de son sous-sol et des

---

[30] Dupery R.J. L'*Océan partagé,* Paris, Ed. Pédone, 1979, 287 P. – *Communauté internationale et disparités de développement*, cours général de droit international public, Recueil des cours de l'Académie de Droit international de la Haye.

eaux subjacentes ainsi qu'en ce qui concerne d'autres activités économiques, comme les productions d'énergie à partir de l'eau, des courants et des vents.[31]

Dans cette zone, l'État riverain exerce sa juridiction pour la mise en place et l'utilisation d'Îles artificielles, d'installations d'ouvrages ; la recherche scientifique, la protection et la préservation du milieu marin. La limitation à 200 milles de ces extensions correspond au souci, exprimé dans les textes fondamentaux tarifs au Nouvel ordre économique international, d'affecter le fond des mers, au-delà de ces juridictions nationales, à l'aide directe au développement. La charte des droits et devoirs économiques des États affirmait en effet à son article 29 que le fond des mers et des océans, ainsi que leurs sous-sols, au-delà des limites de la juridiction nationale, de même que les ressources de la « zone » sont le patrimoine commun de l'humanité.[32]

---

[31] Blanc J. ; Rigaux F. *Droit économique*, 2, Paris, Ed. Pédone, 1979, P. 443.

[32] Colliard C.A. *Institutions des relations internationales*, 7e éd, Paris, Dalloz, 1978, P. 964.

CHAPITRE 8.
UN PROGRAMME INTÈGRE POUR DES PRODUITS DE BASE

57% des recettes d'exportation des pays de la zone OHADA proviennent encore des matières premières ; 81% si l'on y inclut les revenus du pétrole. Ces propositions sont, selon l'analyse de la Commission Brandt, en 1980, vraisemblablement durables à l'avenir, en dépit des efforts d'industrialisation envisagés ici et là. Les pays de la zone OHADA perçoivent en général moins de 25% du prix payé par le consommateur final et les fluctuations de prix ont les effets sur ces pays souvent supérieurs à ceux de la crise pétrolière sur les pays occidentaux. À la veille des grands textes sur le nouvel ordre économique international, la réduction constante du pouvoir d'achat de ces pays est alarmante : en 1960 il fallait 3 tonnes de bananes pour acheter un tracteur ; en 1970, il en fallait 12. Comparés aux prix des produits manufacturés, ceux des produits de base ne cessent de baisser, les pays en développement, pour acheter une quantité déterminée de produits manufacturés, doivent vendre toujours plus de produits de base. Travailler davantage en s'appauvrissant davantage.[33] Les consommateurs, de leur côté, pays développés pour la plupart (mais pas exclusivement) se trouvent confrontés à une insécurité de leurs approvisionnements depuis que, pour les produits de base énergétiques, ils ont subi l'embargo décidé par les producteurs. Ils sont donc conduits à diversifier le choix de leurs fournisseurs et de leurs produits. Un réexamen semble donc s'imposer qui tienne compte de nouvelles données pour une stratégie du développement.[34]

Section 1. Des objectifs contradictoires

Réduire la croissante dépréciation des produits de base non énergétiques par rapport aux produits manufacturés, tout en assurant la sécurité des approvisionnements, demeure l'enjeu principal et complexe des négociations pour un nouvel ordre économique international dans ce domaine.

1) **Juguler la détérioration des termes de l'échange** fut l'un des objectifs posés par l'Assemblée Générale des Nations-Unies dans les grands textes de 1974. Il n'est plus aussi mobilisateur aujourd'hui et la recherche d'une indexation des prix des produits de base sur ceux des produits

[33] Manin Ph. *Droit international public.* Chap 6, Paris, Masson, 1979, P. 415.
[34] Braudt W., *Nord-Sud : Un programme de survie, rapport de la Commission indépendante sur les problèmes de développement international*, Paris, Gallimard, 1980, P. 535.

manufacturés ne semble plus débattue. Certains prétendent même que la détérioration des termes de l'échange n'est plus défavorable aux pays en voie de développement. Ils se fondent sur des chiffres incluant le prix du pétrole, avant la baisse de 1982.
Or, si l'on prend comme base 100 en 1970, le prix du pétrole est passé (en prix courants) à 1655 en 1980, celui des produits manufacturés à 625. En revanche le prix des matières premières non énergétiques s'il montait en 1973 à 143, retombait à 110 en 1979 [35] La déclaration concernant l'instauration d'un nouvel ordre économique international et le programme d'action qui la suit, annoncent la formation plus normative, de la Charte des droits et devoirs économiques des États : « Tous les États ont le devoir de coopérer en vue d'ajuster les prix des exportations des pays en voie de développement par rapport aux prix de leurs importations et faire ainsi en sorte que ces pays bénéficient de termes de l'échange justes et équilibrés à la fois rémunérateurs pour les producteurs et équilibrés pour les producteurs et les consommateurs ».
Cette exigence se trouve précisée et complétée à plusieurs reprises, notamment par le programme intégré pour les produits de base[36] qui exige des prix rémunérateurs et justes pour les producteurs et équitables pour les consommateurs. À l'évidence, le moyen le plus sûr pour parvenir au premier de ces résultats consiste, dans la mesure où la solidarité des producteurs est réelle, établie et suffisante, à peser sur la loi de l'offre et de la demande en organisant soit une réduction des livraisons soit, dans les situations les plus graves, l'embargo.[37]

2) Garantir la sécurité des approvisionnements constitue, au contraire, la préoccupation majeure des pays consommateurs de matières premières. Principalement ceux du Nord, mais également, quoique dans une moindre proportion, ceux du Sud.
Ainsi la communauté européenne, particulièrement attentive à cette question adopte une position de principe dans une résolution du Parlement européen (le 7 mars 1977). Elle rappelle tout d'abord le taux très élevé de dépendance de la communauté à l'égard des pays tiers pour ce qui concerne ses approvisionnements et les risques qui en découlent ; elle insiste en conséquence sur la nécessité d'une politique communautaire globale dans ce domaine, tant à l'intérieur qu'à l'extérieur ; et recommande qu'une stratégie communautaire à long terme soit élaborée sans délai. La CEE réclame l'instauration d'une véritable régulation du marché mondial des matières

---

[35] Sénat, doc n°101, 19 novembre 1980, annexes X). Il s'effondrait en 1981-1982
[36] Rés. 93, IV de la CNUCED.
[37] Mouton Cl. Et Chalmin Ph. *Matières premières et échanges internationaux ; Commerce international et matières premières*, Economica, Paris, respectueusement, 1980 et 1981, P. 339 et 238.

premières et le respect, dans le cadre d'arrangements internationaux, d'un certain nombre de règles de conduite en ce qui concerne notamment les restrictions aux importations, le libre accès aux produits de base et des principes de formation des prix.
Quant aux pays en développement importateurs, ils souscrivent au projet les concernant, établi dans le cadre de la Conférence sur la coopération économique de Paris, en 1977. Celui-ci réclame en faveur des pays les moins développés et en faveur des plus sérieusement touchés d'entre eux, qui ne disposent pas de ressources naturelles, des mesures différenciées et correctives pour assurer leurs approvisionnements en toute sécurité.[38]

Section 2. Les solutions partielles

Elles prennent d'abord la forme d'accords dispersés, conclus dans le cadre des Nations-Unies, puis celle du programme intégré pour les produits de base.

Paragraphe 1. Les accords de produit

Les deux résolutions relatives à l'instauration d'un nouvel ordre économique international et la Charte des droits et des devoirs économiques des États contiennent des dispositions concordantes selon lesquels les États ont le devoir de contribuer au développement du commerce international de marchandises : « Notamment au moyen d'arrangements et, le cas échéant, par la conclusion d'accords multilatéraux à long terme de produits de base et compte tenu des intérêts des producteurs et des consommateurs ».[39]
Deux accords, celui sur le caoutchouc naturel et celui sur le jute, ont été conclus depuis le projet du nouvel ordre économique international, respectivement en 1979 et en 1982, les sept autres accords existants sont antérieurs. Il s'agit des accords sur le blé (1949), l'étain (1953), le sucre (1953), l'huile d'olive (1956), le café (1962), les textiles de coton (1962), le cacao (1972). Leur renouvellement, leur révision, leur prorogation sont source de difficultés multiples. Certains autres accords sont en cours d'élaboration (thé, orange, bananes…).
Ces accords créent généralement des organes chargés de mettre en œuvre les mesures qu'ils prévoient. Un premier procédé consiste à établir des quotas à la production et à l'exportation. Si l'offre est plus forte que la demande, des contingents d'exportation plus ou moins élevés sont attribués aux différents producteurs selon le prix du marché (sucre art. 40, et 44 ; cacao, art. 30, 31, 32, 34 et 35 ; café, art. 34 et 35). En contrepartie, les pays importateurs ont certaines assurances d'approvisionnement (cacao art. 44) et certaines

[38] Buirette – Mauron P, *La participation du Tiers Monde à l'élaboration du droit international*, Paris LGDJ, 1983.
[39] Rés. 3281 XXI, art 6.

obligations soit d'achat (sucre art 57), soit de laisser un libre accès au produit (sucre, art 58).
Quelle est la valeur d'un tel procédé ? Il est au demeurant le plus simple à établir, ce qui explique qu'il soit le plus fréquemment utilisé dans les accords de produits. Il se trouve toutefois limité à quatre points de vue ;
1). Des difficultés apparaissent souvent lors de la répartition périodique des quotas, en raison de la mauvaise volonté de certains des États partis à l'accord qui entraîne l'échec du mécanisme ;
2). Il n'est pas possible, pour les produits agricoles, d'adapter la production, par définition aléatoire, au niveau de contingent ; il faut donc doubler le procédé par un stock régulateur ;
3). La répartition des quotas n'assure pas pour autant une garantie de vente ni un approvisionnement, tributaire du niveau de production et soumis, dans l'agriculture aux aléas climatiques ;
4). La fixation du volume des quotas doit être directement liée aux fluctuations de l'offre et de la demande. Or, celle-ci est imprévisible, de façon précise et certaine, à moyen et à long terme.
Un second procédé est donc utilisé, généralement en liaison avec le premier, le système du stock régulateur, en vue d'assurer une croissance équilibrée de l'offre et de la demande, de stabiliser le commerce du produit en évitant les fluctuations excessives des prix, d'aider à stabiliser les recettes des exportateurs tout en assurant des approvisionnements pour répondre, à des prix raisonnables et équitables, aux besoins des importateurs. (Caoutchouc naturel, art. 1er, cacao, art 1er…).
À cette fin, le stock régulateur, institué sur le plan international, se porte acheteur en cas de surplus de l'offre et de baisse des prix, en dessous d'un prix de déclenchement inférieur, au contraire il se porte vendeur en cas de pénurie et de montée du prix au-dessus d'un prix de déclenchement supérieur (caoutchouc naturel, art. 30 et 31).
La valeur d'un tel procédé dépend d'une part, du caractère stockable ou non du produit. Certaines denrées périssables ne peuvent être soumises à ce régime. D'autre part, pour être efficace, un stock doit représenter au moins l'équivalent de trois mois de consommation mondiale, ce qui pose immédiatement la question majeure du financement. En effet, non seulement les transactions sur le produit, mais les opérations de stockage qui exigent des installations, du personnel, des services, sont très coûteuses. À l'origine, les fonds de financement étaient alimentés par les consommateurs si la commercialisation du produit s'effectuait à un prix inférieur au prix minimum ; par le producteur si elle s'effectuait à un prix supérieur au prix maximum ; par les consommateurs et les producteurs lorsque les prix demeuraient dans la fourchette prévue par l'accord.

Les difficultés financières rencontrées et l'absence de volonté politique expliquent en grande partie l'échec de nombreux accords de produits qui n'ont pas pu être renégociés dans de bonnes conditions.[40]

Paragraphe 2. La résolution 93 IV de la CNUCED

Le programme intégré constitue un des objectifs majeurs du Nouvel ordre économique international dans le secteur des matières premières.[41] Son cadre est mis en place par la CNUCED le 30 mai 1976. Les buts de ce programme sont plus larges que ceux des accords de produits. Il vise non seulement à éviter des fluctuations excessives des prix (en les soutenant à des niveaux rémunérateurs tenant compte de l'inflation mondiale et favorisant l'équilibre entre l'offre et la demande), mais aussi, tout en assurant et en augmentant les recettes d'exportation, à permettre la restructuration économique dans les pays producteurs par la diversification de la production. Enfin, le programme intégré doit favoriser l'accroissement du rôle des producteurs dans la commercialisation.[42] Dix-huit produits sont couverts : la banane, la bauxite, le cacao, le café, le cuivre, le coton et les filés du coton, les fibres dures et les produits de ces fibres, le minerai de fer, le jute et les produits du jute, le manganèse, la viande, les phosphates, le caoutchouc, le sucre, le thé, les bois tropicaux, l'étain et les huiles végétales, y compris l'huile d'olive, et les graines oléagineuses ; étant entendu que d'autres produits pourraient être inclus dans le programme, suivant une procédure fixée dans la Résolution 93 III. Le mécanisme prévu est celui d'un Fonds commun. Il est créé deux ans plus tard, sous l'égide de la CNUCED, par un accord du 27 juin 1980, en vue d'atteindre les objectifs du programme intégré, et de faciliter la conclusion et le fonctionnement d'accords ou d'arrangements internationaux de produits.[43]

Section 3. Le rôle de l'information et des incitations dans la politique économique

Ce qui a radicalement changé dans les théories économiques contemporaines, c'est la prise en compte du fait que l'information n'est pas répartie de façon homogène entre les acteurs. En d'autres termes, contrairement aux hypothèses de la concurrence pure et parfaite, les investisseurs sont le plus souvent en situation d'incertitude face à l'avenir.

---

[40] Feuer G. *Les pays industrialisés à la recherche d'un nouvel ordre économique international*, Revue française de science politique, numéro spécial, n°4 août 1976.
[41] Rés. 3202 (SVI).
[42] Rés. 93 IV.
[43] Renter P. et Combacan J. *Institutions des relations internationales*, Paris, PUF, 1980, P. 579.

Les multiples formes de cette dernière ont été regroupées en deux grandes catégories :

— la première, qualifiée de sélection certaine (ou sélection adverse, ou anti sélection), se manifeste chaque fois qu'il existe des incertitudes sur les états futurs de la nature. L'exemple le plus célèbre, donné par George Akerlof, en est le marché des véhicules d'occasion (mark et of Comons). L'acheteur potentiel ne sait pas précisément si le véhicule qui lui semble en bon état va vraiment tenir ses promesses. S'il ne le peut, le client va donc se déplacer vers un autre marché, celui des véhicules neufs, sous garantie, ou celui des véhicules d'occasion garantis par un garage. On est donc ici dans une situation où un marché ne verra pas le jour, ou bien, s'il existe, attirera surtout les mauvaises occasions. Les propriétaires de bonnes occasions préféreront les écouler hors marchés ou auprès des garagistes, qui les connaissent pour les avoir entretenues.

— la seconde est appelée aléa moral. Elle correspond à une situation où une incertitude existe sur le comportement futur des autres acteurs économiques. Ainsi, quand il signe un contrat de travail, un chef d'entreprise ne sait pas si le salarié va donner toute sa mesure. Pour atteindre ce but, il devra généralement faire miroiter des avantages : primes de rendement, possibilité de carrière, salaire élevé, etc. Bien évidemment ce sera le cas seulement dans les circonstances où la surveillance du salarié est malaisée. Si sa loyauté peut être testée à tout instant, alors on se trouve dans le cas de la concurrence et le salaire sera celui qu'impose la concurrence entre les demandeurs et offreurs d'emplois.

Il est important de souligner que ces phénomènes d'aléa moral et de sélection contraire ne se manifestent pas que sur les marchés. On les retrouve dans toutes les situations où se pose un problème de coordination entre les individus. Qu'il s'agisse de contrat de contrainte ou de confiance, les phénomènes d'incertitude posent de redoutables questions, qui invitent à se méfier des réponses simplistes. Il n'est plus possible, à partir de là de s'en tenir à des actes de foi à propos des effets bénéfiques de la concurrence, ou sur la nécessité d'une bienveillante tutelle publique. Dans tous les cas de figure, le problème sera de trouver le moyen d'inciter les acteurs à révéler leurs préférences et leurs capacités.[44]

---

[44] Bedjaoui M. *Pour un nouvel ordre économique international*, Paris, Unesco, 1979, P. 296.

CINQUIÈME PARTIE.
LE RÉGIME JURIDIQUE ET FISCAL DES INVESTISSEMENTS

CHAPITRE 1.
LE RÉGIME JURIDIQUE ET FISCAL DES INVESTISSEMENTS AU BÉNIN[45]

Section 1. Les définitions et les dispositions générales

Paragraphe 1. Les définitions

Au titre de la loi sur les investissements du Bénin on entend par :

« Entreprise », toute personne physique ou morale et toute coopérative qui exerce en République du Bénin une activité relevant des secteurs primaire, secondaire ou tertiaire.

« Extension » : l'accroissement de la capacité de production de l'Entreprise par l'installation d'une unité séparée, ou l'adjonction à l'activité existante d'une activité nouvelle. « Valeur ajoutée » : la différence entre le chiffre d'affaires toutes taxes comprises et les consommations intermédiaires.

« Investissement » : le montant total, toutes taxes comprises des immobilisations de toutes sortes, des frais de constitution et du fonds de roulement permanent.

« Durée d'agrément » : la durée totale pendant laquelle l'Entreprise est soumise au bénéfice du régime privilégié.

« Matières premières » : les objets et fournitures destinés à être incorporés aux produits fabriqués.

« Matériels et produits » : les éléments matériels que l'Entreprise se procure à l'extérieur et qu'elle peut mettre en stock en vue de leur utilisation ultérieure pour la fabrication.

« Matériel et outillage » : les objets et instruments qui servent à la transformation ou au façonnage des matières. Ce sont le matériel et outillage industriels, le matériel et outillage agricoles, le matériel de pêche, le matériel de manutention, le matériel d'emballage (emballage destiné à un usage interne et qui n'est pas livré à la clientèle avec son contenu), le matériel de réparation (clés et autres outils), le matériel roulant utilitaire.

« Produit » : tout objet physique obtenu après une activité agricole, de pêche et de transformation industrielle.[46]

Paragraphe 2. Les dispositions générales

Au Bénin, à l'exception des activités qui pour des raisons d'intérêt général et d'ordre public, sont interdites par la Loi, l'exercice d'une activité industrielle, agricole, commerciale ou artisanale est libre.[47]

---

[45] Loi n°90-002 du 9 mai 1990, modifiée par la loi n°90-033 du 24 décembre 1990, l'ordonnance n°2008-04 du 28 juillet 2008 et l'ordonnance n°2008-06 du 8 novembre 2008.

[46] Art. 1-9.

Ainsi, les dispositions relatives aux investissements comprennent un régime de droit commun, des régimes privilégiés et un régime spécial.
Les régimes privilégiés, qui sont au nombre de cinq, offrent aux entreprises nationales et étrangère, des avantages douaniers et fiscaux. Ce sont les régimes ci-après :
Et le régime « A » qui s'applique aux PME ;
Le régime « B » ou régime de grande entreprise ;
Le régime « C » ou régime de stabilisation fiscale ;
Le régime « D » ou régime des investissements lourd ;
Le régime « E » ou régime des investissements structurants.
Le régime spécial est applicable aux entreprises artisanales et autres, dont le montant des investissements est prévu à l'article 57 de la loi. Dans ces conditions, aucune entreprise ne peut être soumise pour la même activité à deux régimes privilégiés différents. D'une part, dans le but de faire jouer la libre concurrence, il est garanti que les entreprises publiques, les entreprises semi-publiques et les entreprises privées bénéficieront au titre du Code des investissements, des mêmes droits et seront également soumises aux mêmes obligations.
De la sorte, toute entreprise qui exerce une activité commerciale, industrielle, agricole, artisanale ou de service bénéficie, quel que soit le régime sous lequel elle exerce (régime de droit commun ou régime privilégié), des garanties suivantes :
— liberté commerciale (choix des fournisseurs, des clients, des prestations de service) ;
— liberté d'entrée, de séjour, de circulation, de sortie des agents expatriés et de leurs familles dans le respect des textes en vigueur ;
— liberté de gestion ;
— liberté de transfert des capitaux et notamment des bénéfices et dividendes régulièrement comptabilisés et des fonds acquis en cas de cession ou de cessation d'activité de l'Entreprise dans le cadre de la législation en vigueur ;
— la garantie que l'État ne prendra aucune mesure de nationalisation ;
— la garantie que l'État ne prendra aucune mesure d'expropriation des investissements réalisés par elle sous réserve des cas d'utilité publique constatés dans les conditions prévues par la loi.
D'autre part, dans le cas d'utilité publique, les mesures d'expropriation ne doivent pas être discriminatoires et doivent prévoir une juste, adéquate et préalable réparation dont le montant sera déterminé selon les règles et pratiques habituelles du droit international.[48]

[47] Ordonnances n°08-04 et 08-06.
[48] Arts. 12-14.

Section 2. Les régimes privilégiés

Paragraphe 1. Les dispositions communes

a). Le champ d'application

Pourra être admise au bénéfice de l'un des régimes privilégiés prévus à l'article 11 ci-dessus, toute entreprise de tous secteurs nouvellement créée présentant un intérêt ou une importance particulière pour la réalisation des objectifs du plan national de développement économique et social et n'entrant pas dans l'une des catégories ci-après :
1° les activités consistant en l'achat pour la revente en l'état :
2° les activités de reconditionnement, de découpage, de torsadage ou d'emballage de produits finis ou semi-finis et toutes autres activités n'entraînant pas une ouvraison ou une transformation au sens de la nomenclature douanière ;
3° les activités ayant une incidence particulièrement néfaste sur l'environnement et la santé des populations.
Cependant, sur proposition du ministre chargé du Plan, cette liste peut être modifiée par décret en fonction des besoins et impératifs du développement économique et social. Le régime privilégié pourra également être accordé aux entreprises anciennement installées au Bénin à l'occasion d'une extension de leurs activités, à condition toutefois que l'extension ne relève pas de l'un des domaines d'activité mentionnés à l'article 15 et remplisse les critères d'investissement du régime sollicité.
En cas d'extension il est prévu que le régime accordé ne s'applique qu'à l'extension.
Lorsqu'au sein d'une entreprise coexisteront des activités bénéficiant d'un régime privilégié et d'autres soumises au droit commun (comme c'est le cas de l'extension d'activité agréée), les premières devront obligatoirement être constituées en entités autonomes dotées d'une comptabilité séparée permettant d'isoler clairement leurs résultats de ceux de toute l'Entreprise.
Ainsi pour être agréée à un régime privilégié, l'activité créée doit, outre la condition fixée à l'article 15, contribuer dans une large mesure à :
— la mise en œuvre de la politique d'aménagement du territoire par l'implantation d'activités dans les zones économiquement moins développées ;
— la création d'emplois ;
— l'amélioration et le redressement de la balance commerciale et de la balance des paiements ;
— la valorisation des ressources locales.[49]

[49] Arts. 15-18.

b). La durée de l'agrément

Au Bénin, la durée de l'agrément couvre :
— une période d'installation au cours de laquelle le programme d'investissement devra être réalisé ;
— une période d'exploitation qui correspond à la phase de production ou d'exploitation.
La période d'installation court à partir de la date d'effet de l'agrément et s'étend sur une période qui ne peut excéder trente mois quel que soit le régime. La fin de la réalisation du programme est constatée par Arrêté conjoint du ministre chargé du plan, président de la CTI et du ministre chargé de l'industrie, président de la CCI.
La période d'exploitation prend effet à compter de la date de signature de l'arrêté conjoint constatant la fin de la réalisation du programme d'investissement.
La durée de la période d'exploitation est fixée comme suit pour tous les régimes :
— 5 années pour les investissements réalisés en zone 1 ;
— 7 années pour les investissements réalisés en zone 2 ;
— 9 années pour les investissements réalisés en zone 3.
Conformément à ce régime, la réalisation du programme d'investissement dans un délai plus court inférieur aux 30 mois prévus à l'article 20 entraîne pour les bénéficiaires des régimes une bonification de durée égale au nombre de mois restant à courir jusqu'à la fin des 30 mois. Cette bonification s'ajoutera à la durée de la période d'exploitation telle que définie à l'article 21. En cas de dépassement du délai maximum d'installation, le nombre de mois supplémentaires sera déduit de la période d'exploitation. Dans les décomptes, seuls les nombres de jours supérieurs à 14 seront comptés comme un mois entier.
En application des dispositions de l'article 21, le territoire béninois sera divisé en trois zones dites zone 1, zone 2, zone 3 qui sont définies par le décret d'application de la loi.[50]

Section 3. La procédure d'octroi des régimes privilégiés

La loi permet à toute entreprise qui sollicite l'octroi d'un régime privilégié d'en formuler la demande auprès du ministre chargé du plan.
Dans les mêmes conditions, toute demande d'agrément doit indiquer celui des régimes privilégiés dont le bénéfice est sollicité. Elle doit être appuyée d'une part d'un dossier complet en vingt exemplaires contenant des indications d'ordre juridique, technique, économique et financier qui seront précisées par arrêté du ministre chargé du plan et d'autre part de

---

[50] Art. 19-23.

l'autorisation préalable d'installation délivrée par le ministre dont relève l'activité projetée.
L'agrément à un régime privilégié est prononcé par le Gouvernement sur proposition du ministre du plan après avis de la CTI visée au chapitre 3.
La notification de l'agrément ou du rejet de la requête doit être faite au demandeur dans un délai maximum de deux mois à compter de la date de dépôt du dossier complet.
Le décret d'agrément :
1° fixe l'objet, le lieu d'implantation du projet, son délai de réalisation ainsi que la durée de la période d'exploitation agréée ;
2° énumère les activités pour lesquelles le régime est octroyé, la nature et les quantités des éléments à exonérer ;
— 3° détermine la nature et la durée des avantages accordés ;
— 4° définit les obligations qui incombent à l'entreprise notamment en ce qui concerne la réalisation de ses programmes d'investissement, de production, d'emploi et de formation professionnelle, la poursuite de ses objectifs économiques, commerciaux et sociaux ;
— 5° prévoit les modalités particulières de l'arbitrage visé à l'article 74.
L'entreprise agréée doit notifier au président de la CCI, l'achèvement du programme d'investissement. La date d'achèvement fait l'objet d'un arrêté du président de la CCI et du président de la CTI qui devront au préalable vérifier que l'unité est effectivement prête à entrer en production ou en exploitation.
L'arrêté constatant l'achèvement du programme d'investissement doit préciser la durée de la période d'activité soumise au régime privilégié et sa date d'effet.[51]

Section 4. La commission technique des investissements (cti)

La Commission Technique des Investissements (CTI) est chargée :
— 1° d'examiner et d'instruire les dossiers de demandes présentées pour l'attribution des régimes privilégiés prévus par le présent Code et d'émettre un avis motivé concernant ces demandes ;
— 2° de proposer le retrait de l'agrément conformément aux dispositions de l'article 70 ;
— 3° de donner son avis motivé sur les demandes de remboursement des cotisations au Fonds National d'Investissement présentées par toute entreprise installée en République du Bénin.
La composition et les modalités de fonctionnement de la CTI seront définies dans le décret d'application de la loi.[52]

---

[51] Art. 24-30.
[52] Art. 31-32.

Section 5. Les obligations des bénéficiaires du régime privilégié

Toute entreprise qui sollicite l'un quelconque des quatre premiers régimes privilégiés visés à l'article 11 de la présente loi s'engage à :
— affecter en moyenne au moins 60% de la masse salariale aux nationaux ;
— se conformer aux normes de qualité nationales ou internationales applicables aux biens et services, objets de son activité ;
— sauvegarder les conditions écologiques, en particulier l'environnement ;
— tenir une comptabilité régulière conforme aux dispositions du plan comptable SYSCOA ainsi que de l'Acte uniforme relatif au droit comptable de l'OHADA ;
— observer strictement les programmes d'investissement et d'activités agréés.[53]
L'entreprise bénéficiaire d'un régime privilégié est tenue de :
— 1° se soumettre aux différents contrôles effectués par les Services administratifs conformément à la réglementation en vigueur ;
— 2° fournir immédiatement, en cas de modifications importantes de ses programmes d'investissement et d'activités agréées un compte rendu motivé à la Direction du Plan, à la Direction de l'Industrie et au ministère de tutelle ;
— 3° produire annuellement à la Direction du Travail conformément à la législation en vigueur, une déclaration nominative des salariés de l'Entreprise avec indication de leurs qualifications et de leurs salaires ainsi qu'une note sur l'état d'avancement du programme de formation professionnelle ;
— 4° communiquer chaque année à la Direction de l'industrie, à la DGID et à l'INSAE dans un délai n'excédant pas quatre mois après la clôture de l'exercice, les documents et pièces comptables suivants[54] :
— rapport sur l'exécution des travaux d'installation et sur l'avancement des programmes d'investissement, d'équipement, d'emplois et de formation professionnelle ;
— copie du bilan, des soldes caractéristiques de gestion, du tableau de passage, des tableaux des amortissements et de l'état des provisions.
— 5° adressés mensuellement à l'INSAE, les renseignements relatifs à la production, à la main-d'œuvre, à la consommation de matières premières, aux importations, aux exportations ainsi que tous les autres renseignements sollicités par ledit institut.
L'utilisation d'une main-d'œuvre étrangère par une entreprise privilégiée est soumise à la réglementation en vigueur en la matière.
À l'expiration du bénéfice du régime privilégié, l'entreprise agréée doit poursuivre ses activités pendant cinq ans au moins sous peine de rembourser à l'État béninois les avantages obtenus pendant la durée de l'agrément.[55]

---

[53] Art.33. *(Ordonnances n°08-04 et 08-06).*
[54] Art.34. *(Loi n°90-033 du 24 décembre 1990).*

Section 6. Les différents régimes et leurs avantages

a). Le régime « A » ou régime des PME

Le régime « A » est destiné à encourager le développement des petites et moyennes entreprises (PME) de nationalité béninoise ou étrangère dont les activités pourront aider au développement économique et social de la Nation et à la promotion des entreprises coopératives.

Dans ce sens est considérée aux termes du Code comme PME pouvant être agréée au régime « A » toute entreprise qui, outre les critères des articles 15 et 18, remplit cumulativement les conditions suivantes :

— 1° être immatriculé au registre du commerce ou se conformer dans le cas d'une coopérative, à la réglementation en vigueur en matière de constitution des coopératives ;

— 2° avoir un programme d'investissement d'un montant allant de 20.000.000 à 500.000.000FCFA ;

— 3° prévoir d'utiliser au moins 5 salariés permanents de nationalité béninoise ;

— 4° tenir une comptabilité régulière et conforme au plan comptable national quel que soit le chiffre d'affaires réalisé.

Le régime « A » permet de bénéficier des avantages suivants :

1) Pendant la période de réalisation des investissements : exonération des droits et taxes perçus à l'entrée, à l'exportation de la taxe de voirie et de la taxe de statistique, sur :

— les machines, matériels et outillages destinés spécifiquement à la production ou à l'exploitation dans le cadre du programme agréé ;

— les pièces de rechange spécifiques aux équipements importés dans la limite d'un montant égal à 15% de la valeur CAF des équipements.

2) Pendant la période d'exploitation et pour une durée égale à celle définie à l'article 21 ci-dessus :

— exonération de l'impôt sur les bénéfices industriels et commerciaux :

— exemption des droits et taxes de sortie applicables aux produits préparés, manufacturés et exportés par l'entreprise.[56]

b). Le régime « B » ou le régime de la grande entreprise

Normalement, le régime « B » ou régime de la grande entreprise est destiné à promouvoir les entreprises nationales ou étrangères désireuses de concourir par leurs investissements au développement économique et social de la République du Bénin.[57] Peuvent être agréées au régime « B », les entreprises

---

[55] Art. 33-36.

[56] Art. 37-39.

[57] Loi n°90-033 du 24 décembre 1990.

qui, outre les critères cités aux articles 15 et 18 ci-dessus, réalisent un investissement supérieur à 500.000.000FCFA et inférieur à 3.000.000.000FCFA. Ainsi, l'entreprise bénéficiaire du présent régime doit créer au moins 20 emplois permanents pour les Béninois.
L'agrément au régime « B » comporte les avantages suivants :
— 1° pendant la période de réalisation des investissements, exonération des droits et taxes à l'entrée, à l'exception de la taxe de voirie et de la taxe de statistique, sur :
— les machines, matériels et outillages destinés spécifiquement à la production et à l'exploitation dans le cadre du programme agréé ;
— les pièces de rechange spécifiques aux équipements importés dans la limite d'un montant égal à 15% de la valeur CAF des équipements.
— 2° pendant la période d'exploitation :
— exemption des droits et taxes de sortie, applicables aux produits préparés, manufacturés et exportés par l'entreprise ;
— exonération de l'impôt sur les bénéfices industriels et commerciaux.[58]

c). Le régime « C » ou régime de la stabilisation fiscale

L'on sait que le régime de la stabilisation fiscale est destiné à encourager les très grandes entreprises qui ont réalisé un investissement supérieur à 3.000.000.000FCFA. Le régime « C » quant à lui permet de bénéficier du droit des avantages consentis dans le cadre du régime « B » et pour une durée identique à celle accordée dans le cadre du régime « B ». Les dispositions des articles 42 à 43 ci-dessus s'appliquent également aux entreprises du régime « C ».[59] Les entreprises agréées au régime « C » bénéficient de la stabilisation fiscale en ce qui concerne le taux et le mode de détermination de l'assiette des impôts autres que l'impôt sur les bénéfices industriels et commerciaux pendant toute la durée de l'agrément.[60]

d). Le régime « D » ou régime des investissements lourds[61]

En principe, constituent des investissements lourds, les investissements dont le montant hors taxe est égal ou supérieur à 50.000.000.000 FCFA, mais inférieur à 100.000.000.000FCFA.[62]
L'agrément des entreprises dont le montant des investissements hors taxe est égal ou supérieur à 50.000.000.000 FCFA, mais inférieur à 100.000.000.000FCFA comporte les avantages particuliers ci-après :

---

[58] Art. 40-43.
[59] Loi n°90-033 du 24 décembre 1990.
[60] Art. 44-47.
[61] Ordonnances n°08-04 et 08-06.
[62] Ordonnances n°08-04 et 08-06.

1) La durée de l'agrément comprend :
— une période d'installation ou d'investissement maximale de cinq ans ;
— une période d'exploitation de 12, 13 ou 15 ans, selon que le projet se situe dans la zone 1, 2 ou 3 définie dans l'article 23.
2) Durant toute la période de validité de l'agrément, l'entreprise bénéficie de la stabilisation fiscale en ce qui concerne les règles d'assiette, les modalités de recouvrement et de contrôle, de perception, de calcul, de taux et de tarification.
3) En régime douanier :
— pendant la période d'investissement : exonération des droits et taxes d'entrée, à l'exception de la taxe de voirie, de la taxe statistique, du timbre douanier, du prélèvement communautaire de solidarité et du prélèvement communautaire sur les machines, équipements, matériels, outillages, véhicules utilitaires, pièces de rechange et consommables, objet du projet agréé.
— pendant la période d'exploitation :
— exonération des droits et taxes d'entrée, à l'exception de la taxe de voirie, de la taxe de statistique, du timbre douanier, du prélèvement communautaire de solidarité et du prélèvement communautaire sur les pièces de rechange ;
— exonération des droits et taxes d'entrée, à l'exception de la taxe de voirie, de la taxe de statistique, du timbre douanier, du prélèvement communautaire de solidarité et du prélèvement communautaire sur les intrants, et les combustibles.
4) En régime intérieur :
— pendant la période d'investissement :
Exonération de la patente et de la contribution foncière des propriétés bâties et non bâties ;
— pendant la période d'exploitation, à compter de la première année de production :
— exonération de la patente et de la contribution foncière des propriétés bâties et non bâties ;
— exonération de l'impôt sur les bénéfices industriels et commerciaux ;
— exonération du versement patronal sur les salaires du personnel expatrié régulièrement déclaré suivant la réglementation en vigueur au Bénin.
Pour cette catégorie d'investissements, la durée des conventions associées pourrait être supérieure à celle définie dans les Codes sectoriels ou spécifiques en vigueur.[63]

e). Le régime « E » ou régime des investissements structurants

Les investissements structurants sont différents des investissements lourds. Constituent des investissements structurants, les investissements dont le

[63] Arts. 47-1 à 47-3.

montant hors taxe est supérieur ou égal à 100.000.000.000FCFA et qui contribuent à la consolidation des pôles de développement identifiés.
L'agrément des entreprises dont le montant des investissements hors taxe est supérieur ou égal à 100.000.000.000FCFA comporte des conditions fiscales, douanières et minières particulières. Le Gouvernement, à travers les ministres sectoriels compétents, en relation avec le Ministre en charge de l'économie et des finances, le Ministre en charge de l'industrie et du commerce et le Ministre en charge du développement, est habilité à négocier avec les investisseurs concernés les conditions fiscales, douanières et minières visées à l'article 47-8. Ces conditions spécifiques font l'objet d'une convention approuvée par décret pris en Conseil des ministres. Ainsi, le Gouvernement fait rapport à l'Assemblée Nationale de l'exécution annuelle des dispositions relatives au Régime « E » à l'occasion de l'examen du projet de loi de finances de l'État.[64]

Section 7. Les dispositions diverses

Les autres dispositions sont relatives aux avantages particuliers. Les entreprises agréées à l'un des régimes visés à l'article 11 et valorisant les ressources locales bénéficiant des avantages particuliers suivants :
— exonération des droits d'enregistrement à leur création ;
— exonération de la patente pendant les 5 premières années d'exploitation.[65]
Sont exclus du régime de franchise pour l'application des dispositions de la présente loi, les matériaux de construction, le matériel de bureau, les appareils et matériels électroménagers, les voitures particulières de tourisme, le matériel de climatisation, à l'exception du matériel de climatisation centrale et les produits pétroliers, à l'exception des lubrifiants, du fuel, du gas-oil et des produits bitumineux.
Les opérations réalisées par l'entreprise privilégiée qui ne relèveraient pas expressément des activités énumérées dans le décret d'agrément demeurent soumises aux dispositions fiscales et autres de droit commun.[66]
Les machines, matériels, outillages et pièces détachées importés dans le cadre de l'agrément ne peuvent être cédés ou prêtés à titre gratuit ou onéreux qu'avec l'autorisation conjointe et préalable du ministre chargé du plan et du ministre chargé des finances. La cession, dans le cas où elle est autorisée, entraîne le paiement des droits dont les biens avaient été exonérés, calculés sur leur valeur déterminée conformément à la réglementation douanière et aux taux en vigueur au jour du dépôt de la déclaration. Le bénéfice d'un régime privilégié accordé à une entreprise conformément aux dispositions du présent Code n'est pas transmissible. L'agrément à un régime privilégié ne

[64] Art. 47-4 à 47-8.
[65] Loi n°90-033 du 24 décembre 1990.
[66] Loi n°90-033 du 24 décembre 1990.

peut être ni renouvelé, ni prorogé. À l'expiration de la période de l'agrément, l'entreprise perd son caractère privilégié et relève des dispositions de droit commun.
Aucune décision législative ou réglementaire prenant effet à une date postérieure à celle de l'agrément, ne peut avoir effet de supprimer ou de restreindre à l'égard de l'entreprise les dispositions du régime privilégié dont elle bénéficie. Une entreprise agréée peut demander à bénéficier de toute disposition plus favorable qui pourrait intervenir dans la législation fiscale et douanière. Aucun régime privilégié ne permet de bénéficier de l'exemption des impôts, taxes et cotisations autres que ceux expressément prévus par la Loi.[67]

Section 8. Régime spécial

Ce régime déroge aux règles générales. Sont concernés par les dispositions du régime spécial, les entreprises entrant dans les catégories suivantes :
— les entreprises prestataires de service relevant des domaines de la santé, de l'éducation et des travaux publics dont le montant des investissements est au moins égal à 20.000.000 FCFA ;
— les entreprises exerçant l'une des autres activités prévues à l'article 15 et dont le montant des investissements est compris entre 5.000.000FCFA et 20.000.000 FCFA ;
Les entreprises visées à l'article 57 peuvent bénéficier à leur création d'une réduction de 75% des droits et taxes à l'entrée, à l'exception de la taxe de voirie et de la taxe de statistique, sur :
— les machines, matériels et outillages destinés à la production ou à l'exploitation ;
— les pièces de rechange spécifiques à ces équipements importés dans la limite d'un montant égal à 15% de la valeur CAF des équipements.[68]
Les machines, matériels, outillages et pièces de rechange autres que ceux visés à l'article 58 ainsi que les impôts dus relèvent du droit commun pendant la période d'agrément. Le bénéfice des dispositions des articles ci-dessus est subordonné à une demande adressée au ministre chargé du plan et à l'engagement de tenir une comptabilité régulière et conforme aux dispositions du plan comptable national.
Cette demande est étudiée par la CTI. Sur proposition de ladite Commission, un arrêté conjoint du ministre chargé du plan et du ministre chargé des finances rend l'Entreprise éligible aux présentes dispositions.[69]
Et comme tel, la demande visée à l'article 60 doit comporter :

---

[67] Art. 48 à 56.
[68] Loi n°90-033 du 24 décembre 1990.
[69] Loi n°90-033 du 24 décembre 1990.

— la description du procédé de fabrication des biens ou du mode de valorisation pour les entreprises de transformation ;
— la liste complète des matériels, machines, outillages et pièces de rechange nécessaires à l'installation ;
— le nombre d'emplois permanents ;
— une copie de l'enregistrement au registre de commerce.[70]

Section 9. Le contrôle et les sanctions

Dans le cadre des dispositions du Code des investissements, il est institué une Commission de Contrôle des Investissements.
La CCI est chargée de :
1) Vérifier de sa propre initiative ou sur demande du président de la CTI, les réalisations des entreprises bénéficiaires d'un régime privilégié du Code des investissements, notamment la conformité de leurs réalisations aux programmes agréés.
2) Constater le respect ou non des engagements souscrits par les bénéficiaires d'un régime privilégié, proposer au président de la CTI le retrait de cet agrément en cas de non-respect desdits engagements.
Les investigations de la CCI portent notamment sur : le programme des investissements ; la création d'emplois et la formation professionnelle ; la production ; la tenue régulière d'une comptabilité ; le respect de la législation notamment fiscale, parafiscale, douanière et sanitaire.
3) Constater l'achèvement des programmes d'investissements agréés.
4) Procéder à la vérification des investissements effectivement réalisés par toute entreprise qui demande le remboursement de ses cotisations au PNI.
Tout service technique sollicité est tenu de fournir à la Commission tous les renseignements et concours nécessaires dans le cadre de ce contrôle.

Section 10. Sanctions

La liste des sanctions n'est pas exhaustive. En effet, tout détournement de sa destination privilégiée de tout bien importé dans le cadre du présent Code des investissements :
a) constitue un manquement aux obligations de l'entreprise agréée qui sera sanctionnée conformément aux dispositions de l'article 68 ci-dessous ;
b) constitue une infraction douanière qui sera sanctionnée conformément aux dispositions du Code des douanes ;
c) rend immédiatement exigible le paiement au Trésor public du montant des droits dont ces biens ont été exonérés.

[70]Art. 57 à 62.

Dans ces conditions, en cas de non-respect de l'une des obligations prescrites aux articles 33, 34, 35 ci-dessus et dûment constaté par la CCI, l'entreprise est passible d'une amende fiscale dont le montant sera défini dans le décret d'application de la présente loi.
La destination du produit des pénalités perçues en vertu des dispositions de l'article 68 ci-dessus sera fixée par le décret d'application du présent Code.
En cas de violation grave ou réitérée ou en cas de non-réalisation du programme d'investissement constatée par l'expiration de la période d'installation, le bénéfice du régime privilégié peut être retiré à l'entreprise agréée selon la procédure ci-après :
1° le président de la CTI met l'entreprise en demeure de prendre les mesures nécessaires pour se mettre en règle vis-à-vis des engagements pris dans le cadre des dispositions de la présente loi.
2° si dans un délai de trente jours à compter de la date de réception de la mise en demeure, l'entreprise ne se manifeste pas ou ne s'exécute pas, le président de la CTI, sur rapport du président de la CCI propose au Gouvernement le retrait de l'agrément.
La décision de retrait est prononcée par décret. En cas de retrait du bénéfice du régime privilégié, l'entreprise en cause est tenue de rembourser à l'État béninois, la valeur ou l'équivalent en valeur des avantages qu'elle a obtenus pendant la durée d'agrément auxquels est appliqué le taux d'escompte normal de la BCEAO.[71]

Section 11. Le règlement des différends

Les articles 73 et suivants du Code traitent du règlement des litiges. En principes, tout différend entre l'administration des douanes, les impôts et l'entreprise agréée concernant l'application des dispositions des articles 39, 43, 46 et 58 du Code des investissements est réglé par une commission comprenant les représentants des ministres chargés du plan, des finances, de l'industrie et de la justice. Cette commission est présidée par le ministre chargé du plan.[72]
Le règlement des litiges relatifs à la validité, à l'interprétation ou à l'application du décret d'agrément et à la détermination éventuelle des amendes fiscales dues à la méconnaissance ou à la violation des engagements pourront faire l'objet de l'une des procédures d'arbitrage ci-après :
1) La constitution d'un collège arbitral : par la désignation d'un arbitre par chacune des parties ; par la désignation d'un tiers arbitre par les deux premiers arbitres. Dans le cas où l'une des parties n'aurait pas désigné dans les soixante jours de la notification par l'autre partie de son arbitre désigné et

---

[71] Art. 67 à 72.
[72] Loi n°90-033 du 24 décembre 1990.

le cas où les deux premiers arbitres ne se seraient pas mis d'accord sur le choix du tiers arbitre dans les trente jours de la désignation du deuxième arbitre, la désignation du deuxième ou du tiers arbitre selon le cas sera faite par une autorité hautement qualifiée à l'initiative de la partie la plus diligente. Cette autorité sera :
a) le président de la Cour Suprême dans le cas où seuls sont en cause des intérêts béninois ou si les parties en conviennent ainsi ;
b) le président de la Cour Permanente d'Arbitrage de La Haye dans le cas où le différend oppose l'État béninois à des intérêts étrangers. La sentence rendue à la majorité des arbitres, maîtres de leur procédure et statuant en équité est définitive et exécutoire.
2) Le recours au CIRDI, créé par la convention du 18 mars 1965 de la BIRD.

CHAPITRE 2.
LE RÉGIME JURIDIQUE ET FISCAL DES INVESTISSEMENTS AU BURKINA FASO[73]

Section 1. Domaine d'application

Au Burkina Faso, la loi portant Code des investissements a pour objet la promotion des investissements productifs concourant au développement économique et social du pays.

Est ainsi considéré au sens du Code comme investissement productif, tout investissement devant permettre l'exercice d'une activité :

— de production ;
— de conservation ;
— de transformation d'une matière première ou de produits semi-finis en produits finis ;
— de prestations de services.

Dès lors, le Code vise la création et le développement des présentes variantes vers :

— la promotion de l'emploi et la formation d'une main-d'œuvre qualifiée ;
— la valorisation de matières premières locales ;
— la promotion des exportations ;
— la production de biens et services destinés au marché intérieur ;
— l'utilisation de technologies appropriées, la modernisation des techniques locales et la recherche-développement ;
— la mobilisation de l'épargne nationale et l'apport de capitaux extérieurs ;
— la réalisation d'investissements dans les localités se situant au moins à 50 km des centres urbains qui seront précisés par décret ;
— la réhabilitation et l'extension d'entreprises.

Cependant est exclue du Code toute entreprise qui exerce :

— exclusivement des activités commerciales et de négoces ;
— des activités de recherche ou d'exploitation de substances minières relevant du Code minier ;
— des services bancaires et financiers ;
— des activités de télécommunications autres que celles des entreprises de téléphonie agréées.

Il est établi que les personnes physiques ou morales, quelle que soit leur nationalité, régulièrement établies au Burkina Faso crées des garanties

[73] Loi n°62/95/ADP du 14 décembre 1995 portant Code des investissements, modifié par la loi n°15-1997 du 17 avril 1997, la loi de finances pour 2009 et la loi n°07-2010 du 29 janvier 2010.

générales constituant le régime de droit commun du Code. En outre, elles peuvent bénéficier de garanties particulières et de régimes privilégiés dès lors qu'elles satisfont aux conditions d'octroi desdits régimes. Les régimes privilégiés sont accordés par arrêté des ministres chargés de l'Industrie et des Finances.

Il existe quatre régimes privilégiés définis comme suit :

— le Régime A concerne les entreprises dont l'investissement est supérieur ou égal à 100.000.000FCFA et strictement inférieur à 500.000.000FCFA, hors taxes et hors fonds de roulement entraînant la création d'au moins vingt emplois permanents ;

— le Régime B concerne les entreprises. Dont l'investissement est supérieur ou égal à 500.000.000FCFA et inférieur à 2.000.000.000FCFA hors taxes et hors fonds de roulement entraînant la création d'au moins trente emplois permanents ;

— le Régime C concerne les entreprises dont l'Investissement est supérieur ou égal à 2.000.000.000FCFA hors taxes et hors fonds de roulement entraînant la création d'au moins quarante emplois permanents ;

— le Régime D concerne les entreprises dont l'Investissement est égal ou supérieur à 1.000.000.000FCFA hors taxes et hors fonds de roulement entraînant la création d'au moins trente emplois permanents et dont la production destinée à l'exportation est égale ou supérieure à 80%.

Toutefois pour les entreprises des secteurs de l'agriculture, de la sylviculture, de l'élevage et de la pisciculture, les critères de seuil d'investissement et de création d'emplois sont réduits au quart.

(Loi n° 07-2010) Au sens du Code, on entend par :

— capital : l'ensemble des biens et/ou des possessions construits, acquis ou accumulés, qu'ils soient corporels ou incorporels qui sont affectés à la création de revenus ;

— entreprise : toute unité de production, de transformation et/ou de distribution de biens ou de services, à but lucratif, quelle qu'en soit la forme juridique, qu'il s'agisse d'une personne physique ou morale ;

— entreprise nouvelle : toute entité économique telle que ci-dessus définie, nouvellement créée et en phase de réalisation d'un programme d'investissement éligible. L'investissement projeté doit permettre la création d'une activité nouvelle et ne pas résulter d'une ou de différentes modifications juridiques d'une entité ayant déjà exploité des actifs spécifiques à l'activité ciblée ;

— extension ou diversification : tout programme d'investissement agréé, initié par une entreprise existante et qui engendre :

— un accroissement d'au moins 30% de la capacité de production ou de la valeur d'acquisition des actifs immobilisés ;

— ou un investissement en matériels de production d'au moins 100.000.000FCFA ;

— ou la fabrication de nouveaux produits impliquant l'acquisition de nouveaux matériels ;
— investissement : capital employé par toute personne physique ou morale, pour l'acquisition de biens mobiliers, immobiliers, matériels et immatériels et pour assurer le financement des frais de premier établissement ainsi que le besoin en fonds de roulement rendus nécessaires à l'occasion de la création d'entreprises nouvelles, d'opération de modernisation, d'extension de diversification d'activités déjà existantes ou lors du renouvellement des biens d'équipements de l'entreprise ;
— investissement productif : tout investissement permettant l'exercice d'une activité, qu'elle soit :
— de production ;
— de conservation ;
— de transformation d'une matière première ou d'œuvre ou de produits semi-finis en produits finis ;
— de prestations de services.
— investissement de capitaux provenant de l'étranger :
— les apports en capitaux, biens ou prestations provenant de l'étranger et donnant droit à des titres sociaux dans toute entreprise établie au Burkina Faso à condition que lesdits apports ne soient pas des placements en portefeuille ;
— les réinvestissements de bénéfices de l'entreprise qui auraient pu être exportés.
— investisseur : toute personne physique ou morale, réalisant un investissement au Burkina Faso sans considération de sa nationalité.[74]

Section 2. Régime de droit commun — garanties générales

Malgré la pression des politiques publiques, les investissements productifs sont librement effectués au Burkina Faso sous réserve des dispositions spécifiques visant à respecter la politique économique et sociale de l'État, notamment la protection de la santé et de la salubrité publiques, la protection sociale et la sauvegarde de l'environnement. Toutefois les investissements doivent se faire délivrer une autorisation préalable par le ministre chargé de l'industrie. Dans ce cadre, ils sont tenus de déposer auprès dudit ministre, une demande d'autorisation d'implantation comportant :
— la nature du projet d'investissement ;
— son lieu d'implantation ;
— le nombre d'emplois à créer ;
— la liste des équipements ;
— les schémas du plan d'investissements et de financement.

[74] Art. 1 à 7.

Quant aux personnes physiques ou morales régulièrement établies au Burkina Faso, elles ont la faculté d'acquérir les droits de toute nature utiles à l'exercice de leurs activités notamment :

— les droits immobiliers, fonciers, forestiers, industriels ;
— les concessions ;
— les autorisations et les administratifs ;
— la participation aux marchés publics.

En outre ces personnes ne peuvent être soumises à des mesures discriminatoires de droit ou de fait dans le domaine de la législation et de la réglementation qui leur sont applicables quelle que soit leur nationalité. Les droits acquis de toute nature leur sont garantis.

Dans l'exercice de leurs activités professionnelles, les employeurs et travailleurs étrangers sont soumis aux lois et règlements burkinabés. Ils peuvent faire partie d'organismes professionnels de défense dans le cadre des lois et règlements burkinabés. Les entreprises étrangères et leurs dirigeants sont représentés dans les mêmes conditions que les entreprises et particuliers de nationalité burkinabé dans les assemblées consulaires et dans les organismes assurant la représentation des intérêts professionnels et économiques sous réserve de réciprocité de la part de leur pays d'origine. Les employeurs et travailleurs étrangers sont assujettis à titre personnel aux droits, contributions et taxes conformément à la législation en vigueur. Dans le cadre des accords internationaux, des lois et règlements burkinabés sont garantis aux personnes et entreprises régulièrement établies notamment :

— le droit de disposer librement de leurs biens et d'organiser à leur gré leur entreprise ;
— la liberté d'embauche, la liberté d'emploi et de licenciement ;
— le libre choix des fournisseurs et des prestations de service ;
— la liberté commerciale ;
— le libre accès aux sources de matières premières ;
— la libre circulation à l'intérieur du Burkina Faso des matières premières, matières consommables, produits finis et semi-finis et pièces de rechange.

Les entreprises étrangères bénéficieront de la même protection que les entreprises burkinabées, en ce qui concerne les propriétés commerciales et la propriété intellectuelle.

Le droit au transfert des capitaux et de leurs revenus est garanti aux personnes physiques ou morales étrangères qui effectuent au Burkina un investissement financé par un apport de devises.

De même, les personnes étrangères qui ont procédé à des investissements ont le droit, sous réserve de la réglementation en matière de change, de transférer dans la devise cédée au moment de la constitution desdits investissements, les dividendes, les produits de toute nature de capitaux investis, les produits de la liquidation ou de la réalisation de leurs avoirs.

Les personnes étrangères qui occupent un emploi dans une entreprise burkinabé ont le droit, conformément à la réglementation en vigueur en matière de change, de transférer leurs salaires.
Ainsi toute entreprise entrant dans le champ d'application des dispositions des articles 1 et 2, peut bénéficier d'entrepôt sous douane, conformément au Code des douanes.
Les matières premières destinées aux unités industrielles installées au Burkina Faso sont admises à la catégorie I du tarif des Douanes.[75]

Section 3. Régimes privilégiés

Paragraphe 1. Dispositions communes

Selon l'article 24, dans la rédaction de la loi n° 07-2010, l'entreprise désirant bénéficier d'un régime privilégié doit déposer auprès du Ministère chargé de l'industrie, un dossier de demande d'agrément dont les éléments constitutifs sont fixés par décret.
Une Commission Nationale des Investissements est chargée d'examiner les dossiers de demande d'agrément.
Pour chaque bénéficiaire d'un régime privilégié, l'arrêté d'agrément :
— indique le type de régime privilégié accordé et les avantages concédés ;
— fixe les conditions particulières en fonction de la nature du projet ;
— énumère les activités pour lesquelles l'agrément est accordé ;
— précise les engagements souscrits par l'entreprise ;
— détermine en cas de défaillance les sanctions applicables à l'entreprise.
— les entreprises bénéficiaires d'un régime privilégié sont tenues :
— d'acquérir un matériel performant, de recourir aux procédés techniques les mieux adaptés et de maintenir l'exploitation dans des conditions optimales de productivité ;
— de fournir aux autorités compétentes des informations jugées utiles par elles ;
— de tenir leur comptabilité au Burkina Faso conformément au plan comptable en vigueur sauf dérogations expresses prévues par les textes en vigueur ;
— d'employer en priorité, à qualité égale et à prix égal les services des entreprises de prestation régulièrement établies au Burkina Faso ;
— de protéger l'environnement par la mise en œuvre des procédés et appareils techniques estimés suffisants par les services compétents ;
— de se conformer aux règles d'hygiène et de sécurité et aux normes définies par les textes en vigueur.
Le délai de réalisation des entreprises agréées au Code est fixé à trois ans pour compter de la date de signature de l'arrêté d'agrément. Toutefois, il

---

[75] Art. 8 à 17.

peut être accordé une seule prorogation d'un an à compter de la date d'expiration du délai de réalisation au promoteur qui justifie d'un début de réalisation de son projet.
Le promoteur dont le projet n'a pas connu un début de réalisation dans le délai imparti de trois ans prévu à l'article 21 perd automatiquement le bénéfice des avantages fixés par l'arrêté d'agrément ; notification lui en est faite par correspondance du ministre chargé de l'industrie.
Le contrôle du respect des engagements de l'État et des obligations de l'entreprise bénéficiaire d'un régime privilégié est assuré par les services de contrôle du Ministère chargé de l'industrie.[76]

Paragraphe 2. Les régimes d'agrément[77]

Les avantages suivants sont accordés aux entreprises bénéficiant de l'un des quatre régimes privilégiés prévus à l'article 6 nouveau.
1) Régime A
a) A l'investissement
— au titre du droit de douane : acquittement du droit de douane de la catégorie 1 du tarif des douanes au taux de 5% sur les équipements d'exploitation et le premier lot de pièces de rechange les accompagnants ;
— au titre de la TVA :
— exonération pour les entreprises nouvelles, de la TVA exigible sur les équipements d'exploitation et le premier lot de pièces de rechange les accompagnants ;
— en cas d'extension, remboursement de crédit de la TVA dont dispose l'entreprise à l'issue d'une période de déclaration dans la limite de la TVA acquittée sur les équipements d'exploitation et le premier lot de pièces de rechange les accompagnant ;
— exonération pour les entreprises nouvelles, de la TVA sur les équipements d'exploitation fabriqués localement ;
— dans le cadre d'un contrat de crédit- bail assorti de transfert des avantages fiscaux prévu à l'article
32 bis du présent Code, les loyers des biens susmentionnés sont exonérés de TVA.
b) À l'exploitation
— au titre de l'impôt sur les bénéfices :
— report des reliquats de déficits successivement jusqu'au deuxième exercice après le terme des reports déficitaires autorisés par la législation en vigueur ;
— déduction pour les entreprises nouvelles d'une partie des investissements dont la nature sera définie par décret. Le montant des déductions autorisées est fixé à 50% du montant des investissements retenus sans excéder 50% du

[76] Art. 18 à 23.
[77] Art.24 (*Loi n°07-2010*).

bénéfice imposable. Ces déductions peuvent s'étaler sur cinq exercices fiscaux successifs au terme desquels, le reliquat du crédit d'impôt autorisé et non utilisé n'est ni imputable, ni remboursable. Pour les projets d'extension agréés, pour chaque exercice fiscal, le montant des déductions ne pourra dépasser 50% du bénéfice imposable.

— au titre de la patente : exonération du droit proportionnel pendant cinq ans ;

— au titre de la taxe patronale et d'apprentissage : exonération totale pendant cinq ans.

2) Régime B

a) A l'investissement

— au titre du droit de douane : acquittement du droit de douane de la catégorie 1 du tarif des douanes au taux de 5% sur les équipements d'exploitation et le premier lot de pièces de rechange les accompagnants ;

— au titre de la TVA :

— exonération pour les entreprises nouvelles, de la TVA exigible sur lesdits équipements d'exploitation et le premier lot de pièces de rechange les accompagnants ;

— exonération pour les entreprises nouvelles, de la TVA sur les équipements d'exploitation fabriqués localement ;

— en cas d'extension, le remboursement de crédit de la TVA dont dispose l'entreprise à l'issue d'une période de déclaration dans la limite de la TVA acquittée sur les équipements d'exploitation et le premier lot de pièces de rechange les accompagnant.

— dans le cadre d'un contrat de crédit-bail assorti de transfert des avantages fiscaux prévu à l'article 32 bis du Code, les loyers des biens susmentionnés sont exonérés de TVA.

b) À l'exploitation

— au titre de l'impôt sur les bénéfices :

— un report des reliquats de déficits successivement jusqu'au troisième exercice après le terme des reports déficitaires autorisés par la législation en vigueur ;

— déduction pour les entreprises nouvelles d'une partie des investissements dont la nature sera définie par décret. Le montant des déductions autorisées est fixé à 50% du montant des investissements retenus sans excéder 50% du bénéfice imposable. Ces déductions peuvent s'étaler sur six exercices fiscaux successifs au terme desquels le reliquat du crédit d'impôt autorisé et non utilisé n'est ni imputable, ni remboursable. Pour les projets d'extension agréés, pour chaque exercice fiscal, le montant des déductions ne pourra dépasser 50% du bénéfice imposable.

— au titre de la patente : exonération du droit proportionnel pendant six ans ;

— au titre de la taxe patronale et d'apprentissage : exonération totale pendant six ans.

3) Régime C

a) A l'investissement

— au titre du droit de douane : acquittement du droit de douane de la catégorie 1 du tarif des douanes au taux de 5% sur les équipements d'exploitation et le premier lot de pièces de rechange les accompagnants ;

— au titre de la TVA :

— l'exonération pour les entreprises nouvelles, de la TVA exigible sur lesdits équipements d'exploitation et le premier lot de pièces de rechange les accompagnants ;

— l'exonération pour les entreprises nouvelles, de la TVA sur les équipements d'exploitation fabriqués localement ;

— en cas d'extension, le remboursement de crédit de la TVA dont dispose l'entreprise à l'issue d'une période de déclaration dans la limite de la TVA acquittée sur les équipements d'exploitation et le premier lot de pièces de rechange les accompagnant ;

— dans le cadre d'un contrat de crédit-bail assorti de transfert des avantages fiscaux prévu à l'article 32 bis du présent Code, les loyers des biens susmentionnés sont exonérés de TVA.

b) À l'exploitation

— au titre de l'impôt sur les bénéfices :

— un report des reliquats de déficits successivement jusqu'au quatrième exercice après le terme des reports déficitaires autorisés par la législation en vigueur ;

— déduction pour les entreprises nouvelles d'une partie des investissements dont la nature sera définie par décret. Le montant des déductions autorisées est fixé à 50% du montant des investissements retenus sans excéder 50% du bénéfice imposable. Ces déductions peuvent s'étaler sur sept exercices fiscaux successifs au terme desquels le reliquat du crédit d'impôt autorisé et non utilisé n'est ni imputable, ni remboursable. Pour les projets d'extension agréés pour chaque exercice fiscal, le montant des déductions ne pourra dépasser 50% du bénéfice imposable.

-au titre de la patente : exonération du droit proportionnel pendant sept ans ;

— au titre de la taxe patronale et d'apprentissage : exonération totale pendant sept ans.

4) Régime D

a) A investissement

— au titre du droit de douane : acquittement du droit de douane de la catégorie 1 du tarif des douanes au taux de 5% sur les équipements d'exploitation et le premier lot de pièces de rechange les accompagnants.

— au titre de la TVA :

— l'exonération pour les entreprises nouvelles, de la TVA exigible sur lesdits équipements d'exploitation et le premier lot de pièces de rechange les accompagnants ;

— l'exonération pour les entreprises nouvelles, de la TVA sur les équipements d'exploitation fabriqués localement ;

— en cas d'extension, le remboursement de crédit de la TVA dont dispose l'entreprise à l'issue d'une période de déclaration dans la limite de la TVA acquittée sur les équipements d'exploitation et le premier lot de pièces de rechange les accompagnant ;
— dans le cadre d'un contrat de crédit-bail assorti de transfert des avantages fiscaux prévu à l'article 32 bis du Code, les loyers des biens susmentionnés sont exonérés de TVA.
b) À l'exploitation
— au titre de l'impôt sur les bénéfices :
— report des reliquats de déficits successivement jusqu'au quatrième exercice après le terme des reports déficitaires autorisés par la législation en vigueur ;
— déduction pour les entreprises nouvelles, d'une partie des investissements dont la nature sera définie par décret. Le montant dés déductions autorisées est fixé à 50% du montant des investissements retenus sans excéder 50% du bénéfice imposable. Ces déductions peuvent s'étaler sur sept exercices fiscaux successifs. Pour les projets d'extension agréés, pour chaque exercice fiscal, le montant des déductions ne pourra dépasser 50% du bénéfice imposable.
— au titre de la patente : exonération du droit proportionnel pendant sept ans ;
— au titre de la taxe patronale et d'apprentissage : exonération totale pendant sept ans.
— la fiscalité prévue à l'article 24 exclu le matériel de bureau, le matériel informatique, les appareils de climatisation et le carburant.

Paragraphe 3. Avantages liés à la décentralisation[78]

Les entreprises réalisant des investissements dans une localité située à cinquante kilomètres au moins des centres de Ouagadougou et Bobo-Dioulasso bénéficient d'une prorogation de trois ans des avantages afférents à leur régime. Elles bénéficient également de l'exonération totale des droits de mutation à titre onéreux pour toutes les acquisitions immobilières effectuées dans le cadre de l'investissement. Les mêmes avantages sont accordés aux entreprises des secteurs de l'agriculture, de la sylviculture, de l'élevage et de la pisciculture.

Paragraphe 4. Règlement des différends

Le règlement des différends résultant de l'application des dispositions du Code aux entreprises agréées et la détermination de l'indemnité due par méconnaissance ou violation des obligations imposées, des engagements souscrits ou des garanties octroyés peut, indépendamment des voies de recours devant la juridiction administrative du Burkina Faso faire l'objet

---

[78] Art.29 (*Loi n°07-2010*).

d'une procédure d'arbitrage. Il est dans ce cas prévu deux procédures d'arbitrage :
1) La constitution d'un collège arbitral par :
— désignation d'un arbitre par chacune des parties ;
— désignation d'un tiers arbitre par les deux premiers arbitres. La désignation du second ou du tiers arbitre sera faite à l'initiative de la partie la plus diligente par la Cour Suprême du Burkina Faso dans l'un des cas suivants :
— l'une des deux parties n'aurait pas désigné son arbitre dans les 60 jours suivant la notification par l'autre partie de son arbitre désigné ;
— les deux arbitres ne se seraient pas mis d'accord dans les 30 jours suivants la désignation du second arbitre sur le choix du tiers arbitre. Les arbitres établiront leur procédure, ils statueront ex æquo et bobo, la sanction arbitrale sera définitivement exécutoire sans procédure d'exequatur.
2) Le recours au Centre International pour le règlement des Différends Relatifs aux Investissements (CIRDI). Lorsque les intérêts étrangers sont en cause, il existe en outre deux voies de recours : recours au CIRDI (Centre International pour le règlement des Différends Relatifs aux Investissements) créé par la Banque Internationale pour la Reconstruction et le Développement par la Convention de 1965 ou recours à la Cour Permanente d'Arbitrage de La Haye. La demande d'arbitrage, à l'initiative de l'une des deux parties suspend automatiquement toute procédure contentieuse qui aurait été engagée auparavant.[79]

[79] Art. 30.

CHAPITRE 3.
LE RÉGIME JURIDIQUE ET FISCAL DES INVESTISSEMENTS AU CAMEROUN

Section 1. Dispositions générales

L'ordonnance du a pour objet de favoriser et de promouvoir les investissements productifs au Cameroun.
(2) Elle vise à encourager la création et le développement des activités économiques orientées vers :
— la valorisation prioritaire des ressources naturelles nationales,
— la création d'emplois nouveaux,
— la production des biens et services compétitifs pour la consommation interne et l'exportation,
— l'accroissement des exportations des produits manufacturés,
— le transfert et l'adoption de technologies appropriées,
— la protection de l'environnement et,
— l'amélioration de la qualité de vie en milieu urbain et rural.[80]

Section 2. Droits et avantages généraux

Paragraphe 1. Les garanties générales

Les garanties accordées aux investisseurs sont déterminées aux articles 2 à 9. Ainsi, toute personne physique ou morale camerounaise ou étrangère, quel que soit son lieu de résidence, peut entreprendre et exercer une activité économique au Cameroun. Elle peut, individuellement ou en association avec d'autres, exercer cette activité, soit sous le régime de droit commun, soit sous l'un des régimes spéciaux institués par les lois et règlements en vigueur ou par la présente ordonnance.
Cette personne, individuellement ou en association avec d'autres, quelle qu'en soit la forme juridique choisie pour exercer une activité économique, bénéficie de la pleine protection du Droit Camerounais.
À ce titre, toute personne physique ou morale étrangère reçoit un traitement égal à celui des personnes physiques ou morales camerounaises, dans le respect des dispositions légales et réglementaires concernant l'établissement des étrangers ainsi que des dispositions des traités et accords conclus par le Cameroun avec les États dont ils sont ressortissants. Dans les mêmes conditions, toute personne physique ou morale, quelle que soit sa nationalité, jouit, dans le respect des lois et règlements en vigueur, des droits de toute

[80] Art. 1er.

nature en matière de propriété, de concessions et d'autorisations administratives.
Nulle expropriation, nationalisation ou réquisition d'une entreprise régulièrement établie ou de ses biens ne peut avoir lieu sans que l'État n'ait engagé au préalable, la procédure de déclaration d'utilité publique la justifiant et sans une indemnisation préalable, juste et équitable, fondée sur une évaluation adéquate de l'entreprise ou de ses biens, objet d'un tel acte, par un tiers indépendant. La personne physique ou morale régulièrement établie au Cameroun peut, dans le respect des lois et règlements en vigueur, conclure et exécuter tout contrat qu'elle juge utile pour ses intérêts, notamment en matière financière et commerciale, déterminer sa politique de production, de distribution et de commercialisation et, d'une manière générale, accomplir tout acte de gestion conforme aux règles et usages de commerce au Cameroun. Cette personne, régulièrement établie pour exercer une activité économique, jouit de la liberté d'embauche et de licenciement qui s'exerce dans le respect de la législation sociale et du travail en vigueur.
L'État garantit à tout investisseur, personne physique ou morale, régulièrement établie, à ses partenaires et dirigeants, à son personnel étranger titulaire d'un contrat de travail dûment visé, ainsi qu'à leur famille légale, l'entrée, le séjour, la libre circulation et la sortie du territoire national. Il leur délivre à cet effet tout document administratif requis.
L'État garantit à toute personne physique ou morale non résidente au Cameroun, le droit de transférer librement les revenus de toute nature provenant des capitaux investis et, en cas de cessation des activités, du produit de la liquidation ou de la cessation de l'investissement, sous réserve qu'elle soit en règle avec l'administration fiscale. L'État garantit en outre, dans le respect des lois et règlements régissant les opérations de banque et des changes, la liberté de transférer, hors du territoire national, les fonds correspondant à des paiements normaux et courants pour des fournitures et des prestations effectives, notamment sous forme de redevances ou d'autres rémunérations. De la sorte, tout investissement agréé dans les conditions prévues au Titre III de cette ordonnance bénéficie de la garantie des risques non commerciaux aux conditions de l'article 15 du Traité instituant l'Agence Multilatérale de Garantie des Investissements, ratifié par le Cameroun.[81]

Paragraphe 2. Promotion des exportations

Une entreprise régulièrement établie et dont les produits finis ou semi-finis sont transformés au Cameroun est exonérée des droits de sortie et des taxes d'assurance et de transport sur ceux de ces produits destinés à l'exportation. De même, toute entreprise régulièrement établie qui exporte une partie ou la totalité de sa production industrielle bénéficie d'une incitation à l'exportation qui est octroyée sous forme d'une déduction de son revenu

[81] Art. 2 à 9.

imposable d'un montant non reportable égal à 5% de la valeur FOB des exportations de ses produits finis ou semi-finis transformés.[82]

Paragraphe 3. Promotion de la valorisation des ressources naturelles nationales

Selon les dispositions des articles 12 à 14, une entreprise régulièrement établie a droit, au titre de son activité de production et pour la durée de son activité, à l'exonération de tous droits et taxes à l'achat sur les matières premières nationales locales ou d'origine de l'UDEAC sur l'eau et l'électricité industrielles et sur les produits intermédiaires locaux ou d'origine de l'UDEAC entrant, intégralement ou pour partie de leurs éléments, dans la composition des produits ouvrés ou transformés, y compris les matières premières et produits nationaux locaux ou d'origine de l'UDEAC destinés au conditionnement et à l'emballage des produits ouvrés ou transformés.

Le bénéfice des avantages mentionnés à l'alinéa 1 est subordonné, après constatation du démarrage de la production, à l'obtention par voie réglementaire du régime de la Taxe Intérieure à la Production (TIP) ou de toute autre taxe équivalente applicable sur les produits de l'entreprise à leur sortie de l'usine pour être spécialisés.

(3) Les conditions d'octroi et les modalités de calcul des taxes visées à l'alinéa (2) sont précisées par voie réglementaire.

Dans les mêmes conditions, les droits et taxes à l'importation hors de la zone de l'UDEAC sont exigibles pour toute entreprise bénéficiaire de la TIP au taux réduit à 15% englobant les droits d'entrée, les droits de douane, la taxe sur le chiffre d'affaires et toutes autres taxes à l'importation sur :

a) les matières premières et produits entrant intégralement ou pour partie de leurs éléments dans la composition du produit fabriqué dans sa forme livraison au commerce ;

b) les matières premières et produits qui, tout en n'entrant pas dans la composition du produit fabriqué, sont détruits, en perdant leur qualité spécifique, au cours des opérations directes de fabrication ;

c) les matières premières et produits destinés au conditionnement et à l'emballage des produits fabriqués.

Toutefois, les produits soumis au mécanisme de péréquation obéissent à la législation y relative.

Les trois premières années au cours desquelles l'entreprise bénéficie du régime de la TIP sont considérées comme la phase de démarrage de son exploitation. À cet effet, la différence entre les droits et taxes d'entrée exigibles en régime de droit commun et le montant des droits résultant du régime accordé, hors pénalités, fait l'objet d'un cautionnement ou de la remise d'une caution personnelle et solidaire dans les conditions prévues par

[82] Art. 10 et 11.

la réglementation douanière. Il est donné mainlevée des montants cautionnés ou des cautions fournies à la fin de la troisième année dans les conditions prévues aux articles 36 et 37.[83]

Section 3. Régimes spéciaux

Paragraphe 1. Création et champ d'application

La loi camerounaise a créé des régimes spéciaux accordant des avantages particuliers auxquels les personnes physiques ou morales, individuellement ou en association peuvent prétendre au bénéfice de leurs entreprises, pour exercer une activité économique avec, l'objectif visé à l'article 1er. Ces régimes sont les suivants :

Pour la création de nouvelles entreprises

— le régime de base ou un des régimes spécifiques que sont :
— le régime des petites et moyennes entreprises (PME),
— le régime des entreprises stratégiques.
Pour la création d'entreprises à vocation exclusivement exportatrice :
— le régime de la zone franche,
Pour les entreprises existantes en fonctionnement :
— le régime de réinvestissement.
Toute entreprise régulièrement établie et concourant à l'objectif visé à l'article 1er ci-dessus est éligible à l'un des régimes énoncés à l'article 15 ci-dessus lorsqu'elle exerce son activité dans l'un des domaines ci-après :
— la transformation des matières qui aboutit à la production d'un bien fini ou semi-fini,
— l'extraction et la transformation des ressources minières,
— la transformation des hydrocarbures,
— l'exploitation forestière assortie de la transformation du bois,
— la production agricole et agro-industrielle,
— la confection,
— l'élevage,
— la pêche industrielle et artisanale,
— la transformation des produits agricoles, animaux et halle tiques,
— les activités de stockage et de conservation des produits alimentaires,
— la fabrication des matériaux nécessaires aux bâtiments et travaux publics,
— la construction des bâtiments et la réalisation des travaux publics,
— la maintenance des équipements industriels axée sur la fabrication des pièces de rechange,

[83] Art. 12 à 14.

— les réparations navales,
— les activités de recherches technologiques et de la gestion, des données,
— les formations hospitalières et les laboratoires d'analyser pharmaceutiques, les premières, de produits finis ou semi-finis utilisé trôle fric
— les laboratoires d'essai, d'analyse et de contrôle des produits par l'industrie,
— les établissements d'hébergement susceptibles de faire rejet d'un classement conformément à la réglementation en vigueur,
— les établissements de restauration et de loisirs concourent à l'animation touristique
* lorsqu'ils sont intégrés dans un ensemble touristique ou à l'animation touristique
* lorsqu'ils sont implantés dans un site dont l'administration chargée du tourisme reconnaît l'intérêt touristique.
* les agences de tourisme agréées selon la réglementation en vigueur.
Cependant, toute entreprise qui exerce une activité dans le domaine de la recherche et/ou de l'exploration des ressources minières y compris des hydrocarbures dont les avantages seront fixés par un texte particulier, une activité de prestations de service ne figurant pas à l'alinéa (1) et notamment dans le domaine financier, de la formation scolaire, de l'entretien et de réparations de toute nature, de pressing de bureaux d'études est exclue du champ d'application du titre III de l'ordonnance. La liste des exclusions peut être précisée, en cas de besoin, sous forme d'arrêté ministériel par l'administration chargée de l'industrie.[84]

[84] Art. 15 et 16.

CHAPITRE 4.
CONDITIONS GÉNÉRALES D'OCTROI DES AVANTAGES D'UN RÉGIME

Au Cameroun, une entreprise qui sollicite l'octroi des avantages de l'un des régimes prévus par la présente ordonnance doit se conformer à l'ensemble des dispositions relatives et réglementaires qui lui sont applicables. L'agrément à l'un des régimes prévus par cette ordonnance est par voie réglementaire sur la base d'une demande d'agrément et après visa de l'administration chargée des douanes sur la liste de matériel, de matériaux de construction de l'usine, de biens d'équipement, de machines, d'outillages et de moyens de transport, éventuellement à importer.
L'acte d'agrément spécifie :
En ce qui concerne l'entreprise :
— la raison sociale et les statuts désignent l'entreprise bénéficiaire ;
— le lieu d'implantation de l'entreprise faisant ressortir qu'elle n'est pas dans une zone interdite pour l'exercice de l'activité concernée ;
— le programme d'investissement physique et financier que l'entreprise propose ;
— la politique d'emploi et de formation professionnelle de l'entreprise ;
— les objectifs poursuivis dans le programme d'investissement et qui doivent être conformes aux critères d'éligibilité correspondant au régime accordé.
En ce qui concerne l'administration :
— les critères d'éligibilité pour lesquels l'agrément est accordé ;
— la liste des équipements agréés, objet du projet d'investissement ;
— le régime et les avantages consentis à l'entreprise bénéficiaire :
— la date d'entrée en vigueur des avantages consentis en distinguant ceux relatifs à la phase d'installation de l'entreprise de ceux relatifs à sa phase d'exploitation, le passage d'une phase à l'autre étant subordonné à un contrôle.[85]

[85] Art. 17 à 19.

CHAPITRE 5.
LE RÉGIME DE BASE

Section 1. Les régimes

a). L'éligibilité

Elle est déterminée à l'article 20 de l'ordonnance. Toute entreprise qui remplit les conditions énoncées aux articles 16 et 17 peut prétendre au bénéfice des avantages du régime de base de la présente ordonnance lorsqu'elle satisfait en outre à l'un des critères ci-après :
a) création d'emplois permanents pour les Camerounais à concurrence au moins d'un emploi par tranche de dix (10) millions de francs CFA d'investissements programmés par l'entrepris
b) activité annuelle d'exportation à concurrence soit d'au moins 25% du chiffre d'affaires hors taxe de l'entreprise soit d'un chiffre d'affaires en devises convertibles hors zone franc d'au moins 10% de son chiffre d'affaires hors taxe ;
c) utilisation des ressources naturelles nationales, exception faite des ressources énergétiques, et/ou de biens et services produits au Cameroun, à concurrence d'au moins 25% de la valeur des intrants.
Les biens et services produits au Cameroun s'entendent de ceux qui incorporent eux-mêmes au moins 25% de la valeur ajoutée nationale.[86]

b). Les avantages

En vertu des dispositions des articles 21 à 23 de l'ordonnance, la phase d'installation de l'entreprise et dont la durée est de trois (3) ans donne droit au bénéfice :

(1) a) d'un taux réduit à 15% englobant les droits d'entrée, les droits de douane, la taxe sur le chiffre d'affaires et toutes autres taxes à l'importation, exigibles au titre des importations de matériel, de matériaux de construction de l'usine ou de l'établissement, des biens d'équipement, des machines et outillages, de matériel roulant intimement liés au processus de production, de fabrication et/ou de distribution aussi bien qu'au transport de personnels, à l'exclusion des véhicules de tourisme. Toutefois, les autocars et autobus destinés aux établissements d'hébergement et loisirs ainsi qu'aux agences de tourisme agréées bénéficient des mêmes avantages ;

---

[86] Art. 20.

(1) b) de l'exonération des droits et taxes fiscales à l'achat de tous les produits énoncés à l'alinéa 1-a lorsqu'ils sont fabriqués localement ;
(2) de l'exonération des droits d'enregistrement des actes d'augmentation de capital ;
(3) de l'exonération des droits d'enregistrement des baux d'immeubles à usage exclusivement professionnel faisant partie intégrante du programme d'investissement retenu ;
(4) de l'exonération des droits de mutation sur l'acquisition des immeubles, terrains et bâtiments indispensables à la réalisation dudit programme ;
(5) de l'exonération des droits d'enregistrement des contrats de fourniture des équipements et de construction des immeubles nécessaires à la réalisation dudit programme ;
(6) de l'exonération de l'impôt sur le chiffre d'affaires intérieur (ICAI) ou de toute autre taxe équivalente exigible au titre des études, des travaux de génie civil, construction et installation des bâtiments et équipements du programme d'investissement effectué par le promoteur ou, pour son compte, par des tiers installés sur le territoire national ou dans un État qui fait partie d'une union économique dont le Cameroun est membre ;
(7) de l'exonération des taxes pour les crédits contractés pour les programmes d'investissement ;
(8) de l'exonération de l'impôt minimum forfaitaire (IMF) exigible au titre de l'impôt sur les sociétés ;
(9) de l'exonération de la taxe spéciale sur les sociétés (TSS) ;
(10) de la réduction de 50% de l'impôt sur les sociétés (IS) à partir de la première année d'imposition ;
(11) de l'exonération de la taxe spéciale d'enregistrement des contrats d'assurance de l'entreprise.
Pendant la phase d'installation de l'entreprise, la différence entre les droits et taxes d'entrée exigibles en régime de droit commun et le montant des droits résultant du régime accordé, hors pénalités, fait l'objet d'un cautionnement ou de la remise d'une caution personnelle et solidaire dans les conditions prévues par la réglementation douanière. Il est donné mainlevée des montants cautionnés ou des cautions fournies à la fin de la période d'installation de l'entreprise dans les conditions prévues aux articles 36 et 37.
La phase d'exploitation de l'entreprise et dont la durée non renouvelable est de cinq (5) ans donne droit au bénéfice :
(1) de l'exonération du minimum de perception exigible au titre de l'impôt sur les sociétés ;
(2) de l'exonération de la TSS ;
(3) de la réduction de :
*) 50% de l'IS pour les personnes morales ;
*) 50% de l'impôt sur les BIC pour les entrepreneurs, individuels ;

(4) de la réduction de 50% de la taxe proportionnelle sur les revenus de capitaux mobiliers (TPRCM) pendant la période susvisée ;
(5) du report sur les résultats des cinq (5) exercices suivants du déficit résultant de l'imputation des amortissements normalement comptabilisés pendant les trois (3) premiers exercices ;
(6) de la déduction du revenu imposable de l'entreprise d'un montant non reportable égal à 50% des transports et utilités, lorsque celle-ci s'installe dans une zone éloignée des grands centres urbains qui seront définis par voie réglementaire ainsi que les rayons applicables à cet effet.[87]

Toute entreprise qui sollicite l'octroi des avantages du régime de base prévu par la présente ordonnance a droit au bénéfice d'un système simplifié pour les autorisations administratives liées à l'activité pour la période de validité de l'acte d'agrément qui couvre la phase de lancement, d'exécution et d'exploitation de l'opération. À ce titre, elle a droit au traitement de ses dossiers par un guichet unique à fixer et selon les modalités à préciser par voie réglementaire, notamment en ce qui concerne :
— les autorisations à l'exercice de ses activités,
— l'accès aux documents administratifs en matière d'importation et d'utilisation des entrepôts privés,
— les visas nécessaires à l'exécution des programmes d'investissement, y compris la liste des équipements et des matières premières à importer ou à acheter localement,
— l'obtention des différents visas pour son personnel national et étranger (visa d'entrée ou de sortie, permis de séjour, visa de travail),
— l'obtention des dérogations prévues par les lois et règlements en vigueur,
— l'accès au bénéfice des installations et services publics nécessaires au bon déroulement de l'exécution du programme d'investissement retenu dans l'acte d'agrément.[88]

Paragraphe 1. Le régime des petites et moyennes entreprises

a). L'éligibilité

C'est l'article 25 de l'ordonnance qui la définit. Ainsi, peut prétendre aux avantages du régime des PME toute entreprise qui satisfait aux conditions générales énoncées aux articles 16 et 17, ainsi qu'aux trois conditions ci-après :
— création d'emplois permanents pour les Camerounais à concurrence au moins d'un emploi par tranche inférieure ou égale à cinq millions de francs CFA d'investissements programmés par l'entreprise ;

---

[87] Art. 21 à 23.
[88] Art. 24.

— niveau des investissements inférieur ou égal à un milliard et demi de francs CFA ;
— participation des Camerounais ou d'une personne morale de droit camerounais au moins égale à 35% du capital social.[89]

b). Les avantages

Ces avantages sont, quant à eux, déterminés aux articles 26 et 27 de l'ordonnance. La phase d'installation de l'entreprise et dont la durée est de trois ans, donne droit au bénéfice des avantages énoncés à l'article 21 dans les conditions fixées à l'article 22 et des avantages de l'article 24.
La phase d'exploitation de l'entreprise donne droit pour une période non renouvelable de sept ans au bénéfice :
(1) des avantages énoncés à l'article 23 ;
(2) de la déduction du revenu imposable de l'entreprise, d'un montant non reportable égal à 25% de la masse salariale, versée aux salariés de nationalité camerounaise au cours de l'exercice considéré.[90]

Paragraphe 2. Le régime des entreprises stratégiques

a). L'éligibilité

C'est le régime de l'article 28, par lequel, toute entreprise, dont l'activité s'exerce dans un domaine à la fois à l'article 16 et déclaré stratégique dans le cadre du Plan directeur d'industrialisation, peut être éligible à la conclusion d'une convention avec l'État si elle satisfait en outre à l'un des critères ci-après :
a) activité annuelle d'exportation à concurrence soit d'au moins 50% du chiffre d'affaires hors taxe de l'entreprise, soit du chiffre d'affaires en devises convertibles hors zone franc d'au moins 25% de son chiffre d'affaires hors taxe ;
b) utilisation des ressources naturelles nationales, exception faite des ressources énergétiques, et/ou de biens et services produits au Cameroun, à concurrence d'au moins 50% de la valeur des intrants.
Les biens et services produits au Cameroun s'entendent de ceux qui incorporent eux-mêmes au moins 50% de la valeur ajoutée nationale.
Création d'emplois permanents pour les Camerounais à concurrence d'au moins d'un emploi par tranche de vingt millions de francs CFA d'investissement programmés par l'entreprise.[91]

---

[89] Art. 25.
[90] Art. 26 et 27.
[91] Art. 28.

b). Les avantages

Au Cameroun, la phase d'installation de l'entreprise donne droit au bénéfice des avantages énoncés à l'article 21 dans les conditions fixées à l'article 22 pour une période de cinq ans et des avantages de l'article 24. La phase d'exploitation de l'entreprise donne droit pour une période non renouvelable de douze ans au bénéfice :
(1) des avantages énoncés à l'article 23
(2) de la déduction du revenu imposable de l'entreprise d'un montant non reportable égal à 25% de la masse salariale versée aux salariés de nationalité camerounaise au cours de l'exercice considéré.

Paragraphe 3. Le régime de la zone franche

Selon ce régime, toute entreprise à vocation exclusivement exportatrice dont l'activité est énoncée dans l'article 16 est éligible au régime de la zone franche ;
L'institution, l'organisation et le fonctionnement des zones franches, les conditions d'admission et les avantages qui sont liés à ce régime sont fixés des textes particuliers.[92]

Paragraphe 4. Le régime de réinvestissement

a). L'éligibilité

L'article 32 de l'ordonnance prévoit que toute entreprise dont l'activité est énoncée dans l'article 16 et qui les conditions de l'article 17, exerçant sous le régime de droit commun dont le régime spécial est arrivé à expiration, est éligible au régime de réinvestissement de cette ordonnance lorsque :
(1) son programme d'investissement est agréé au régime de réinvestissement du code général des impôts, et
(2) son programme d'investissement assure un accroissement de la productivité de 20% au moins par rapport à son état au moment de la demande ;
(3) son programme d'investissement, en ce qui concerne les établissements d'hébergement, lui permet d'accéder à une catégorie de prestations supérieures à celle où elle est agréée au marnent de la demande.[93]

b). Les avantages

Ces avantages sont contenus dans l'article 33 de l'Ordonnance. L'agrément au régime de réinvestissement donne droit, dans les mêmes conditions que

[92] Art. 29 à 30.
[93] Art. 32.

celles applicables à la phase d'installation de l'entreprise fixées à l'article 22 et pour une période de trois ans à partir de la date d'octroi au bénéfice :
1) des avantages accordés par le Code Général des Impôts dans le cadre du régime de réinvestissement ;
2) — a) d'un taux réduit à 15% englobant les droits d'entrée, les droits de douane, la taxe sur le chiffre d'affaires et toutes autres taxes à l'importation, exigibles au titre des importations de matériel, de matériaux de construction de l'usine ou de l'établissement, des biens d'équipement, des machines et outillages et du matériel roulant intimement lié au processus de production, de fabrication et/ou de distribution aussi bien qu'au transport de personnels, à l'exclusion des véhicules de tourisme. Toutefois, les autocars et autobus destinés aux établissements d'hébergement et de loisirs ainsi qu'aux agences de tourisme, bénéficient de ces avantages ;
3) — b) de l'exonération des droits et taxes fiscales à l'achat des produits énoncés à l'alinéa 2-a lorsqu'ils sont fabriqués localement ;
4) de l'exonération des droits d'enregistrement des actes d'augmentation de capital ;
5) de l'exonération des droits d'enregistrement des baux d'immeubles à usage exclusivement professionnel faisant partie intégrante du programme d'investissement retenu par l'entreprise.[94]

Section 2. Suivi, contrôles, pénalités et règlements de différends

Paragraphe 1. Le suivi et le contrôle

Le suivi et le contrôle sont organisés par les articles 34 à 41 qui prévoient que toute entreprise agréée à un des régimes organisés par cette ordonnance doit satisfaire aux critères qui ont été déterminants pour son éligibilité à ce régime au plus tard deux ans après la fin de la phase d'installation de l'entreprise.
Toutefois l'autorité ayant octroyé l'agrément peut accorder des délais supplémentaires en cas de force majeure dûment constaté ou si l'entreprise présente des justifications valables. Ce délai supplémentaire ne peut cependant pas excéder deux ans.
De même, la phase d'installation de l'entreprise est sanctionnée par les résultats du contrôle qu'effectuent les administrations chargées de l'industrie et des finances. Ce contrôle porte sur :
— la conformité des équipements avec le programme annonce,
— la vérification des pièces justificatives pour les importations et les achats locaux effectués dans les conditions prescrites dans l'acte d'agrément, en

[94] Art. 33.

fonction du programme d'investissement présenté par l'entreprise et retenu dans l'acte d'agrément,
— les déclarations de revenus de l'entreprise en vue de l'obtention des avantages fiscaux retenus dans l'acte d'agrément. De même que les résultats du contrôle qui doivent être notifiés à l'entreprise.
L'entreprise bénéficie des avantages prévus aux articles 23, 27, ou 30 si sa phase d'exploitation est déjà atteinte ou peut être raisonnablement atteinte dans les délais retenus. La levée des cautions prévues à l'article 22 s'effectue alors d'office ;
L'acte d'agrément est dénoncé et entraîne l'annulation des avantages qui sont prévus lorsque ceux relatifs à la phase d'installation ont été utilisés à d'autres fins que celles qui font l'objet du programme d'investissement retenu dans l'acte. Dans ce cas, les cautions sont actionnées sans préjudice du recouvrement forcé, augmenté de pénalités, des avantages indûment utilisés.
Il est prévu que la levée des cautions peut intervenir avant la fin de la période d'installation de trois ans lorsque l'entreprise a atteint la phase d'exploitation avant cette date. Dans ce cas, l'entreprise peut faire une demande auprès de l'administration chargée de l'industrie, pour qu'elle assure, conjointement avec celle chargée des finances, le contrôle devant mener à la levée des cautions. Si l'administration ne procède pas au dit contrôle dans un délai de quarante-cinq jours à compter de la date de récépissé du dépôt de la demande, la levée des cautions s'effectue d'office tandis que l'entreprise continue de bénéficier des avantages prévus pour sa phase d'installation jusqu'à la fin de la troisième année.
Les conditions d'octroi de la mainlevée des montants cautionnés ou des cautions fournies dans le cadre du bénéfice du régime de la TIP ou de toute autre taxe identique prévue à l'article 14 ci-dessus sont les mêmes que celles prévue aux articles 35 et 36 parce que l'entreprise peut demander l'octroi de la mainlevée énoncée à l'alinéa 1 avant l'expiration de la période retenue à l'article 14 lorsqu'elle obtient la mainlevée des montants cautionnés ou des cautions fournies de l'acte d'agrément à l'un des régimes organisés dans la présente ordonnance. Cette demande doit être traitée dans les mêmes conditions que celles arrêtées dans l'article 37.
De la sorte, la mainlevée est octroyée d'office aussi bien pour l'un des régimes organisés par l'ordonnance que pour les régimes de la TIP si l'administration chargée de l'industrie et celle chargée des finances n'ont pas procédé conjointement aux contrôles prévus aux articles 35 et 36 à la fin de la période prévue aux articles 14, 21, 26, 29 ou 33.
Toute entreprise agréée à l'un des régimes organisés par cette ordonnance ou au régime de la TIP doit adresser à l'administration chargée de l'industrie, dans les six mois qui suivent le début de l'exercice fiscal un rapport annuel de l'année écoulée, relatif à la mise en œuvre du programme

d'investissement et spécifiant les données sur l'exécution des objectifs qui ont servi de critères d'éligibilité au régime concerné.

Ici encore, le rapport annuel peut donner lieu à un contrôle relatif aux critères d'éligibilité et à l'utilisation des avantages octroyés dans l'acte d'agrément, parce que toute entreprise agréée est placée sous la surveillance conjointe des administrations chargées de la douane et de l'industrie. À cet effet, les produits acquis dans les conditions de la présente ordonnance ou dans le cadre du régime de la TIP ne peuvent faire l'objet de cession, transfert ou recevoir d'autres utilisations que celles pour lesquelles ils ont été acquis, sauf autorisation expresse conjointe des administrations ci-dessus indiquées.[95]

Paragraphe 2. Les pénalités et règlements des différends

Au Cameroun, les entreprises agréées encourent, lorsqu'elles ne respectent pas les objectifs relatifs aux critères d'éligibilité du régime qui leur a été accordé, des pénalités qui peuvent aller d'une amende au retrait de l'agrément.

Elles sont également passibles de pénalités lorsqu'elles ne se soumettent pas aux modalités d'inspection et de contrôle de leurs installations par les agents de l'administration agréés à cet effet ou ne font pas parvenir au plus tard six mois après le début de l'exercice fiscal le rapport annuel mentionné à l'article 40.

Ces amendes sont égales ou inférieures aux avantages dont l'entreprise aura bénéficié au cours de l'exercice fiscal qui précède celui pendant lequel l'entreprise a été sanctionnée.

Le non-paiement des amendes peut entraîner pour l'entreprise agréée la suspension et, en cas de récidive, la suppression de tout ou partie des avantages conférés par l'acte d'agrément.

L'application des sanctions prévues par cette ordonnance ne peut intervenir qu'après mise en demeure, conformément à la réglementation en vigueur, par voie administrative.

Les dispositions de l'alinéa 1 ne sont toutefois pas applicables aux entreprises pour lesquelles une procédure particulière de règlements de différends aura été définie conformément à l'article 45.

Ces entreprises agréées peuvent, pour le règlement de leurs différends individuels ou collectifs, s'adresser aux tribunaux compétents du Cameroun.

De même, ces entreprises ont le droit de demander à ce que leurs différends qui n'auraient pas pu être résolus à l'amiable avec l'État, relatifs à la validité et à l'interprétation de l'acte d'agrément, au non-respect des garanties prévues par le Titre II et au non-respect des engagements implicites dans les objectifs du programme d'investissement qui ont été déterminants pour

[95] Art. 34 à 41.

l’éligibilité à l’un des régimes du Titre III, soient définitivement réglés conformément à une procédure d'arbitrage ou de conciliation découlant :
— soit d’une procédure de conciliation et d’arbitrage dont les parties sont expressément convenues,
— soit des Accords et Traités relatifs à la protection des investissements conclus entre la République du Cameroun et l’État dont la personne physique ou morale concernée dans l’entreprise agréée en qualité d'investisseur est ressortissante,
— soit de la procédure de règlements de conflits devant la Chambre de Commerce Internationale (CCI),
— soit de la convention du 18 mars 1965 créant le Centre international pour le Règlement des Différends relatifs aux investissements entre États et ressortissants d’autres États (CIRDI), établi sous l’égide de la Banque Internationale pour la Reconstruction et le Développement (BIRD) et ratifié par le Cameroun,
— soit, si la personne concernée ne remplit pas les conditions de nationalité stipulées à l’article 27 de la convention susvisée, des dispositions des règlements du mécanisme supplémentaire approuvé par le Conseil d’Administration du CIRDI.

Particulièrement, les personnes physiques ou morales étrangères participant au capital d’une société de droit camerounais, agréées ou non, peuvent avoir recours à l’une des procédures d’arbitrage ou de conciliation prévues à l’alinéa 1.

Le choix d’une des procédures ci-dessus doit être expressément mentionné, soit au moment de la constitution légale de l’entreprise, soit dans la demande d’agrément de l’entreprise concernée. Dans ce dernier cas, la procédure d’arbitrage ou de conciliation est indiquée dans l’acte d’agrément.

Toute entreprise qui se sent l’objet d’un abus administratif peut, si la procédure de conciliation à l’amiable est épuisée, s’adresser à la Chambre Administrative de la Cour Suprême.

CHAPITRE 6.
LE RÉGIME JURIDIQUE ET FISCAL DES INVESTISSEMENTS AU CONGO-BRAZZAVILLE[96]

Au Congo-Brazzaville, la loi 26/82 du 7 juillet 1982 portant Code des Investissements élaborée dans le cadre des mesures d'accompagnement du 1er plan Quinquennal 1982-1986 avait entre autres objectifs de :

— favoriser les petites et moyennes entreprises, propriétés des nationaux congolais par l'octroi du régime A1 ;
— encourager la création d'entreprises ;
— privilégier les personnes physiques ou morales acceptant de s'implanter dans les zones défavorisées en leur accordant des aides spécifiques et des avantages fiscaux complémentaires dans le cadre des régimes d'agrément.

Cependant, il est à noter qu'elle a plutôt favorisé :

— l'implantation des industries par substitution des importations dégageant une valeur ajoutée relativement faible ;
— l'implantation des projets dans les zones urbaines au lieu des zones rurales ;
— le manque d'intégration industrielle

En outre, avec l'évolution de la situation économique nationale et internationale, certaines dispositions de cette loi sont devenues caduques.

Avec le programme de stabilisation financière et de relance économique, le Gouvernement a réaffirmé les options du PAES qui visait la création d'un environnement économique plus attrayant pour les investisseurs tant privés qu'étrangers.

Ce qui implique que :

— les avantages fiscaux contenus dans le Code soient non pas accordés pour des durées forfaitaires, mais modulés, dégressifs, et liés aux performances de l'entreprise ;
— le Code soit ouvert à tous les secteurs pourvu que l'activité et le comportement des entreprises concernées soient reconnus conformes et favorables aux objectifs de la politique économique du Gouvernement.

Par ailleurs, ce nouveau cadre incitatif de l'investissement doit essentiellement préserver les intérêts du trésor public et garantir les facultés de :

— Simplicités du texte : pour être à la portée de tous les usagers ;
— Automaticité des avantages : pour réduire l'emprise bureaucratique ;
— Dégressivité des avantages : pour permettre une réintégration progressive et moins brutale dans le régime du droit commun ;

[96] Loi n°008-92 du 10 avril 1992.

— Équité : pour éviter toute discrimination entre investisseurs nationaux et étrangers, privés et publics qui peut décourager les partenaires privés et étrangers.

Enfin cette nouvelle loi a pour objectifs prioritaires :

- la création d'emplois et la formation professionnelle :
- la valorisation des ressources locales ;
- le développement des petites et moyennes entreprises ;
- la décentralisation économique ;
- le réinvestissement des bénéfices ;
- la promotion de la recherche et de l'innovation technologique ;
- le transfert des technologies appropriées ;
- le développement des exportations.

Les principales innovations du nouveau Code par rapport à la loi n° 26/82 du 7 juillet 1982 sont les suivantes :

Au niveau des avantages

- Découpage du territoire congolais en cinq (5) zones économiques et modulation des avantages par rapport à ces zones ;
- Élargissement des garanties générales ;
- Réduction dégressive du résultat soumis à l'impôt sur les bénéfices et de la taxe spéciale sur les sociétés (TSS) ;
- Exonération des taxes sur les crédits obtenus pour les programmes d'investissements de PME à participation des nationaux congolais ;
- Déduction de 50% des droits d'enregistrement et de mutation pour le régime Général et exonération totale pour le régime PME ;
- Relèvement des droits et taxes à d'importation de 0% à 15% pour les matières premières et 5% à 15% pour les équipements et exonération de la TCA ;
- Réduction de 50% des patentes et autres impôts et taxes décentralisés ;
- Déduction du revenu imposable de l'entreprise implantée dans une zone économiquement moins développée (ZEMOD), d'un montant non reportable égal à un pourcentage des frais de transport modulé suivant le lieu d'implantation.

Au niveau des régimes et des durées

- Distinction de la période d'installation fixée à deux ans et d'exploitation fixée à sept ans non renouvelables ;
- Suppression des régimes UDEAC et création de deux régimes : le régime général et le régime PME et cinq mesures d'incitation notamment :
- l'incitation au développement de l'activité,

- l'incitation au réinvestissement des bénéfices,
- l'incitation à la recherche et à l'innovation technologique,
- l'incitation à l'exportation
- l'incitation à l'implantation dans les zones économiquement moins développées.
- Ouverture du régime des PME aux étrangers.

Au niveau des critères d'agrément

- Élargissement du champ d'application ;
- Définition de quatre critères d'éligibilité aux régimes du Code :

• création de 25% de la valeur ajoutée intérieure,

• création des emplois permanents pour les Congolais,

• utilisation de 30% des matières premières locales disponibles dans le pays,

• financement des investissements sur fonds propres à hauteur d'au moins 25% hors taxe et hors fonds de roulement.

Au niveau de la procédure d'agrément

- Simplification de la procédure d'agrément notamment par :

• la suppression de la convention d'établissement, des décrets et lois en matière d'agrément,

• la fixation des délais impératifs pour la notification des décisions d'agrément et leur prise en compte immédiate par les administrations chargées de les appliquer.

- Simplification des procédures d'obtention des autorisations administratives pour les entreprises agréées.

Le succès de cette nouvelle politique économique dépendra de la prise et de l'application effective d'un certain nombre de mesures liées à l'organisation et au renforcement des pouvoirs de la Commission nationale des investissements. Fruit d'un large débat aussi bien au niveau technique, gouvernemental que parlementaire, ce nouveau Code des investissements abroge un certain nombre de textes et de pratiques administratives, complexes, contradictoires et génératrices d'inertie. Il constitue sans nul doute, un élément permissif dans la décision d'investir.

Section 1. Les dispositions générales

Paragraphe 1. Les définitions des concepts utilisés

Définition de l'entreprise. Au sens de ce Code, on entend :

a) — par « entreprise » toute entité économique exerçant légalement son activité au Congo, conformément aux textes en vigueur et produisant une valeur ajoutée officiellement contrôlable au bilan.

b) — par « entreprise régulièrement établie au Congo », toute entreprise de droit Congolais, à capitaux privés, Congolais, ou étrangers, ou d'État, ou mixtes, en règle avec la législation Congolaise.

c) – par « travailleurs étrangers » toute personne physique n'ayant pas la nationalité congolaise de la loi congolaise.

Définition de l'investissement. Au sens du présent Code, on entend par investissement toute dépense visant à créer ou accroître des capacités de production. Entrent dans cette catégorie :

- l'acquisition directe de moyens de production ;
- les participations consistant en un apport de capitaux ou en nature à toute entreprise établie au Congo en échange de l'octroi de titres sociaux ou de parts dans cette entreprise ; ces titres ou parts donnant droit à une participation aux bénéfices et au produit de la liquidation, à condition que la valeur de tout apport autre qu'un apport en devises convertibles ait été déterminée par un Expert-Comptable agréé ;
- les prêts assimilables à des participations, c'est-à-dire les prêts consentis à toute personne autre que l'État, ou à toute autre personne régulièrement établie au Congo, lorsque ces prêts sont venus compléter les fonds propres réunis pour la réalisation de l'investissement envisagé et ont permis d'obtenir les crédits bancaires nécessaires au financement de cet investissement.

Ces prêts ne sauraient toutefois représenter plus de la moitié des fonds propres. Les prêts consentis par des États ou des établissements publics étrangers de crédits et faisant l'objet de conventions particulières ne sont pas assimilables à des participations :

- le réinvestissement des bénéfices qui auraient pu être distribués sur place ou transférés à l'étranger ;
- le rachat d'entreprises existantes ou la prise de participation dans celles-ci.[97]

---

[97] Art. 2 et 3.

Date d'agrément. Au sens de ce Code « date d'agrément » est la date de notification par l'instance compétente à l'investisseur du texte officiel d'agrément approuvé et mis par le Gouvernement, conformément à la procédure d'agrément définie à l'article 29, titre III.[98]

Durée de l'agrément. Au sens du Code « la durée d'agrément » est la période qui va de la notification de l'agrément à l'investisseur à la date d'expiration de l'agrément. Elle couvre la période d'installation et la période d'exploitation.

Période d'installation. Au sens de ce Code « la période d'installation » est la période qui court à compter de la date de notification officielle de l'agrément jusqu'à la date à laquelle s'effectue la première vente ou livraison soit sur le marché national soit à l'exportation. La durée de cette période qui comprend la période d'essais techniques préalables à la production est fixée par la Commission Nationale des Investissements. Elle ne peut en aucun cas excéder 725 jours, sauf dérogation exceptionnelle de la Commission.[99]

Période d'exploitation. Au sens du Code « la période d'exploitation » est la période qui court à compter du moment où l'entreprise réalise la première vente ou livraison soit sur le marché national soit à l'exportation jusqu'à la fin de la septième année d'exploitation.[100]

Consommations intermédiaires. Au sens de ce Code, « les consommations intermédiaires » représentent le montant des biens, et services, que l'entreprise doit acheter à des tiers pour l'incorporer dans la composition de son propre produit.[101]

Valeur ajoutée. Au sens de ce Code « la valeur ajoutée » est la différence entre la valeur de la production finale et le coût des consommations intermédiaires. C'est l'accroissement de la valeur résultant de la transformation subie par les matières premières. Outre ce qui revient à l'entreprise (résultat brut d'exploitation), elle comprend en effet la part de surplus qui revient à la main-d'œuvre (salaires), à l'État (impôts et charges sociales) et aux apporteurs de prêts ou technologie (frais financiers, licence, royalties…). La valeur ajoutée intérieure est la part de la valeur ajoutée qui reste effectivement dans le pays.

---

[98] Art. 4.
[99] Art. 6.
[100] Art. 7.
[101] Art. 8.

Paragraphe 2. Les garanties générales accordées aux investissements

Les garanties générales ci-après s'appliquent aux entreprises qui exercent soit sous le régime de droit commun, soit sous le régime privilégié prévu par Code.

Liberté d'entreprendre. Cette liberté est définie à l'article 10 de la loi qui précise que toute personne est libre d'entreprendre sur le territoire de la République du Congo une activité agricole, minière, industrielle, commerciale ou de service, dans le respect des lois et règlements de la République. Sous réserve du respect des lois et règlements de la République du Congo, toute entreprise régulièrement établie au Congo est libre :

- d'importer matières premières ou consommables, produits semi-ouvrés et ouvrés, tous biens d'équipement, tous matériels et outillages, et plus généralement, tous biens nécessaires à son activité ;
- d'exporter ses productions et fabrications ;
- de déterminer et de conduire sa politique de production et de commercialisation ainsi que sa politique d'embauche et de licenciement du personnel ;
- de choisir ses clients et fournisseurs et de fixer ses prix.[102]

Liberté de transfert de capitaux. La liberté de transfert de capitaux est applicable, sous réserve de l'application des dispositions de la réglementation des changes en vigueur en République du Congo, il est garanti aux personnes morales ou physiques ayant constitué des investissements étrangers au Congo et s'étant le cas échéant entièrement acquitté de leurs dettes fiscales ou bancaires, le transfert vers l'extérieur :

a) — des revenus de toute nature provenant de ces investissements ;
b) — des produits de la liquidation partielle ou totale desdits investissements.[103]

Priorité pour l'octroi des devises. L'État garantit aux investisseurs la priorité pour l'octroi des devises en vue de l'achat des biens d'équipement, des produits et emballages nécessaires à leurs activités.

Égalité de traitement entre secteur public et secteur privé. Les entreprises publiques bénéficieront des mêmes droits et seront soumises aux mêmes obligations que les entreprises privées sous réserve des cas où l'intérêt général l'exigerait.

---

[102] Art. 10.
[103] Art. 11.

Protection contre le risque d'expropriation. L'État congolais ne prendra aucune mesure d'expropriation ou de nationalisation des investissements réalisés par les personnes ou les entreprises privées, sauf cas d'utilité publique constaté dans les conditions prévues par la loi. Dans le cas d'utilité publique, les mesures d'expropriation ne doivent pas être discriminatoires et doivent prévoir une juste et adéquate réparation dont le montant sera déterminé selon les règles et pratiques du droit international.

Égalité de traitement entre personnes physiques et morales étrangères et Nationaux. Sous réserve des lois et règlements de la République, les personnes physiques et morales étrangères régulièrement établies au Congo reçoivent le même traitement que les personnes physiques et morales congolaises dans le cadre des droits et obligations relatifs à l'exercice de leurs activités. Dans le cadre des lois existantes, les entreprises de droit Congolais à capitaux étrangers et les travailleurs étrangers sont assimilés aux Nationaux Congolais dans l'exercice de leur activités professionnelles, quelle qu'en soit la dénomination, autres ou plus élevés que ceux perçus sur les Nationaux Congolais.
Ils bénéficieront de la législation du travail et des lois sociales dans les mêmes conditions que les nationaux congolais. Ils peuvent participer aux activités syndicales et faire partie des organisations de défense professionnelle dans le cadre des lois existantes. Toutes les entreprises de droit congolaises ou leurs dirigeants quelle que soit leur nationalité peuvent être représentés dans les Assemblées consulaires et les organismes assurant la représentation des intérêts professionnels et économiques. Les travailleurs étrangers bénéficieront des mêmes conditions d'accès aux tribunaux que les nationaux congolais.[104]

Section 2. Les régimes du code des investissements

Paragraphe 1. Champ d'application et critères d'éligibilité

Ce champ d'application est déterminé à l'article 16 de la loi qui précise que. Toute entreprise désireuse de créer une activité ou de développer une activité existante en République du Congo, à l'exclusion des activités du secteur commercial, du courtage et de négoce, de l'importation ou de la fabrication d'armes de guerre, de l'importation ou du traitement de déchets toxiques et assimilés, peut sous réserve des conditions prévues aux articles 17,18,19 et 24 ci-après bénéficier d'une décision d'agrément à un régime du code. La liste des activités exclues du champ d'application du Code pourra être modifiée en fonction de l'évolution de la situation macro-économique.[105]

[104] Art. 15.
[105] Art. 16.

Critères d'éligibilité aux régimes du code. Les critères d'éligibilité sont définis à l'article 17. Toute entreprise qui sollicite le bénéfice des avantages de l'un des régimes prévus par la présente loi doit :

- créer au moins 25% de la valeur ajoutée intérieur ;
- créer des emplois permanents pour les Congolais. Par emploi permanent, on entend un emploi qui procure au moins 280 jours de travail par an.

Et satisfaire à au moins un des critères ci-après

- utiliser les matières premières locales disponibles dans le pays à concurrence d'au moins 30% des matières premières nécessaires à la fabrication du produit fini ou semi-fini ;
- assurer au moins 25% du financement hors taxe et hors fonds de roulement au moyen de fonds propres.[106]
-

Seuils d'éligibilité aux régimes du Code. Les entreprises qui réalisent un projet remplissant les critères d'éligibilité prévus à l'article 17 requérant un certain montant d'investissement fixé par décret peuvent être admises aux régimes PME et au régime général.[107]

Entreprises diversifiant leurs activités. Si une entreprise désireuse de diversifier sa production crée en son sein une activité, cette nouvelle activité peut être agréée au même titre que l'entreprise mère à n'importe quel régime du Code dans les conditions définies au paragraphe 2 suivant, sous réserve que cette activité donne lieu à une unité de production tenant une comptabilité distincte, indépendante des autres activités de l'entreprise et que cette comptabilité séparée permette d'individualiser effectivement les activités nouvelles.[108]

Paragraphe 2. Les régimes et avantages accordés

Régimes. Le Code des Investissements comporte deux régimes privilégiés et cinq mesures d'incitation.

Les régimes privilégiés sont :

- le régime général (régime G) ;
- le régime des petites et moyennes entreprises nationales (régime PME).

Les mesures d'incitation portent sur :

- l'incitation au développement de la production ;
- l'incitation au réinvestissement des bénéfices ;
- l'incitation à la recherche et à l'innovation technologique ;

---

[106] Art. 17.
[107] Art. 18.
[108] Art. 19.

- l'incitation à l'implantation en zones économiquement moins développées ;
- l'incitation à l'exportation[109]

Régime général. Toute entreprise remplissant les critères visés aux articles 17 et 18 peut bénéficier des avantages du régime général. Le régime général est le régime qui s'applique à toute entreprise agréée quelle que soit sa spécificité.

Il comporte pour les entreprises qui y sont agréées les avantages et droits ci-après :

A. pendant la période d'installation

a). Application d'un taux global réduit à 15% à l'importation sur les équipements, le matériel, l'outillage, le matériel informatique, et les véhicules directement nécessaires à la production et à l'exploitation conformément au programme d'investissement agréé, à l'exception du matériel de bureau, de la micro-informatique, du matériel de renouvellement, des pièces de rechange et des véhicules de tourisme

b). Exonération de la TCA et de la TIT sur le matériel importé ou acquis localement au taux global réduit ;

c) – Exonération de tous les impôts indirects liés à la production des biens d'équipement ou des intrants industriels, notamment l'impôt sur le chiffre d'affaires à l'intérieur lorsque ceux-ci sont produits au Congo ;

B — pendant la période d'exploitation et pour une durée non renouvelable de sept (7) ans

a) – Réduction dégressive du résultat soumis à l'impôt sur les bénéfices ;
b) – Réduction dans les mêmes conditions de la taxe spéciale sur les sociétés.
c) – Exonération des redevances foncières, des redevances entrée usine, des redevances minières ;
d) – Taux global réduit à 15% des droits et taxes perçues à l'importation ainsi que des taxes uniques et taxes indirectes perçues à l'intérieur :
    - sur les matières premières ou produits qui entrent intégralement ou pour partie de leurs éléments dans la composition des produits ouvrés ou transformés ;
    - sur les matières premières ou produits qui, tout en ne constituant pas un outillage et n'entrant pas dans les produits ouvrés ou transformés, sont détruits ou perdent leurs qualités spécifiques au cours des opérations directes de fabrication ;

[109] Art. 20.

- sur les matières premières destinées au conditionnement et à l'emballage non réutilisable des produits ouvrés ou transformés ;
- sur les produits consommables par les entreprises qui relèvent du domaine de la santé et laboratoires d'analyses médicales.

Les produits par l'entreprise bénéficiant de la réduction des droits et taxes à l'importation des matières premières et produits consommables sont exonérés de l'impôt sur le chiffre d'affaires intérieur et de toutes autres taxes similaires.

C. pendant la durée de l'agrément

- réduction de 50% des droits d'enregistrement et de mutation lors de l'extension ou de la modernisation de ses activités, ou en cas d'augmentation de capital[110] ;

Régime des Petites et Moyennes Entreprises Nationales (régime PME). C'est le régime de l'article 22 de la loi. Par Petites et Moyennes Entreprises Nationales, le Code entend toute entreprise de droit Congolais constituée sous forme individuelle, coopérative ou sociétaire dont les capitaux peuvent être d'origine privée, mixte ou publique, satisfaisant aux critères ci-après :

- inscription au registre du commerce ;
- ouverture d'un compte bancaire ;
- tenue d'une comptabilité conforme au plan comptable en vigueur en République du Congo ;
- emploi de cinq à dix-neuf salariés inscrit à la sécurité sociale pour la petite entreprise et entre vingt et quatre-vingt-dix-neuf salariés inscrits à la sécurité sociale pour la moyenne entreprise.

Dans ces conditions, toute Petite et Moyenne Entreprise satisfaisant aux critères énoncés aux articles 17 et 18 peut bénéficier du régime des PME. Outre les avantages du régime général, l'entreprise bénéficie sous le régime PME

- d'une exonération totale des droits d'enregistrement et de mutation lors de l'extension ou la modernisation de ses activités, ou en cas d'augmentation de capital pendant la période d'agrément ;
- d'une exonération des taxes sur les crédits contractés pour les programmes d'investissement des petites et moyennes entreprises à participation des nationaux congolais[111]

[110]Art. 21.

Section 3. Facilités administratives

Toute entreprise agréée aux régimes général et des Petites et Moyennes Entreprises prévus par le Code a droit au bénéfice d'une procédure simplifiée pour les autorisations administratives liées à l'activité pendant la période de validité de l'acte d'agrément qui couvre la période d'installation et d'exploitation, notamment en ce qui concerne :

- l'accès à la profession de commerçant ;
- la carte de séjour ;
- la carte de travail ;

Paragraphe 1. Mesures d'incitation

Incitation au développement de l'activité. Lorsque pour accroître sa production, une entreprise existante décide de réaliser une (ou des) extension (s), elle a droit à :

a) – Application d'un taux global réduit à 15% à l'importation sur les équipements, le matériel, l'outillage, le matériel informatique, et les véhicules nécessaires à la production et à l'exploitation conformément au programme d'investissement agréé, à l'exception du matériel le bureau, de la micro-informatique, du matériel de renouvellement, des pièces de rechange et de véhicule de tourisme.

b) – Exonération de la TCA et de la TIT sur le matériel importé ou acquis localement au taux global réduit ;

Pour être éligible, l'extension doit représenter un accroissement d'au moins 10% de la valeur des immobilisations nettes de l'entreprise et générer des emplois permanents pour les Congolais.

Incitation au réinvestissement des bénéfices. Toute entreprise couverte par le champ d'application du Code bénéficie des investissements congolais d'une exonération de l'impôt dû au titre des BIC portant sur une partie des bénéfices nets avant impôts dans les conditions fixées comme suit :

- la partie exonérée qui ne peut excéder un seuil des bénéfices nets avant impôts, fixé par décret, doit être réinvestie dans un délai n'excédant pas 725 jours dans l'entreprise elle-même ou dans des participations à d'autres entreprises au titre d'un programme d'investissement agréé par la Commission Nationale des Investissements.
- Les sommes à réinvestir doivent être inscrites année par année à un compte de réserve spéciale au Bilan de l'entreprise. Ce compte est intitulé « Réserve d'Investissement. »

---

[111] Art. 22.

Les sommes inscrites à ce compte, non réinvesties au terme de la période ci-dessus fixée, sont soumises à l'impôt sur les bénéfices industriels et commerciaux.

Paragraphe 2. Incitation à l'innovation technologique

a) – Toute entreprise qui développe l'innovation technologique a droit :
   - à une déduction fiscale du tiers des frais engagés pour l'acquisition ou la mise au point de ladite innovation, du revenu imposable au BIC ou à l'impôt sur les sociétés de l'année fiscale au cours de laquelle l'innovation est introduite.

b) Est considérée au sens du présent code comme entreprise développant l'innovation technologique, toute entreprise remplissant au moins une des conditions suivantes :
   - investir au moins 1% de son chiffre d'affaires dans la recherche sous forme de contrat avec une société ou un organisme congolais de recherche ;
   - présenter un programme d'investissement visant à exploiter le résultat des recherches d'une société ou d'un organisme congolais ou d'un (de) chercheur(s) congolais isolé(s).

c) Les entreprises qui font de la recherche-développement en leur sein éligibles au régime de l'incitation à l'innovation technologique sous certaines conditions qui seront fixées par décret.

Incitation à l'implantation dans les zones économiquement moins développées (ZEMOD)

Au sens de ce Code les ZEMOD sont les zones C, D et E définies à l'article 27. Les entreprises qui s'installent dans les zones économiquement moins développées bénéficient en plus des avantages prévues aux articles 21 et 22 du Code :
A- pendant la période d'installation :

- de l'exonération de la TCA et TIT sur les services et travaux concourant directement à la réalisation de leur programme ;
- de l'exonération des droits de mutation et d'enregistrement sur le terrain qui supporte l'investissement.

B- pendant la période d'exploitation et pour une durée non renouvelable de 7 ans :

- de la réduction de 50% des patentes, impôts et taxes institués par les administrations décentralisées ;
- de l'exonération des taxes sur l'énergie ;

- de la déduction du revenu imposable de l'entreprise d'un montant non-reportage égal à un pourcentage des frais de transport ;

Ce pourcentage est fixé par décret.

Incitation des entreprises à l'exportation. Toute entreprise dont les produits finis ou semi-finis sont transformés au CONGO bénéficie d'une exonération totale des droits et taxes à l'exportation.[112]

Section 4. Les avantages liés à la période d'exploitation

Paragraphe 1. Modulation des avantages par zone

La durée des avantages prévus dans les régimes privilégiés est fixée à sept ans. Dans cet intervalle de temps, les entreprises agréées bénéficient d'une réduction dégressive du résultat soumis à l'impôt sur les bénéficient en fonction de la zone d'implantation. À cette fin, le territoire congolais est découpé en cinq zones économiques A, B, C, D, et E, conçues de façon à favoriser l'installation d'un maximum d'investisseur dans les contrées les moins développées.

Ces zones sont ainsi définies :

Zone A : Elle comprend les Communes de Brazzaville et Pointe-Noire avec une couronne urbaine de 20 kilomètres.

Zone B : Elle comprend les communes de Dolisie et Nkayi sur un couloir de 10 kilomètres et les couronnes périurbaines de Brazzaville et Pointe-Noire comprises dans l'intervalle de 20 à 50 kilomètres.

Zone C : Elle comprend les localités situées dans un rayon de 50 kilomètres autour des axes ferroviaires (CFCO-COMILOG).

Zone D : Elle correspond au reste du pays, hormis les régions de la Likouala et de la Sangha.

Zone E : Elle comprend les régions de la Likouala et de la Sangha.

Toutefois en fonction des stratégies de développement du moment, des zones d'aménagement prioritaires pourront être créées.

Ces zones d'aménagement prioritaires pourront soit coïncider, soit différer des ZEMOD.

Les avantages accordés dans ces zones sont plus étendus au fur et à mesure que l'on s'élève dans l'échelle des zones de A à E. La modulation des taux de réduction du résultat soumis à l'impôt sur les bénéfices est fixée par décret pris en Conseil des ministres. La réduction de la taxe spéciale sur les sociétés se fait de la même manière et dans les mêmes conditions que celles

---

[112] Art. 24.

du résultat soumis à l'impôt sur les bénéfices conformément à l'article 27.2.[113]

Appartenance à une zone économique. L'entreprise est réputée appartenir à une zone à partir du moment où ses unités de production y sont implantées et 90% des effectifs de ses unités de production y travaillent.

Section 5. La procédure d'agrément

Paragraphe 1. Procédure

Cette procédure résulte de l'article 29 de la loi qui prévoit que toute demande d'agrément à l'un des régimes du Code des Investissements est adressée au ministre chargé de l'Économie et du Plan, auprès du secrétariat de la Commission dans un délai d'un (1) mois avant la tenue de la session de la Commission. Il lui en sera donné un accusé de réception.

Les dossiers de demande d'agrément déposés en vingt (20) exemplaires suivant le modèle de dossier type fixé par arrêté du ministre chargé de l'Économie et du Plan, devront comprendre les pièces suivantes :

- une demande des promoteurs ou associés précisant le ou les régimes privilégiés dont l'agrément est sollicité et résumant les éléments du dossier présenté ;
- une attestation du lieu d'implantation de l'unité de production certifiée par l'autorité locale compétente ;
- un certificat de moralité fiscale délivré par l'Administration fiscale ;
- un certificat de bon débiteur délivré par l'Association Professionnelle des Banques ;
- un dossier comprenant toutes justifications nécessaires relatives à l'analyse juridique, technique et économique du projet.
- un engagement écrit de l'entreprise au titre des obligations visées à l'article 33.

En l'absence de toute remarque du Secrétariat, notifiée dans les quinze jours suivant la réception du dossier de demande d'agrément, le dossier est considéré comme complet.

Le secrétariat procède à l'étude de chaque dossier et prépare une note à l'intention des membres de la Commission. Cette note décrit sommairement le projet, donne l'opinion circonstanciée du secrétariat quant à la satisfaction par le projet des critères d'admission aux régimes privilégiés demandés et permet à la Commission nationale des investissements de statuer.

---

[113] Art. 27.

Dans l'étude des dossiers, le secrétariat peut en cas de besoin requérir l'assistance des Ministères concernés. Une Copie du dossier et de la note est transmise à chacun des membres de la Commission quatorze jours avant la tenue de la session. Les membres sont tenus de procéder à l'étude des dossiers et faire parvenir leurs observations (écrites) au Secrétariat de la Commission nationale des Investissements huit jours après la réception des dossiers.

Après la réunion de la Commission nationale des investissements, un compte-rendu et un rapport des travaux sont établis par le Secrétariat de la Commission. En cas de décision favorable de la Commission sur une requête, le projet d'arrêté préparé par le Secrétariat est soumis à la signature du ministre chargé de l'économie et du Plan, président de la Commission.

En cas de refus, le Secrétariat soumet à la signature du président de la Commission dans un délai de sept jours, un avis motivé de la Commission. Dans les huit jours qui suivent la notification de la décision défavorable, le promoteur peut s'il dispose d'éléments nouveaux faire appel. La Commission juge alors de l'opportunité de convoquer une session extraordinaire ou réinscrire cette affaire à la session. Elle est en tout état de cause tenue de se prononcer dans un délai maximum de deux mois. Si, dans les trois mois suivant le dépôt d'un dossier de demande d'agrément, la décision de la Commission n'a pas été notifiée au promoteur, la Commission nationale des investissements est tenue de lui notifier sous huitaine dès qu'il en fait la demande. Si à l'expiration de ce délai de huit jours la notification n'a toujours pas été faite, le promoteur peut saisir le Premier ministre.[114]

Paragraphe 2. Autorité d'agrément

Le bénéfice des avantages prévus au titre II du Code est subordonné à un agrément donné :

— par arrêté du ministre chargé de l'économie et du plan après décision de la Commission pour les mesures d'incitation ;

— par arrêté conjoint du ministre chargé de l'économie et du plan et du ministre chargé des finances sur proposition de la Commission nationale des investissements pour le régime général et le régime PME ;

Le texte d'agrément fixe pour chaque entreprise agréée :

— la raison sociale, l'objet du projet et sa localisation ;

— les engagements de l'entreprise agréée notamment en ce qui concerne le programme d'investissement physique et financier ainsi que la politique d'emploi et de formation professionnelle ;

— le régime accordé et les avantages consentis ;

— la date d'entrée en vigueur des avantages consentis en distinguant les avantages liés à la période d'installation de ceux relatifs à la période d'exploitation.

[114] Art. 29.

— la période d'installation est sanctionnée par un contrôle effectué par l'administration chargée de la gestion du Code à la demande de l'entreprise avant la fin de la période d'installation. Au vu des résultats du contrôle, l'entreprise bénéficie des avantages liés à la période d'exploitation.[115]

Paragraphe 3. Commission Nationale des Investissements

La loi a créé une Commission dénommée « Commission nationale des investissements » placée sous l'autorité directe du ministre chargé de l'Économie et du plan.

Elle est chargée :

— d'examiner les dossiers d'agrément aux régimes du Code des investissements ;

— d'annuler ou de retirer l'agrément sur rapport de la Sous-commission de contrôle des investissements ;

— d'établir un rapport annuel à l'intention du gouvernement sur l'évolution des investissements, et l'application du Code des investissements en République du Congo ;

— d'assurer la diffusion du Code des investissements.

Il est créé au sein de la Commission nationale des investissements une Sous-commission placée sous l'autorité de l'Administration chargée d'assurer le Secrétariat permanent de ladite Commission.

Elle est chargée de veiller au respect des engagements pris par les entreprises agréées au Code des investissements. La Composition et le fonctionnement de la Commission nationale des investissements et de la Sous-commission de contrôle des investissements sont fixés par voie réglementaire.[116]

Section 6. Les obligations des parties et les sanctions

Paragraphe 1. Obligations des entreprises agréées

Indépendamment du respect des dispositions d'ordre légales ou réglementaires régissant leurs activités et des conditions obligatoires prévues dans l'agrément, les entreprises agréées doivent, pendant la durée du régime privilégié sous lequel elles sont placées :

— observer les programmes d'investissement agréés, toute modification aux dits programmes devant être préalablement autorisée par la Commission nationale des investissements ;

— tenir une comptabilité conformément aux lois et règlements en vigueur. Le non-respect de cette disposition est assimilé à une fraude ;

— transmettre à l'administration fiscale et au secrétariat permanent de la commission au plus tard le 31 mai de chaque année le bilan de l'entreprise.

---

[115] Art. 30.
[116] Art. 31.

Cette disposition n'est valable que pour le régime général, le régime PME et l'incitation au réinvestissement des bénéfices ;
— fournir au ministère chargé de l'économie et du plan et notamment au secrétariat permanent de la Commission nationale des investissements toute information permettant l'application et le contrôle des engagements pris lors de l'agrément ;
— se conformer aux normes de qualité nationales et internationales applicables aux biens et services, objet de leur activité ;
— assurer la formation professionnelle conformément au planning de formation approuvé par le ministère du Travail et organiser la promotion des nationaux congolais au sein de l'entreprise ;
— respecter les dispositions législatives et réglementaires sur l'environnement existant en République du Congo
— s'acquitter de tous les droits et taxes non exonérés en vigueur sur le territoire national ;
— ne pas céder, ou transférer le matériel, matériaux, machines et outillages acquis au taux réduit à l'importation sauf autorisation expresse du Conseil des ministres.
Le rappel de ces obligations fait partie intégrante de l'acte d'agrément établi par le gouvernement.

Paragraphe 2. Obligations de l'État

— aucune disposition législative ou réglementaire prenant effet postérieurement à la date d'effet de l'agrément ne peut réduire ou supprimer les avantages ou entraver l'exercice des droits qui auront été conférés à l'entreprise par le présent Code.
Une liste des biens d'équipement et des intrants industriels produits au Congo, et les entreprises qui les fabriquent, est établie chaque année par le Ministère chargé de l'Économie et du plan et diffusée auprès des investisseurs par la Commission nationale des investissements.[117]

Paragraphe 3. Sanctions pour non-respect des obligations et engagements souscrits par les entreprises

Si pour diverses raisons, le programme d'investissement approuvé ne peut être réalisé, l'entreprise agréée doit notifier à la Commission nationale des Investissements la teneur de ces raisons au plus tard 6 mois après la date d'agrément. À défaut de l'avoir fait, et en cas de contrôle :
— l'agrément sera annulé sans réparation dans le cas où l'entreprise ne l'a pas utilisé ;
— l'agrément sera également annulé sans réparation dans le cas où les raisons exposées à la Commission par l'entreprise sont jugées indépendant de la volonté de l'entreprise, c'est- à- dire relevant du cas de force majeure ;

[117] Art. 34.

— l'agrément sera retiré et l'entreprise devra rembourser au Trésor public le montant des exonérations, déductions, réductions fiscales et douanières obtenues dans le cas où l'agrément a été utilisé.
En cas de violation grave ou réitérée par une entreprise des obligations prévues au présent Code ou souscrites dans le cadre du projet agréé, le bénéfice des régimes peut lui être totalement ou partiellement retiré selon la procédure ci-après :
Sur rapport du directeur général de l'Économie ou de toute autre Administration après enquête du secrétariat de la Commission, le ministre de l'Économie met l'entreprise en demeure de prendre les mesures nécessaires pour mettre fin à la situation créée par sa défaillance.
À défaut d'effet suffisant dans un délai de 90 jours à compter de la notification de la mise en demeure, le ministre chargé du plan et de l'Économie fait procéder à une enquête dont les résultats sont communiqués à l'entreprise concernée.
Une sous-commission d'enquête est alors créée qui comprend :
— un (1) expert nommé par le ministre chargé du plan et de l'Économie ;
— un (1) expert nommé par l'entreprise ;
— un (1) troisième expert indépendant nommé de commun accord par les deux parties.
Si l'entreprise n'a pas désigné son expert dans les deux mois suivants la demande qui lui en aura été faite par acte judiciaire déposé à son siège social, l'avis du premier expert vaudra avis de la Sous-commission. La Sous-commission dresse un procès-verbal et émet un avis motivé à la majorité des Commissaires. Sur la base de cette enquête, la Commission nationale des investissements peut, après avoir pris connaissance, le cas échéant, des observations de l'entreprise concernée, décider du retrait ou total du bénéfice du régime privilégié. La décision de retrait est prise par arrêté du ministre chargé de l'économie et du plan. Il fixe explicitement la date de prise d'effet du retrait.

Le retrait du régime privilégié entraîne l'annulation des avantages accordés à l'entreprise qui se trouve dès lors assujettie au droit commun. L'entreprise est soumise à titre rétroactif aux dispositions fiscales pour lesquelles elle avait obtenu les exonérations et ce, avec effet à compter du jour où ce retrait prend effet.[118]

Paragraphe 4. Procédure de recours

Dans le cas où l'entreprise estimerait que le retrait de l'agrément est abusif, il peut faire recours. Ce recours doit être déposé devant la juridiction congolaise compétente conformément aux lois et règlement de la République

[118] Art. 35.

du Congo dans un délai maximum de soixante jours, à compter de la notification de l'acte de retrait.[119]

Section 7. Le règlement de différends

Règlement des litiges. Les différends résultant de l'interprétation ou de l'application du présent Code sont réglés par les juridictions congolaises compétentes conformément aux lois et règlements de la République. Toutefois des procédures particulières d'arbitrage ou de conciliation peuvent être convenues par les parties lors de l'agrément.

Ces procédures peuvent en cas de nécessité être fondées :

a) – Soit sur la Convention du 18 mars 1985 pour le « règlement des différends relatifs aux investissements entre État et ressortissants d'autres États » établi sous l'égide de la Banque Internationale pour la Reconstruction et le Développement.

b) – Soit sur le mécanisme supplémentaire du règlement approuvé le 27 septembre 1978, par le Conseil d'Administration du centre international pour le règlement des différends relatifs aux investissements (CIRDI).

---

[119] Art. 36.

CHAPITRE 7.
LE RÉGIME JURIDIQUE ET FISCAL DES INVESTISSEMENTS EN RÉPUBLIQUE DÉMOCRATIQUE DU CONGO

Section 1. L'objet et la définition des concepts

La loi portant Code des investissements a pour objet de fixer les conditions, les avantages ainsi que les règles générales applicables aux investissements directs, nationaux et étrangers, réalisés en République Démocratique du Congo dans les secteurs qui ne sont pas expressément réservés à l'État par la loi, et qui ne sont pas exclus par la liste négative figurant à l'article 3 de cette loi. Tous les investisseurs nationaux et étrangers exerçant une activité licite, agréés ou non, bénéficient de l'ensemble des garanties générales découlant de la loi à l'exception des avantages douaniers, fiscaux et parafiscaux prévus aux titres III et IV ci-dessous, qui sont réservés aux investisseurs agréés selon la procédure prévue par la loi. Elle institue un Régime Unique, à savoir : le Régime Général et comporte des dispositions particulières aux Petites Moyennes Entreprises (PME) et Petites et Moyennes Industries (PMI).

Au sens de cette loi, on entend par :

a) *Régime Général* : l'ensemble des dispositions légales contenues dans la loi.

b) *Investissement direct* : tout investissement relevant du champ d'application de la présente loi envisagé par une entreprise nouvelle ou existante visant à mettre en place une capacité nouvelle ou à accroître la capacité de production de biens ou de prestation de services, à élargir la gamme des produits fabriqués ou des services rendus, à accroître la productivité de l'entreprise ou à améliorer la qualité des biens ou des services.

c) *Investissement étranger direct* (I.E.D) : tout investissement dont la participation étrangère dans le capital social d'une entreprise dans laquelle l'investissement réalisé est au moins égal à 10%.

d) *Investisseur direct* : toute personne physique ou morale, publique ou privée effectuant un investissement direct en République Démocratique du Congo.

e) *Investisseur étranger direct* : toute personne physique n'ayant pas la nationalité congolaise ou ayant la nationalité congolaise et résidant à l'étranger et toute personne morale publique ou privée ayant son siège social en dehors du territoire congolais, et effectuant un investissement direct en République

Démocratique du Congo.

f) *Régions économiques* : les provinces et certaines villes classées en fonction de leur degré de développement économique et de divers sinistres subis répartis en trois régions économiques suivantes :

• Région économique A :
— Ville de Kinshasa

• Région économique B :
— Bas-Congo ;
— Ville de Lubumbashi
— Ville de Likasi
— Ville de Kolwezi.

• Région économique C :
— Bandundu ;
— Équateur ;
— Kasaï-Occidental ;
— Kasaï-Oriental ;
— Maniema ;
— Nord-Kivu ;
— Sud-Kivu ;
— Province Orientale ;
— Katanga.

g) Agence nationale pour la promotion des investissements,
ANAPI, en sigle : organisme qui constitue le guichet unique en matière des investissements publics et privés en République Démocratique du Congo dont la compétence, la mission, l'organisation et le fonctionnement sont déterminés par Décret du Président de la République.

h) Petites et moyennes entreprise ou petites et moyennes industries : les entités économiques constituées soit sous forme d'entreprise individuelles ou soit sous forme d'entreprise individuelle ou soit sous forme sociétaire. Dans le premier cas, la propriété revient aux personnes physiques et le chef d'entreprise est tenu d'assurer lui-même les fonctions de gestion financière et administrative. Dans le second cas, il s'agit des sociétés employant au moins cinq travailleurs. Le seuil de recevabilité des PME et PMI au régime général de la présente loi est fixé au minimum à l'équivalant de 10.000 dollars américains et au maximum à l'équivalent de 200.000 dollars américains.

i) Droits et taxes à l'importation : l'ensemble des mesures prévues aux articles 10, 11 et 20 de la loi.

J) Droits et taxes à l'exportation : l'ensemble des mesures prévues à l'article 12 de la loi.

K) Convention du Centre International pour le Règlement des Différends relatifs aux Investissements,

En sigle CIRDI : la Convention du 18 mars 1965 pour le Règlement des Différends relatifs aux Investissements entre États et Ressortissants d'autres États, ratifiée par la République Démocratique Du Congo le 29 avril 1970.
L) Engins lourds : les matériels de génie civil de construction de bâtiments, des routes, d'exploitation forestière et agricole ainsi que d'exploitation ferroviaire : Locomotive, Wagon et Voiture de chemin de fer.
M) Aéronef : Avion-cargo, Avion de transport de personnes de plus de cinq places.
N) Navire : Paquebot, Bateau en pièces détachées, Barges et Pousseurs.

Section 2. Le champ d'application

Les dispositions de cette loi ne s'appliquent pas aux secteurs suivants :
• Mines et hydrocarbures ;
• Banques ;
• Assurances et Réassurances ;
• Production d'armement et des activités connexes militaires ;
• Production d'explosifs ;
• Assemblage des équipements et des matériels militaires et paramilitaires ou des services de sécurité ;
• Production d'armements et activités militaires et paramilitaires ou des services de sécurité ;
• Activités commerciales.
Les investissements dans ces secteurs sont régis par des lois particulières. Nonobstant les dispositions particulières qui régissent chacun de ces secteurs d'activités, tout investisseur est tenu de déposer un exemplaire de son dossier d'investissement à l'ANAPI.

Section 3. La procédure d'admission

Paragraphe 1. ANAPI

Il est institué une Agence nationale pour la promotion des investissements, ANAPI en sigle, placée sous l'autorité des ministres ayant le Plan et le Portefeuille dans leurs attributions. L'ANAPI est un organisme d'accueil unique chargé d'une part, de recevoir les projets à agréer, de les instruire et de décider de l'agrément, et d'autre part, d'assurer la promotion des investissements tant à l'intérieur du pays qu'à l'étranger. Un Décret du Président de la République fixe l'organisation, la compétence et les modalités de fonctionnement de l'Agence Nationale pour la promotion des investissements.[120]

[120] Art. 4.

Paragraphe 2. La présentation et l'instruction du dossier

Les conditions en sont définies aux articles 6 et 7 de la loi. Tout investisseur, souhaitant bénéficier des avantages prévus par la loi, est tenu de déposer un dossier de demande d'agrément en un exemplaire, auprès de l'ANAPI. Ce dossier doit être présenté conformément au modèle repris à l'annexe de la présente Loi La demande d'agrément est examinée par l'ANAPI qui la transmet aux ministres ayant le Plan et les Finances dans leurs attributions pour approbation par l'Arrêté interministériel. La décision relative à l'agrément doit être prise et communiquée à l'investisseur dans un délai qui ne peut excéder 30 jours ouvrables à compter de la date de dépôt du dossier de demande auprès de l'ANAPI. Si au terme de ce délai, aucune réponse n'est donnée, l'agrément est réputé accordé. Dans ce cas, les autorités compétentes sont tenues de délivrer l'arrêté d'agrément, endéans sept jours francs, le récépissé de dépôt faisant foi. En cas de refus, cette décision doit être et motivée et faire expressément ressortir la non-conformité de la demande aux conditions exigées pour l'éligibilité aux avantages consentis dans le cadre de la loi. L'Arrêté interministériel d'agrément doit préciser :

• l'objet, le lieu d'investissement et la date prévue de démarrage des activités ;
-l'identification de l'investisseur et celle de son mandataire ;
-le programme d'investissement, la durée et le planning de réalisation de celui-ci ;
• les objectifs de production devant normalement être atteints à l'achèvement du programme d'investissement ;
• la nature, l'objet et la durée des avantages accordés et leurs modalités d'application ;
-les obligations incombant à l'entreprise et à l'État ainsi que les conditions de participation de celui-ci ;
-la liste des biens qui peuvent être importés dans le cadre du projet ;
• le nombre d'emplois à créer ;
• la procédure de règlement de litiges ;
-le contrôle à effectuer par les organes compétents de l'Administration ainsi que les conditions de ce contrôle.[121]

Section 4. Le régime général

Paragraphe 1. Les conditions d'admission

Elles sont définies à l'article 8. Les investissements sont admissibles au Régime Général de la loi aux conditions ci-après :

---

[121] Art. 6 et 7.

• être une entité économique de droit congolais ;
• porter sur un montant minimum équivalent à 200.000 dollars américains ;
• s'engager à respecter la réglementation en matière de protection de l'environnement et de la conservation de la nature ;
• s'engager à former le personnel national aux fonctions techniques spécialisées et aux fonctions d'encadrement et de responsabilité ;
• garantir un taux de valeur ajoutée égal ou supérieur à 35%.[122]

Paragraphe 2. Les avantages

Les investissements agréés au Code bénéficieront des avantages y afférentes pour une durée de :
• 3 ans lorsqu'ils sont réalisés dans la Région économique A ;
• 4 ans lorsqu'ils sont réalisés dans la Région économique B ;
• 5 ans lorsqu'ils sont réalisés dans la région économique C.

Les avantages douaniers. À l'exclusion de la redevance administrative, les investissements d'utilité publique bénéficient de l'exonération totale des droits et taxes à l'importation pour les machines, l'outillage et le matériel neufs, les pièces de rechange de première dotation ne dépassant pas 10% de la valeur CIF desdits équipements, après présentation de leurs demandes approuvées par l'ANAPI.
À l'exclusion de la redevance administrative due aux services de douane fixée à 5% de la valeur CIF des équipements importés, les entreprises agréées bénéficient de l'exonération totale des droits et taxes à l'importation, pour les machines, l'outillage et le matériel neufs, les pièces de rechange de première dotation ne dépassant pas 10% de la valeur CIF desdits équipements, nécessaires à l'équipement d'une entreprise nouvelle ou d'une entreprise existante. Les engins lourds, les navires et les aéronefs de seconde main, sont acceptés en exonération totale. La liste des biens à exonérer sera annexée à l'Arrêté Interministériel d'agrément. L'exonération des droits et taxes à l'importation ne pourra être accordée que si l'une des conditions suivantes est remplie :
• le bien concerné ne peut être fabriqué qu'en République Démocratique du Congo ;
• le prix hors taxes rendu entreprise du produit national est supérieur de plus de 10% par rapport au prix du produit identique importé.
Les investissements agréés qui prévoient l'exportation de tout ou partie de leurs produits finis, ouvrés ou semi-ouvrés dans des conditions favorables pour la balance des paiements bénéficient de l'exonération des droits et taxes à l'exportation. Cette exonération court à partir de la première exportation, les documents douaniers faisant foi.

[122] Art. 8.

Les avantages fiscaux et parafiscaux. Les articles 13 à 18 de la loi précisent ces avantages fiscaux et parafiscaux. Les bénéfices réalisés par les investissements nouveaux agréés sont totalement exonérés de la contribution professionnelle sur les revenus prévue au titre IV de l'Ordonnance- Loi n° 69-009 du 10 février 1969, telle que modifiée à ce jour.
Les investissements en infrastructures socio-économiques, telles qu'écoles, hôpitaux, infrastructures sportives et routes, réalisés en sus des projets agréés sont amortissables selon les règles d'amortissement dégressif. Lors de leur constitution ou de l'augmentation de leur capital social, les sociétés par actions à responsabilité limitée agréées sont exonérées du droit proportionnel prévu à l'article 13 du Décret du 27 février 1887 sur les sociétés commerciales, tel que modifié à ce jour. Les sociétés agréées, autres que celles mentionnées ci-dessus, sont exonérées du droit fixe prévu à l'article 13 du Décret précité lors de leur constitution.
Les entreprises agréées sont exonérées de la contribution sur la superficie des concessions foncières et des propriétés bâties prévue au titre II de l'Ordonnance — loi n° 69-006 du 10 février 1969, telle que modifiée et complétée à ce jour, pour les superficies liées uniquement au projet d'investissement agréé. Cette exonération prend effet le 1er janvier de l'année qui suit celle de la mutation des terrains et bâtiments, la mutation des droits fonciers, devant intervenir obligatoirement dans les six mois de l'acquisition. Les entreprises agréées qui achètent auprès des producteurs locaux des biens d'équipement et intrants industriels fabriqués en République Démocratique du Congo ou sollicitent les prestations des services sur les travaux immobiliers sont exonérées de la contribution sur le chiffre d'affaires à l'intérieur sur ces produits et services. Les avantages douaniers, fiscaux et parafiscaux prévus dans la présente loi ne sont accordés qu'une seule fois.[123]

Section 5. Les dispositions particulières aux PME et PMI

Les petites et moyennes entreprises ou petites et moyennes industries bénéficient des exonérations prévues au régime général de la présente loi. À l'exclusion de la redevance administrative, les PME et PMI qui réalisent un programme d'investissement dans les conditions visées à l'article 2, alinéa 1, bénéficient de l'exonération totale des droits et taxes à l'importation, pour les machines et matériels, l'outillage même de seconde main, les pièces de rechange de première dotation ne dépassant pas 10% de la valeur CIF desdits équipements, les intrants industriels nécessaires à la réalisation de l'investissement agréé.
Les PME et PMI admises au régime général du Code sont autorisées d'une part, à déduire de leur bénéfice imposable, les sommes dépensées au titre de

---

[123] Art. 13 à 18.

formation, de perfectionnement du chef d'entreprise ou de son personnel, de protection et conservation de la nature et d'autre part, à calculer leurs amortissements selon un mode dégressif. Les PME et PMI bénéficient également de l'exonération des droits sur les actes constitutifs de société ou coopérative et sur les droits d'enregistrement au Nouveau du registre de commerce.

Section 6. Les garanties et la sécurité de l'investisseur

Les personnes physiques ou morales étrangères reçoivent un traitement identique à celui des personnes physiques ou morales de nationalité congolaise, sous réserve de l'application du même principe d'égalité de traitement par l'État dont la personne physique ou morale étrangère concernée est ressortissante.
Les personnes physiques ou morales reçoivent toutes le même traitement, sous réserve des dispositions des Traités et Accords conclus par la République Démocratique du Congo avec d'autres États. Ce traitement ne s'étend toutefois pas aux privilèges que la République Démocratique du Congo accorde aux nationaux ou sociétés d'un État tiers, en vertu de sa participation ou de son association à une zone de libre-échange, une union douanière, un marché commun ou toute autre forme d'organisation économique régionale. Les dispositions de cet article ne s'appliquent pas aux questions fiscales. La République Démocratique du Congo s'engage à assurer un traitement juste et équitable, conformément aux principes du droit international, aux investisseurs et aux investissements effectués sur son territoire, et à faire en sorte que l'exercice du droit ainsi reconnu ne soit entravé ni en droit, ni en fait. Les droits de propriété individuelle ou collective acquis par un investisseur sont garantis par la Constitution de la République Démocratique du Congo. Un investissement ne peut pas être, directement ou indirectement, dans sa totalité ou en partie, nationalisé ou exproprié par une nouvelle loi, et/ou d'une décision d'une autorité locale ayant le même effet, excepté : pour des motifs d'utilité publique et moyennant le payement d'une juste et équitable indemnité compensatoire. L'indemnisation est considérée juste si elle est basée sur la valeur de marché de l'actif qui a été nationalisé ou exproprié ; cette valeur doit être déterminée d'une manière contradictoire immédiatement avant l'expropriation ou la nationalisation, ou avant que la décision d'exproprier ou nationaliser ne soit devenue du domaine public.
La liberté des transferts à l'étranger liés aux opérations d'investissement est garantie par l'État, conformément à la réglementation de change. Cependant, dans le cas où des restrictions s'avéreraient nécessaires, les investisseurs étrangers admis au bénéfice de la présente loi bénéficieront, pour les opérations définies aux articles 28 à 30 ci-dessous, d'un traitement qui ne

sera pas moins favorable que celui des opérations commerciales courantes en devises. L'État garantit aux investisseurs étrangers le transfert de leurs dividendes ainsi que des revenus générés par les dividendes réinvestis dans l'entreprise. L'État garantit le transfert des royalties, du principal, des intérêts et des charges connexes à payer par une entreprise congolaise admise au Régime prévu par la présente loi, au titre de service de la dette contractée à l'étranger pour le financement de l'investissement. Sans préjudice des dispositions de la réglementation de change, est également transférable toute indemnité due à un étranger telle que prévue à l'article 27.

Section 7. Les obligations des entreprises agréées

D'une manière générale, toute entreprise est tenue au respect des obligations générales suivantes :
• réaliser le programme agréé au régime du Code selon la description et dans les délais convenus par l'Arrêté ;
• tenir une comptabilité régulière conforme au Plan comptable général congolais ;
• accepter tout contrôle de l'administration compétente ;
• assurer la formation et la promotion du personnel conformément au programme agréé ;
• respecter la réglementation en matière de change et de protection de l'environnement et de la conservation de la nature ;
• transmettre semestriellement à l'ANAPI, les données significatives relatives au degré de réalisation de l'investissement et de l'exploitation pendant que l'entreprise est sous le régime du Code ;
• respecter la réglementation en vigueur en matière d'emploi, notamment à compétence égale employer en priorité les nationaux ;
• se conformer aux normes de qualité nationales et internationales applicables aux biens et services produits.

Sauf autorisation expresse du ministre ayant le Plan dans ses attributions, après avis de l'ANAPI, le matériel, l'outillage et les biens d'équipement ayant bénéficié des avantages de la présente loi, ne peuvent, pendant un délai de cinq ans, faire l'objet de cession ni de transfert ou recevoir d'autres utilisations que celles pour lesquelles ils ont été importés. Cette autorisation peut être accordée lorsque la cession, le transfert ou l'utilisation envisagée sont susceptibles de promouvoir le développement d'une région économique défavorisée ou sinistrée.

Section 8. Le mécanisme de suivi et de l'évaluation des investissements agréés

Outre les évaluations, la souscription des déclarations et les vérifications de droit commun auxquelles sont assujetties les entreprises en vertu des législations et réglementations applicables à leurs activités, des évaluations et vérifications portant sur les conditions de réalisation des programmes d'investissement bénéficiant des avantages de la présente loi, sont effectuées par les agents relevant des administrations compétentes. Les résultats des évaluations sont consignés dans un procès-verbal.

Section 9. Les sanctions

Ces sanctions découlent des dispositions des articles 34 à 36. En cas de manquement ou de violation par une entreprise admise au Régime de la présente loi aux engagements auxquels elle a souscrit ou des violations des dispositions légales, le ministre ayant le Plan dans ses attributions, après avis de l'ANAPI, met l'entreprise en demeure de remédier aux manquements constatés par courrier administratif déposé par un agent qualifié contre le récépissé. Si cette mise en demeure n'est pas suivie d'effet dans un délai de trente jours à compter de la date de réception de ladite lettre, il est procédé, sur proposition de l'ANAPI, au retrait de l'agrément. Le retrait de l'agrément est prononcé par Arrêté Interministériel des ministres ayant le Plan et les Finances dans leurs attributions.

Lorsque le programme n'a pas reçu un début d'exécution dans un délai d'un an à compter de la date de début de réalisation stipulée dans l'Arrêté Interministériel, et que le promoteur n'a pas fourni de raisons valables motivant le retard dans la réalisation du programme d'investissement, le retrait de l'agrément est prononcé d'office par les autorités désignées à l'article 34. Le retrait de l'agrément entraîne la déchéance des avantages accordés à l'entreprise qui se trouve dès lors assujettie au droit commun. Dans ce cas, l'entreprise est soumise à titre rétroactif aux dispositions fiscales et douanières pour lesquelles elle avait obtenu l'exonération à partir du moment où prend effet le retrait de l'agrément. Le retrait de l'agrément, une fois prononcé, rend immédiatement exigible le paiement des impôts, taxes et pénalités auxquels l'investisseur avait été soustrait, du fait de l'agrément, sans préjudice d'éventuelles poursuites judiciaires et sanctions encourues.[124]

---

[124] Art. 34 à 36.

Section 10. Le règlement des litiges

C'est le régime fixé par les articles 37 et 38 les litiges pouvant survenir à l'occasion de l'interprétation ou de l'application des dispositions de la présente loi ou de l'Arrêté interministériel prévu au Titre II de la présente loi, peuvent faire l'objet d'un arbitrage, selon la procédure prévue aux articles 159 à 174 du Code de Procédure civile congolais. Tout différend entre un investisseur et la République Démocratique du Congo relatif à :

• un contrat ou accord d'investissement ;

-une autorisation d'investissement octroyée par l'autorité compétente, ou ;

• toute violation des droits de l'investisseur et/ou de l'investissement attribués ou créés par le

Code des investissements ou par d'autres lois nationales ou par les Traités et Conventions internationaux auxquels la République Démocratique du Congo a adhéré est réglée dans la mesure du possible, à l'amiable par voie de négociations. Si les parties ne parviennent pas à un règlement à l'amiable de leur différend dans un délai de 3 mois à compter de la première notification écrite demandant l'engagement de telles négociations, le différend sera réglé, à la requête de la partie lésée, conformément à une procédure d'arbitrage découlant :

• de la Convention du 18 mars 1965 pour le règlement des différends relatifs aux investissements entre États et Ressortissants d'autres États (Convention CIRDI), ratifiée par la République Démocratique du Congo le 29 avril 1970 ou ;

• des dispositions des règlements du mécanisme supplémentaire, si l'investisseur ne remplit pas les conditions de nationalité stipulées à l'article 25 de la Convention CIRDI ;

• du Règlement d'arbitrage de la chambre de commerce internationale de Paris.

Le consentement des parties à la compétence du CIRDI ou du mécanisme supplémentaire, selon le cas, requis par les instruments les régissant, est constitué en ce qui concerne la République Démocratique du Congo par le présent article et en ce qui concerne l'investisseur par sa demande d'admission au régime de la présente loi ou ultérieurement par acte séparé. Si l'investisseur a effectué son investissement par l'intermédiaire d'une société de droit congolais qu'il contrôle, les parties conviennent qu'une telle société, aux fins de la Convention CIRDI, doit être considérée comme un ressortissant d'un autre État contractant.

CHAPITRE 8. LE RÉGIME JURIDIQUE ET FISCAL DES INVESTISSEMENTS EN COTE D'IVOIRE[125]

Section 1. Présentation

Dès son accession à l'indépendance, la Côte d'Ivoire a résolument opté pour le libéralisme économique.

À ce titre, et afin de susciter et d'orienter l'initiative privée vers le secteur industriel, la Côte d'Ivoire a mis en place un régime d'investissements privés particulièrement incitatif, reposant pour l'essentiel sur un Code des Investissements mis en place à partir de 1959, puis modifié une première fois en 1984. Le nouveau Code des investissements objet de la Loi 95-620 du 3 août 1995, répond quant à lui au souci d'adapter le régime des investissements privés aux nouvelles données de l'économie, notamment aux perspectives de croissance. Il a ainsi été précédé d'une série de mesures (allégement fiscal), destinées à accroître la compétitivité de l'économie ivoirienne. Mieux que les codes précédents, le nouveau code est, tout à la fois, ouvert, particulièrement incitatif, transparent et d'accès aisé. C'est un Code ouvert parce qu'il permet à tout investisseur, constitué sous forme de société ou d'entreprise individuelle, de nationalité ivoirienne ou étrangère, résident ou non-résident d'être éligible aux différents régimes mis en place dès lors qu'il en remplit les conditions. C'est un Code incitatif, parce que les avantages consentis sont plus substantiels que par le passé. C'est également un Code transparent. Les conditions qu'il pose sont, en effet, bien identifiées et identiques pour tous. C'est aussi un Code dont l'accès à été très largement facilité. En effet, les procédures ont été très largement simplifiées (suppression de certains organes intervenants et fixation de délais d'octroi particulièrement courts, à savoir 48 heures pour les déclarations d'investissement et 45 jours pour les agréments). C'est enfin un Code dont le respect scrupuleux des dispositions est désormais mieux garanti pour l'investisseur qui dispose, outre les recours en usage en la matière (recours judiciaire ou recours arbitral), d'un recours devant la Commission Nationale pour la Promotion des Investissements (COM-INVEST), spécialement créée à cet effet et dans laquelle est largement représenté le secteur privé. Cette Commission a notamment pour mission de veiller à l'application effective des délais d'octroi des avantages du Code. Le nouveau Code prend mieux en compte le souci des pouvoirs publics de renforcer la compétitivité des

[125] Décret n°95-712 du 13 septembre 1995 fixant les modalités d'application de la loi n°95-620 du 3 août 1995 portant Code des investissements.

entreprises installées en Côte d'Ivoire, en rendant les différents secteurs d'activité plus attractifs. Ainsi :

— Deux régimes d'incitations distincts sont institués :

— le régime de déclaration qui permet à tout investissement quel qu'en soit le montant d'être éligible, sous 48 heures maximum et de manière quasi automatique, aux avantages prévus par le Code, sur une simple déclaration de l'investisseur attestée par le Centre de promotion des investissements en Côte d'Ivoire (CEPICI).

Ce régime s'adresse à tous les secteurs d'activité hormis ceux du Transport, du Commerce, du Bâtiment et des Travaux publics et des Finances. Il ne prend en compte, toutefois, que les investissements relatifs à des créations d'activités nouvelles ;

— Le régime d'agrément s'adresse quant à lui aux investissements dont le montant est supérieur à 500 millions de F CFA.

Il s'adresse également à tous les secteurs d'activité à la seule exception des secteurs des Finances, du Bâtiment et des Travaux publics. Il prend en compte tous les investissements, quelle qu'en soit la nature (création ou développement d'activité).

— le seuil inférieur (40 millions de F CFA) est supprimé. Désormais, tous les investissements peuvent être éligibles à l'un ou l'autre des régimes prévus.

— Le principe de la modulation de la durée des avantages en fonction de la zone d'implantation est maintenu, mais les zones sont ramenées à deux

(Zone A : Abidjan et sa région ;

Zone B : le reste du pays). La durée des avantages est de 5 ans pour les investissements réalisés en zone A et de 8 ans pour ceux réalisés en zone B ; durées qui sont majorées des délais de réalisation.

Les modifications les plus importantes sont intervenues au niveau des procédures. En effet, elles ont été extrêmement simplifiées.

— Les administrations et organismes intervenants ont été réduits. L'on compte désormais :

— le Centre de promotion des investissements (CEPICI), interlocuteur unique de l'investisseur, qui reçoit le dossier, le transmet aux organes destinataires, veille à sa bonne finalisation et communique à l'investisseur la réponse apportée à sa demande ;

— la Direction du développement industriel (DDI) dépendant du ministère chargé de l'Industrie, qui rédige une note de synthèse à l'attention de la Commission technique des investissements (CTI) ; la Commission technique des investissements (CTI) qui statue sur la demande et dont le CEPICI assure le secrétariat.

— L'agrément est désormais accordé par arrêté interministériel et non plus par décret en Conseil des ministres dont la prise était tributaire des priorités inscrites à l'ordre du jour du Conseil. Mieux, en matière de déclaration d'investissements, la seule déclaration de l'investisseur, attestée régulière en

la forme par le CEPICI, se suffit à elle-même, sans qu'il soit besoin, pour être éligible, qu'un acte supplémentaire soit pris.
— Les délais ont été déterminés et fixés par le Code. Ils sont désormais beaucoup plus courts que ceux constatés en pratique sous l'ancien Code :
— 48 heures, en matière de déclaration d'investissements ;
— 45 jours, en matière d'agrément aux investissements.
— Reprenant en cela les principes en vigueur en matière de droit administratif, le Code dispose que l'agrément est octroyé d'office lorsque l'investisseur n'a reçu aucune réponse de l'administration, à l'expiration du délai de 45 jours. en matière d'avantages consentis, le nouveau Code comporte deux mesures :
— des mesures applicables à tous les investissements liés à une création d'activité nouvelle. Il s'agit essentiellement d'exonérations fiscales ;
— et celles applicables aux investissements supérieurs à 500 millions de F CFA (création d'activité nouvelle ou développement d'activité existante), qui bénéficient d'exonérations tant douanières que fiscales. Ces avantages s'appliquent désormais de manière uniforme, sans discrimination, entre les équipements, matériels et pièces de rechange importés et ceux fabriqués localement. Enfin, le nouveau Code offre d'importantes garanties aux investisseurs.
À ce titre, notamment :
— il confirme le principe de la libre transférabilité hors Côte d'Ivoire des revenus de toute nature générés par l'investissement, y compris le cas échéant du boni de liquidation ;
— il autorise tout recours judiciaire, arbitral ou administratif que l'investisseur jugera bon de mettre en œuvre pour le règlement des différends qui naîtraient de son application ;
— il prévoit également un recours administratif porté directement devant une commission spécialement créée à cet effet, la Commission nationale pour la promotion des investissements
(COM-INVEST), dont la mission est de veiller au respect des dispositions du Code des investissements et notamment des délais. À cet effet, l'État a entendu se soumettre à la compétence du CIRDI et a d'ores et déjà donné, de manière expresse, son consentement, par l'article 24 du Code des Investissements. L'ensemble des mesures prévues par le Code des Investissements ne fait pas obstacle à l'application des mesures spécifiques déjà prévues par le Code général des impôts, par le Code général des douanes ainsi que, le cas échéant, par le Code minier. Le Code des investissements, de même, ne s'oppose pas davantage à la mise en œuvre de mesures qui résulteraient de traités ou accords passés entre la République de Côte d'Ivoire et d'autres États.

Section 2. Régime de déclaration

Paragraphe 1. Procédures

Ces procédures sont définies aux articles 5 et 7 de la loi. Le régime de déclaration est applicable à toutes les entreprises exerçant leurs activités dans le cadre des secteurs visés à l'article 9, sans limitation de seuil. Les projets d'investissement font l'objet d'une déclaration déposée auprès des services compétents, qui sont tenus de délivrer une attestation de dépôt.
Les services compétents, qui sont désignés par décret, tiennent à la disposition des opérateurs économiques des formulaires adaptés aux différents types d'investissements prévus dans ce Code. L'attestation de dépôt de la déclaration permet de bénéficier de plein droit des avantages définis à l'article 11. La jouissance des avantages est subordonnée à la réalisation effective des investissements, constatée par les services compétents.[126]

Paragraphe 2. Champ d'application

Le régime de déclaration s'applique aux investissements relatifs aux opérations de création d'activité telles que définies par décret. Les conditions d'application de ce régime aux opérations d'investissement sont définies aux articles 10 et 12.
Le régime de déclaration défini aux articles 5 et 8 du Code s'applique aux secteurs d'activités suivants :
— Agriculture, élevage et pêche ;
— industries extractives et production d'énergie ;
— Industries manufacturières ;
— Production et industries culturelles ;
— Santé ;
— Éducation ;
— Tourisme ;
— Autres secteurs, à l'exception des bâtiments et travaux publics, du commerce, des transports et des services bancaires et financiers.
La liste des activités dans les secteurs visés au présent article est définie par décret.[127]

Paragraphe 3. Avantages accordés

Ce sont les articles 10 à 12 qui déterminent les conditions d'octroi de ces avantages. Le bénéfice des avantages liés au régime de déclaration varie en fonction du lieu de réalisation de l'investissement. À cette fin, le territoire ivoirien est divisé en deux zones dénommées
A et B, définies par décret. La durée du bénéfice des avantages est de :

---

[126] Art. 5 et 7.
[127] Art. 8 et 9.

— 5 ans pour les investissements réalisés dans la zone A ;
— 8 ans pour les investissements réalisés dans la zone B.
Ces durées sont majorées des délais de réalisation du programme d'investissement. Le bénéfice des avantages comprend est acquis dès la réalisation du programme d'investissement.
Les entreprises admises au régime de déclaration bénéficient, au titre de leur programme d'investissement, de l'exonération des impôts et taxes suivants :
— l'impôt sur le bénéfice industriel et commercial ou l'impôt sur le bénéfice non commercial ;
— la contribution des patentes et des licences. Ces exonérations sont réduites à 50% puis à 25% des impôts et taxes normalement dus respectivement l'avant-dernière et la dernière année de bénéfice des avantages.
Le bénéfice des avantages liés au régime de déclaration est subordonné :
— à la tenue d'une comptabilité régulière conformément aux dispositions du Plan comptable ivoirien, aussi bien pour les sociétés que pour les personnes physiques exerçant une activité commerciale ou non, telle que définie par le Code général des impôts ;
— à la soumission à un régime réel d'imposition (régime simplifié ou régime réel normal).
En cas d'exercice d'une activité mixte ou de plusieurs activités, seules les activités éligibles ouvrent droit au bénéfice des avantages prévus par le Code.[128]

Section 3. Régime d'agrément à l'investissement

Paragraphe 1. Procédures

Les articles 17 et 18 de la loi organisent ces procédures. Le régime de l'agrément à l'investissement est applicable à toutes les entreprises exerçant leurs activités dans le cadre des secteurs visés à l'article 18, conformément au critère de seuils qui comprend un seuil inférieur et un seuil supérieur dont les montants sont fixés par décret.
La demande d'éligibilité au régime de l'agrément à l'investissement est appuyée d'un dossier contenant toutes indications utiles à l'examen du projet d'investissement par les services compétents. La demande d'éligibilité doit également comporter l'engagement de l'entreprise au titre des obligations générales suivantes :
— employer des cadres, agents de maîtrise et autres travailleurs ivoiriens et assurer, conformément aux dispositions relatives au fonctionnement du Fonds de Développement de la Formation Professionnelle, leur formation ;

[128] Art. 10 et 12.

— se conformer aux normes de qualité nationale ou internationale applicables aux biens et services, objet de son activité ;
— ne pas altérer les conditions écologiques, en particulier l'environnement ;
— disposer d'une organisation comptable permettant ainsi de se conformer aux dispositions législatives et réglementaires ainsi qu'aux usages applicables en la matière ;
— respecter les dispositions légales et réglementaires relatives au dépôt des accords et contrats portant sur des titres de propriété industrielle ou d'acquisition de technologie ;
— fournir toute information permettant le contrôle des obligations liées au régime de l'agrément à l'investissement.

Le bénéfice de l'agrément à l'investissement est accordé par le gouvernement, sur avis de la Commission technique des investissements, dans un délai de quarante-cinq jours au plus tard, à compter de la date de dépôt du dossier de demande auprès des services compétents. Passé ce délai maximum, l'entreprise requérante bénéficie d'office de l'agrément et est habilitée à déposer une demande en régularisation auprès des services compétents déterminés par décret. La composition et les modalités de fonctionnement de la Commission technique des investissements sont définies par décret.

Les services compétents s'assurent du respect des engagements souscrits par les entreprises bénéficiaires, conformément aux dispositions du Code. En cas de non-respect des engagements souscrits, le bénéfice de l'agrément à l'investissement est rapporté de plein droit, et tous les avantages perçus sont remboursés intégralement, après une mise en demeure de trois mois restée sans effet.[129]

Paragraphe 2. Champ d'application

Le régime de l'agrément à l'investissement s'applique aux investissements relatifs aux opérations de création et de développement d'activité telles que définies par décret. Les conditions d'application de ce régime sont définies à l'article 20 ci-dessous.

Le régime de l'agrément à l'investissement défini aux articles 13 et 17 du Code s'applique à l'ensemble des secteurs d'activité, à l'exception :
— des bâtiments et travaux publics ;
— des services bancaires et financiers.[130]

Paragraphe 3. Les avantages accordés

Ces avantages sont définis aux articles 19 à 21 de la loi. Le bénéfice des avantages varie en fonction du lieu de réalisation de l'investissement. À cette

---

[129] Art. 13 et 16.
[130] Art. 17 et 18.

fin, le territoire ivoirien est divisé en deux zones dénommées A et B, définies par décret. La durée du bénéfice des avantages est de :

— 5 ans pour les investissements réalisés dans la zone A ;

— 8 ans pour les investissements réalisés dans la zone B.

Ces durées sont majorées des délais de réalisation du programme d'investissement. Le bénéfice des avantages comprend deux stades :

— le délai de réalisation du programme d'investissement ;

— la période d'exploitation proprement dite.

Le délai maximum de réalisation du programme sera précisé par l'arrêté d'agrément.

Les entreprises agréées bénéficient, au titre de la réalisation de leur programme d'investissement relatif à la création et au développement d'activité, des avantages suivants :

— application d'un droit d'entrée (droit de douane et droit fiscal d'entrée) unique et préférentiel de 5% portant sur les équipements et matériels, ainsi que sur le premier lot de pièces de rechange, pour un montant d'investissement compris entre le seuil inférieur et le seuil supérieur ;

— exonération des droits et taxes d'entrée (droit de douane et droit fiscal d'entrée) portant sur les équipements et matériels ainsi que le premier lot de pièces de rechange, pour un montant d'investissement au moins égal au seuil supérieur ;

— exonération de la TVA sur les matériels et équipements importés et fabriqués ou vendus localement, les véhicules utilitaires et les pièces de rechange, pour un montant d'investissement au moins égal au seuil inférieur.

Le bénéfice de l'exonération de la TVA sur les acquisitions de matériels et équipements fabriqués ou vendus localement est subordonné à la délivrance d'une attestation d'acquisition en franchise de TVA délivrée par la Direction Générale des Impôts. Ne peuvent donner lieu aux exonérations prévues au présent article :

— les matériaux de construction ;

— les véhicules de tourisme ;

— les biens mobiliers.

Les entreprises agréées, qui réalisent une opération de création d'activité, sont exonérées pendant la période d'agrément des impôts et taxes indiqués ci-dessous, selon le montant des investissements :

1. Pour un montant des investissements compris entre le seuil inférieur et le seuil supérieur, l'exonération porte sur les impôts et taxes suivants :

— impôts sur les bénéfices industriels et commerciaux ;

— contribution des patentes et des licences.

2. Pour un montant des investissements au moins égal au seuil supérieur, l'exonération porte sur les impôts et taxes suivants :

— impôts sur les bénéfices industriels et commerciaux ;

— contribution des patentes et des licences ;

— contribution foncière des propriétés bâties.

Ces exonérations sont réduites à 50% puis à 25% des taxes et impôts normalement dus respectivement l'avant-dernière et la dernière année de bénéfice des avantages.[131]

Section 4. Garanties générales

Ici, c'est le régime des articles 22 à 24 de la loi qui s'applique. En effet, les personnes physiques ou morales visées à l'article premier reçoivent, sous réserve des dispositions des titres II et III, le même traitement eu égard aux droits et obligations découlant du présent Code.
Les personnes physiques ou morales étrangères reçoivent toutes le même traitement, sans préjudice des dispositions des traités et Accords conclus par la République de Côte d'Ivoire avec d'autres États.
Les personnes physiques ou morales non résidentes au sens de la réglementation des changes qui effectuent un investissement en Côte d'Ivoire, financé en devises convertibles, ont droit conformément à cette réglementation, au transfert dans l'État dont elles sont résidentes, des revenus de toute nature provenant des capitaux investis, ainsi que du produit de la liquidation de l'investissement.
Tout différend ou litige, entre les personnes physiques ou morales étrangères et la République de Côte
D'Ivoire relatif à l'application du Code, est réglé par les tribunaux de la République de Côte d'Ivoire ou par un tribunal arbitral, lorsque les conditions ci-dessous énumérées s'appliquent :
— des accords et traités relatifs à la protection des investissements sont conclus entre la République de Côte d'Ivoire et l'État dont la personne physique ou morale étrangère concernée est ressortissante ;
— une procédure de conciliation et d'arbitrage dont les parties sont convenues est définie ;
— la Convention du 18 mars 1965 pour le règlement des différends relatifs aux investissements entre États et ressortissants d'autres États, établie sous l'égide de la Banque internationale pour la reconstruction et le Développement et ratifiée par la République de Côte d'Ivoire en vertu du décret n° 65-238 du 26 juin 1965, est applicable
— la personne concernée ne remplit pas les conditions de nationalité stipulées à l'article 25 de la convention susvisée, conformément aux dispositions des règlements du mécanisme supplémentaire, approuvé par le conseil d'Administration du Centre international pour le règlement des différends relatifs aux Investissements (CIRDI). Le consentement des parties à la compétence du CIRDI ou du mécanisme supplémentaire, selon le cas, requis par les instruments les régissant, est constitué pour la République de

[131] Art. 19 à 21.

Côte d'Ivoire par cet article, et est exprimé expressément dans la demande d'agrément pour la personne concernée.[132]

Section 5. La nature des activités, le seuil d'éligibilité et des opérations d'investissement[133]

Conformément à l'article 9 de la loi n° 95-620 du 3 août, 1995 portant Code des investissements, la liste des activités des secteurs pouvant bénéficier des avantages au titre du régime de déclaration est annexée au présent décret. Est également annexée au présent décret, la liste des équipements et matériels pouvant bénéficier des avantages définis à l'article 20 de la loi susvisée.
En application de l'article 13 de la loi n° 95-620 du 3 août portant Code des Investissements, le bénéfice du régime de l'agrément à l'investissement est accordé selon que le montant de l'investissement est compris entre cinq cents (500) millions de F CFA et deux (2) milliards de FCFA ou supérieur à deux (2) milliards de F CFA. Ces montants comprennent les immobilisations brutes et s'entendent hors T.V.A. récupérable et hors fonds de roulement.
Les opérations de création et de développement d'activité visées aux articles 8 et 17 de la loi susvisée s'entendent comme suit :
— La création d'activité est la réalisation d'un nouveau projet par une entreprise ;
— Le développement d'activité est la réalisation par une entreprise d'un projet d'extension, ou de diversification, ou d'intégration, ou de modernisation dans les conditions définies ci-après :
— L'extension est l'accroissement de la capacité de production d'une entreprise ;
— La diversification est la fabrication d'un produit nouveau par une entreprise déjà existante impliquant l'acquisition de nouveaux matériels ;
— La modernisation est le renouvellement des équipements de production en vue d'adapter l'entreprise à l'évolution de la demande ou au progrès technologique, entraînant une augmentation de la capacité de production initiale. Les activités d'extension, de diversification ou de modernisation doivent faire l'objet d'une comptabilité distincte dont les modalités seront précisées par arrêté.[134]

Section 6. Les critères de recevabilité

Pour bénéficier des avantages liés au régime de la déclaration, les entreprises doivent déposer un formulaire dûment rempli, qu'elles auront préalablement

[132] Art. 22 et 24
[133] Décret n°95-712 du 13 septembre 1995 fixant les modalités d'application de la loi n°95-620 du 13 août 1995 portant Code des investissements.
[134] Art. 2 et 4.

retiré auprès du Centre de promotion des investissements en Côte d'Ivoire (CEPICI).
Dans les deux jours qui suivent la réception de la déclaration, le Centre de promotion des investissements en Côte d'Ivoire délivre une attestation de dépôt.
Pour bénéficier des avantages liés au régime de l'agrément à l'investissement, les entreprises doivent :
1°) formuler une demande d'agrément selon le modèle défini par arrêté du ministre de l'Industrie et du Commerce ;
2°) être légalement constituées ;
3°) présenter une déclaration fiscale d'existence et, en cas de développement d'activité, une demande de quitus fiscal adressée au Directeur général des impôts ;
4°) présenter une description du projet selon un formulaire défini par arrêté du ministre de l'Industrie et du Commerce ;
5°) produire un inventaire exhaustif des matériels, biens d'équipement et pièces de rechange pouvant être admis au bénéfice des avantages selon un modèle défini par arrêté du ministre de l'Industrie et du Commerce ;
6°) fournir une autorisation administrative d'exercice ou d'exploitation pour les professions réglementées.
Conformément aux articles 7 et 12 de la loi susvisée, le bénéfice des avantages liés au régime de la déclaration est subordonné au constat de la réalisation de l'investissement par les services de la Direction générale des impôts (DGI) et à la soumission à un régime réel d'imposition (régime simplifié ou régime réel normal). Le bénéfice des avantages liés au régime de l'agrément est subordonné au respect par l'entreprise de l'ensemble de ses obligations fiscales.[135]

Section 7. La procédure d'agrément

Le bénéfice de l'agrément à l'investissement est subordonné au dépôt d'un dossier comportant les informations indiquées à l'article 6 du présent décret.
Le dossier d'agrément est adressé en 10 exemplaires au Centre de promotion des investissements en Côte d'Ivoire (CEPICI), qui en accuse réception dans les huit jours ouvrables qui suivent son dépôt, et en fait une transmission dans les quatre jours ouvrables à la Direction du développement industriel (DDI).
Dans les huit jours qui suivent la réception du dossier, la Direction du développement industriel prépare un rapport de synthèse du projet à l'attention des membres de la Commission technique des investissements visée à l'article 12.

---

[135] Art. 5 et 8.

En application de l'article 15 de la loi n° 95-620 du 3 août 1995 susvisée, la Commission technique des investissements est composée :
1°) du Directeur du développement industriel, Président de la Commission ;
2°) du Directeur général des douanes ou son représentant ;
3°) du Directeur général des impôts ou son représentant ;
4°) du Chef du Centre de promotion des investissements en Côte d'Ivoire (CEPICI) ou son représentant, qui assure le Secrétariat de la Commission ;
5°) du représentant du ministère technique concerné par le projet, suivant le cas. La Commission technique des investissements se réunit sur convocation de son Président dans les huit jours qui suivent l'envoi du rapport de synthèse du projet à ses membres.

L'avis émis par la Commission technique des investissements est acquis à la majorité relative des membres présents. En cas d'égalité des voix, celle du Président est prépondérante. Un procès-verbal des délibérations de la Commission technique des investissements contenant les caractéristiques générales du Projet est dressé dans les 3 jours ouvrables qui suivent la réunion.

En cas d'avis favorable, le Président de la Commission technique des Investissements prépare un projet d'arrêté dont le contenu sera conforme aux dispositions prévues aux articles 19, 20 et 21 de la loi n° 95-620 du 3 août 1995.

Ce projet d'arrêté, accompagné du procès-verbal de la délibération, sera soumis à la signature conjointe du ministre de l'Industrie et du Commerce et du ministre de l'Économie, des Finances et du Plan. Après signature, une copie de l'arrêté est transmise aux directeurs généraux des douanes, des impôts et au Chef du CEPICI, lequel se charge d'en informer l'entreprise par la transmission à celle-ci d'une copie conforme de l'arrêté. Sur la base d'une note technique préparée par le Président de la Commission technique des Investissements, le ministre chargé de l'industrie et du commerce informe régulièrement le Conseil des ministres des projets bénéficiaires du régime de l'agrément.

En cas d'avis défavorable, le Président de la Commission technique des investissements prépare une note motivée relative à la décision de refus dans les deux (2) jours ouvrables qui suivent la date de la délibération ; ampliation de cette note est faite aux directeurs généraux des douanes, des Impôts et au chef du CEPICI lequel en informe l'entreprise. En cas de non-respect du délai maximum d'examen du dossier par la Commission technique des investissements, tel que prévu à l'article 15 de la loi n° 95-620 du 3 août 1995, le recours en régularisation de l'entreprise s'exerce auprès des services compétents du Premier Ministre.[136]

[136] Art. 9 et 17.

Section 8. Les avantages accordés

L'achèvement du programme d'investissement agréé doit être notifié par l'entreprise au ministre chargé de l'Industrie et du Commerce. La durée de réalisation de l'investissement ne peut excéder deux ans à compter de l'octroi de l'agrément. La date d'achèvement fait l'objet d'un arrêté dudit ministère après un contrôle de la conformité des investissements au programme agréé effectué par la Direction du Développement Industriel (DDI). Cet arrêté fixe dans le temps le départ des exonérations.
Les avantages accordés à l'entreprise au titre du régime de l'agrément à l'investissement, sont précisés dans l'arrêté interministériel évoqué à l'article 14 du de ce décret. À cet arrêté, est annexée la liste exhaustive des matériels, des biens d'équipement et pièces de rechange admis à bénéficier de l'application soit d'un droit d'entrée unique de 5%, soit de l'exonération totale. Cet arrêté ouvre droit à la jouissance automatique des avantages visés à l'article 20 de la loi n° 95-620 du 3 août 1995, susvisée.
La période d'agrément s'étend suivant la zone d'implantation, jusqu'à la cinquième ou huitième année civile, à compter de la date d'achèvement du programme d'investissement telle que fixée par arrêté du ministre chargé de l'Industrie et du Commerce. Tout détournement de leurs destinations privilégiées des matériels, équipements et pièces de rechange importés dans le cadre de l'agrément, ainsi que toute cession desdits biens sans autorisation du m*i*nistre chargé de l'Économie, des Finances et du Plan, rendent immédiatement exigible le paiement au Trésor Public du montant des droits et taxes au tarif de droit commun. Le bénéfice des avantages liés au régime de l'agrément ne sera définitif qu'après la vérification par la Direction générale des Impôts du bilan d'ouverture du premier exercice certifié, attestant du montant des immobilisations brutes. La Direction générale des impôts informera la Direction du développement industriel et la Direction générale des douanes des résultats de cette vérification. Le non-respect des dispositions fiscales d'assiette et de recouvrement, entraîne de plein droit la déchéance des régimes de déclaration et d'agrément à l'investissement sans préjudice des pénalités prévues par le Code général des impôts et par le Code des douanes.

Section 9. Les zones

En application de la loi susvisée, le territoire ivoirien est divisé en deux zones : la zone A et la zone B. La **Zone A** comprend le département d'Abidjan et la **Zone B** comprend tous les autres départements.[137]

[137] Art. 22.

ANNEXE 1. Au décret n° 95-712 du 13 septembre 1995 portant application de la loi n° 95-620 du 3 août 1995 relative au Code des investissements

Liste des activités pouvant bénéficier des avantages du régime de déclaration

01 Production agricole vivrière, élevage et chasse

01-10 Céréales
01-20 Féculents
01-30 Fruits
01-40 Légumes
01-50 Produits divers d'origine végétale
01-60 Boissons traditionnelles
01-70 Elevage
01-80 Sous-produits d'origine animale

02 Production agricole destinée à l'Industrie et à l'Exportation

02-10 Café — Cacao — Cola — Fruits
02-20 Oléagineux
02-30 Plants et Semences
02-40 Autres produits

03 Sylviculture et Exploitation forestière

03-10 Produits de la sylviculture
03-20 Bois en grumes ou simplement équarris

04 Pêche

04-10 Thon
04-20 Crevettes
04-30 Autres produits de la pêche industrielle
04-40 Produits de la pêche artisanale

05 Extraction de Minerais et Minéraux

05-20 Extraction de pétrole et de gaz
05-50 Carrières
05-99 Autres extractions

06 Travail des grains et farines

06-11 Minoteries
06-15 Décorticage de café
06-21 Boulangeries
06-25 Pâtisseries
06-30 Biscuiteries et pâtes alimentaires
06-99 Autres travaux des grains de farine

07 Industrie de Conservation et de préparation alimentaires

07-10 Conserves de fruits et jus de fruits
07-40 Conserves de poissons
07-47 Poissons et crustacés surgelés
07-60 Produits dérivés du café et du cacao
07-70 Plats cuisinés — traiteurs industriels
07-99 Autres

08 Fabrication de Boissons et glaces alimentaires
08-10 Boissons hygiéniques, minérales et gazeuses
08-20 Bières — Malt
08-40 Glace
09 Industrie des corps gras alimentaires
09-10 Huiles brutes et palmistes
09-20 Huile raffinée et semi-raffinée
09-30 Autres huiles et graisses
09-40 Tourteaux d'oléagineux
10 Autres Industries alimentaires — Tabac
10-10 Produits laitiers
10-20 Sel raffiné
10-30 Sucre
10-40 Condiments préparés
10-50 Autres produits alimentaires
10-60 Aliments pour animaux
11 Industrie des textiles et de l'habillement
11-10 Egrenage du coton
11-20 Autres produits pour la filature
11-30 Filature, tissage, teinturerie, impression
11-40 Ouvrages en tissus à l'exclusion des articles d'habillement
11-50 Articles de bonneterie
11-60 Sacherie — ficellerie
11-70 Fabrication d'articles d'habillement
11-80 Produits de l'artisanat
11-90 Fabrication d'autres articles textiles
12- Industrie du cuir et des articles chaussants
12-10 Peaux et fourrures
12-20 Articles en cuir à l'exclusion des articles d'habillement et des chaussures
12-30 Chaussures en cuir
12-40 Chaussures en matière plastique
12-50 Chaussures en caoutchouc
12-60 Chaussures en autre matière
12-70 Produits de l'artisanat
13- Industrie du Bois
13-10 Premières transformations du bois (sciage, tranchage, déroulage, placage)
13 - 20 Menuiserie — fabrication d'ouvrages en bois autres que meubles
13 - 30 Fabrication de meubles
13 - 40 Articles en bois produits par l'artisanat
14 - Raffinage pétrole
14 -10 Pétrole raffiné
14 -20 Divers dérivés du pétrole brut et du charbon

15 - Industries chimiques
15-20 Fabrication d'engrais, pesticides, insecticides
15-51 Fabrication de peintures, vernis et laques
15-54 Fabrication de cosmétiques, parfums, produits de beauté et de toilette
15-60 Fabrication d'articles en plastique (autres que chaussures)
15-99 Autres industries chimiques
16 - Industries du caoutchouc
16-10 Production de caoutchouc naturel
16-30 Fabrication d'articles en caoutchouc
17- Fabrication de Matériaux de constructions et industrie de verre
17-30 Fabrication de carrelages et dalles
17-40 Cimenteries
17-51 Fabrication de moellons, briques et agglomérés
17-55 Fabrication d'autres produits en ciment (poteaux, buses, faîtières)
17-99 Autres produits et matériaux de construction (y compris marbres)
18 - Industries de première transformation de métaux
18-10 Produits de la sidérurgie et de la première transformation de la fonte, du fer et de l'acier
18-20 Métaux non ferreux
19 - Construction et réparation de Matériels de transport
19-81 Construction et réparation de matériels de transport (véhicule tracteur)
19-85 Construction et réparation autres matériels de transport (citerne, remorques, grumiers)
20 - Industries mécaniques et électriques non classés ailleurs
20-10 Fabrication d'ouvrages simples en métaux
20-18 Chaudronnerie
20-20 Construction de machines à l'exclusion des machines électriques
20-30 Construction de machines, appareils et fournitures électriques
20-40 Mécanique de précision (rectification....)
20-45 Rébobinage
20-60 Fabrication de machines et matériels autres que transport ou frigorifiques
20-70 Métallisation des métaux
21- Industries diverses
21-05 Fabrication d'objets et articles sanitaires
21-12 Fabrication d'articles en papier ou carton
21-21 Imprimerie
21-22 Éditions
21-23 Fabrication d'objets et articles publicitaires
21-31 Fabrication de bijoux et articles d'orfèvrerie
21-99 Autres industries (fabrication d'articles de bureau, de sport, jouets...)
22- Production d'Énergie Electrique, Gaz et Eau
22-10 Électricité (distribuée)
22-20 Gaz (distribué)

22-30 Eau (distribuée)
24 Transport et communications
24-60 Communications (postes et télécommunications)
26 Autres services
26-30 Services rendus principalement aux entreprises (maintenance industrielle)
26-50 Services de santé et services sociaux
26-60 Services d'enseignement (marchands)
27 Autres activités éligibles
— Stockage et conditionnement de produits alimentaires et agricoles
— Conditionnement des produits du cru
— Maintenance ou montage d'équipements industriels
— laboratoires d'essais et d'analyses de matières premières, de produits finis ou semi-finis utilisés ou produits par l'industrie 27

ANNEXE II. Liste indicative des biens d'équipements destinés à l'investissement
NOMENCLATURE TARIFAIRE DÉSIGNATION DU PRODUIT

Chapitre x. Outillage à main

Chapitre x. Générateurs et parties autres turbines et parties moteurs pour l'aviation

Moteurs pour la propulsion de bateaux, de type hors-bord Turbines et roues hydrauliques
Parties de turbines ou de roues hydrauliques, y compris Parties d'autres turbines à gaz
Autres moteurs hydrauliques Moteurs pneumatiques à mouvement rectilignes (cylindres)
Autres moteurs pneumatiques
Autres moteurs et machines motrices.

Chapitre x. Parties d'autres moteurs et machines motrices

Pompes pour la distribution de carburant ou de lubrifiants
Autres pompes comportant un dispositif mesureur ou conçu Pompes à carburant, à huile ou à liquide de refroidissement Pompes à béton
Autres pompes centrifuges
Autres pompes
Élévateurs à liquides
Parties de pompes, pour tous véhicules automobiles

Autres parties d'autres pompes
Parties d'élévateurs à liquides
Compresseurs des types utilisés dans équipements frigorifiques
Compresseur pour industrie. de montage des groupes frigorifiques
Compresseurs d'air montés sur châssis à roues et remorquables.
Autres machines et appareils pour le conditionnement de l'air
Autres machines et appareils pour le conditionnement de l'air
Machines pour le conditionnement de l'air, sans dispositif
Collection et parties destinés à industrie. de montage des machines
Autres parties de machines et appareils pour le conditionne.
Brûleurs à combustibles et liquides
Autres brûleurs, y compris les brûleurs mixtes
Foyers automatiques, y compris leurs avant-foyers, leurs grilles
Parties des articles du N° 84.16.
Fours pour le grillage, la fusion ou autres traitements thermiques
Fours de boulangerie, de pâtisserie ou de biscuiterie
Autres fours industriels et de laboratoire, y compris incinérateurs
Parties de fours industriels ou de laboratoires et des incinérateurs
Autres coffres, armoires, vitrines, comptoirs et meubles similaires
Groupes à compression dit condenseur constitué par échangeur
Autres groupes à compression
Autres matériels, machines et appareils pour production de froid
Autres matériels, machines et appareils pour production de froid
Meubles conçus pour recevoir équipement de froid pour production de froid
Collection et parties destinées à l'industrie de montage
Autres parties des machines et appareils du N° 84. 18 Séchoirs pour le bois, les pâtes à papier, papiers ou cartons
Autres séchoirs Distillateurs
Autres appareils et dispositifs pour la préparation de boissons
Autres appareils et dispositifs du n° 84.19
Parties de séchoirs chauffés électriquement
Parties des autres appareils et dispositifs du N° 84.19
Collection et parties destinées à l'industrie de montage des machines
Calandres et laminoirs, autres que pour les métaux ou le verre
Cylindres pour calandres et laminoirs
Autres parties de calandres et laminoirs
Écrémeuses et appareils pour l'épuration des liquides ou du gaz
Appareils pour la filtration des huiles minérales dans les moteurs
Appareils pour la filtration des huiles minérales, autres appareils pour la filtration ou l'épuration des liquides
Filtres d'entrée d'air pour moteurs à allumage par étincelles
Autres appareils pour la filtration ou l'épuration des gaz
Parties des essoreuses de la sous-position du N° 84.21.12.0000 E
Parties des autres machines et appareils centrifuges

Parties d'appareils pour la filtration ou l'épuration des liquides
Autres parties d'appareils pour la filtration ou l'épuration des liquides
Parties destinées à l'industrie de montage des appareils
Machines et appareils à laver, à nettoyer les bouteilles et parties
Bascules à pesage continu sur transporteurs
Bascules à pesées constantes, balances bascules ensacheuses
Pont-bascule, autres appareils et instruments de mesures et parties
Appareils mécaniques à projeter
Autres appareils mécaniques (même à main)
Parties pour extincteurs et pistolets aérographes
Palans, à moteur électrique
Autres palans
Treuils assurant remontée et descente des cages ou skips
Autres treuils, cabestans, à moteur électrique
Autres treuils, cabestans, autres qu'à moteurs électriques
Élévateurs fixes de voitures pour garages
Autres crics et vérins, hydrauliques
Crics et vérins portatifs pour véhicules du chapitre 87.
Autres crics et vérins
Ponts roulants et poutres roulantes sur support fixes
Portiques mobiles sur pneumatiques
Chariots cavaliers
Autres ponts roulants, poutres roulantes, portiques, et chariots
Grues automobiles à tour sur chenilles ou sur roues
Autres grues à tour d'une force supérieure ou égale à 3,5 tonnes
Autres grues à tour d'une force inférieure à 3,5 tonnes
Grues sur portiques d'une force supérieure ou égale à 3,5 tonnes
Grues sur portiques d'une force inférieure à 3,5 tonnes
Autres machines et appareils autopropulsés, sur pneumatiques
Autres machines et appareils autopropulsés, autres
Autres machines et appareils conçus par être montés sur véhicule
Autres machines et appareils du N° 84.26, non conçus pour
Chariots autopropulsés à moteur électrique
Autres chariots autopropulsés
Autres chariots
Ascenseurs et monte-charge
Appareils élévateurs ou transporteurs, pneumatiques
Autres appareils élévateurs, transporteurs ou convoyeurs
Autres appareils à bennes, élévateurs, transporteurs ou convoyeurs
Autres appareils à benne, élévateurs, transporteurs ou convoyeurs
Autres appareils à benne, élévateurs, transporteurs ou convoyeurs
Autres appareils à benne, élévateurs, transporteurs ou convoyeurs
Escaliers mécaniques, trottoirs roulants
Encageurs de berlines, chariots transbordeurs, basculeurs

Machines et appareils de travaux publics
Machines et appareils pour la fabrication de boissons
Parties de machines et appareils du N° 84. 35
Machines et appareils pour le criblage des grains
Machines à laver le linge d'une capacité excédant 10 kg
Machines nettoyage à sécher
Machines à sécher, machines et parties des machines du 84. 51
Machines à coudre autres que type ménager et parties
Tête de machines à coudre industrielles
Parties de machines à coudre
Parties destinées à l'industrie de montage des machines à coudre
Machines pour le travail du cuir, machines à mouler,
Machines-outils
Machines pour le travail de métaux, pour tarauder, affûter, meuler et raboter
Autres machines et appareils pour estamper, cisailler...
Machines à écrire et pour traitement de texte
Machines à calculer et machines comptables
Machines automatiques de traitement de l'information et parties

Ministère de l'Industrie République de Côte d'Ivoire et du Commerce union-discipline — travail
Arrête n ° 0121 du 22 décembre 1995 fixant les conditions de recevabilité des déclarations d'investissement et des demandes d'agrément à l'investissement. Le ministre de l'Industrie et du Commerce,
Vu la loi n° 95-620 du 3 août 1995, portant Code des Investissements ;
Vu Le décret n° 95 -712 du 13 septembre 1995, fixant les modalités d'application de la loi n° 95-620 du 3 août 1995, portant Code des Investissements ;
Vu Le décret n° 93-PR/11 du 15Décembre 1993, portant nomination des membres du Gouvernement ;
Vu Le décret n° 93-921 du 31 décembre 1993, portant attributions des membres du Gouvernement ;

Arrêté
Article 1. Toute déclaration d'investissement et toute demande d'agrément sont déposées au Centre de Promotion des Investissements en Côte d'Ivoire, en abrégé CEPICI. La déclaration d'investissement est adressée au Directeur Général du CEPICI et la demande d'agrément, au ministre chargé de l'Industrie du Commerce, selon les modèles joints au présent arrêté, en annexe I et II.
Article 2. Le déclarant ou le demandeur est tenu de fournir un extrait de l'immatriculation au registre de commerce, une attestation d'existence fiscale, toutes pièces justificatives de sa qualité de mandataire et, en cas de

développement d'activité, une attestation de régularité fiscale de l'entreprise qu'il représente ainsi que l'engagement écrit de tenir une comptabilité distincte.

Article 3. Les dossiers de déclaration d'investissement et de demande d'agrément à l'investissement doivent comporter des informations précises permettant une bonne connaissance du projet ainsi qu'une copie de son compte d'exploitation et la structure des emplois, conformément aux descriptions types jointes au présent arrêté en annexes III, IV, V et VI.

Article 4. L'entreprise postulant à l'agrément à l'investissement est en outre tenue de produire la liste du matériel, des biens d'équipement et des pièces de rechange nécessaires à la réalisation de son investissement ainsi que la situation des investissements sur la période de réalisation du projet selon les modèles joints en annexe VII et VIII du présent arrêté.

Arrêté 5. Toute entreprise déclarant ses investissements ou postulant à l'agrément à l'investissement dans un secteur d'activité réglementé est tenue de joindre à son dossier, un formulaire d'autorisation administrative dûment rempli et dont le modèle figure en annexe IX du présent arrêté.

Article 6. Le Directeur du Développement Industriel est chargé de l'exécution du présent arrêté qui sera publié au Journal Officiel de la République de Côte d'Ivoire.

Fait à Abidjan, le 22 déc.1995

Ferdinand Kacou ANGORA

ANNEXE 1

LETTRE-TYPE DE DÉCLARATION D'INVESTISSEMENT

A

Monsieur le Directeur Général du CEPICI

BP V 152 Abidjan Cote d'Ivoire

Objet : Déclaration d'investissement

Monsieur le Directeur Général,

Conformément aux dispositions du Titre II de la loi n° 95-620 du 3 août 1995, portant Code des Investissements, j'ai l'honneur de vous déclarer par la présente mon intention de réaliser un investissement d'un montant de (1)...., dans le secteur d'activité suivant :..................

— (2) En ma qualité de commerçant, régulièrement inscrit au registre du commerce de......., sous le n° analytique.............., le......................................

— (3) Par le biais de la société............... dont je suis le mandataire en qualité de.................... (4) et dont les principaux associés sont les suivants :

Je m'engage à respecter les obligations énoncées à l'article 12 de la loi susmentionnée, dont je déclare avoir pris connaissance.

Je vous prie de bien vouloir trouver ci-joint un dossier de déclaration d'investissement en trois exemplaires.

Veuillez agréer, Monsieur le Directeur Général, l'expression de ma considération distinguée.
Fait à........................., le.......................
(1) Montant en chiffres et en lettres.
(2) Pour les entreprises individuelles.
(3) Pour les sociétés.
(4) PDG, DG, Administrateur, Gérant, etc.

ANNEXE 2

LETTRE-TYPE DE DEMANDE D'AGRÉMENT
A L'INVESTISSEMENT
A
Monsieur le Ministre du Plan et du Développement Industriel B.P. V 142
ABIDJAN **COTE D'IVOIRE**
OBJET : Demande d'agrément à l'investissement
Monsieur le Ministre,
J'ai l'honneur de solliciter l'agrément à l'investissement conformément aux dispositions du Titre III de la loi n° 95-620 du 3 août 1995 portant Code des Investissements. L'entreprise sollicitant l'agrément à l'investissement est l'entreprise
(1)...
Dont je suis le mandataire en qualité (2)...
et dont les principaux associés sont :
-
....
-
....
-
....

Je m'engage à respecter toutes les obligations de la loi n° 95-620 du 3 août 1995 notamment celles en son article 14, et du décret 95-712 du 13 septembre 1995 notamment celles en son article 4.
Je vous prie de bien vouloir trouver ci-joint un dossier d'agrément à l'investissement en (10) exemplaires.
Veuillez agréer, Monsieur le Ministre, l'assurance de ma considération distinguée.
Fait à............., le........................
(1) — raison sociale et adresse
(2) — rang dans la société (PDG, DG, Administrateur, Gérant, etc.).

ANNEXE 3. Description type du projet de déclaration d'investissement

La description type du projet de déclaration d'investissement doit contenir les informations
Suivantes :
— Identification de l'entreprise
— Exposé résumé du projet
— Investissements.

I) Identification de l'entreprise

— Raison sociale
— Localisation Géographique : quartier, rue ou avenue, n ° de lot, fournir un plan de situation (faire un dessin). — Adresse : boîte postale, téléphone.
— Objet Social : nature de l'activité.
— Nature Juridique : Société anonyme, SARL, entreprise individuelle, etc.
— Liste du (des) Promoteur (s) : nom, prénoms et nationalité.
— Immatriculation au Registre de Commerce : numéro, date et lieu.
— Déclaration d'Existence Fiscale : date et lieu. — n° Compte Contribuable

II) Exposé Résumé du Projet

— Description de l'Activité : expliquer en quoi consiste l'activité.
— Description du (des) produits (s) ou du (des) service (s) : nature des produits ou des services
— Chiffres d'Affaires estimé du premier exercice
— Estimation du Marché : (renseignements requis à des fins statistiques)
— Volume du marché, part de marché de la société
— Quantité produite localement, quantité importée, quantité exportée

III) Investissements. *Montant des investissements (en indiquer les détails)*

ANNEXE 4. DESCRIPTION-TYPE DU PROJET D'AGRÉMENT A L'INVESTISSEMENT

La description type du projet d'agrément à l'investissement doit contenir les informations suivantes :
— Identification de l'entreprise
— Exposé résumé du projet
— Investissements
— Financement
— Structure des Emplois et Masse Salariale
— Compte d'exploitation et de résultats.

I) Identification de l'Entreprise

— Raison Sociale.
— Adresse : n° de la boîte postale, n° de téléphone, localisation géographique (quartier, rue ou avenue, n° de lot, etc.).
— Objet Social : nature de l'activité
— Nature Juridique : société anonyme, SARL, entreprise individuelle, etc.

— Liste du (des) Promoteur (s) : nom, prénoms et nationalité.
— Capital Social : montant et répartition.
— Référence du (des) Promoteur (s) : qualification et expériences professionnelles.
— Immatriculation au Registre de Commerce : numéro, date et lieu

II) Exposé Résumé du Projet

— Description de l'Activité : expliquer en quoi consiste l'activité.
— Description du (des) Produit (s) ou du (des) Service (s) : nature des produits ou de services.
* Matières premières : origine
* Produits finis : stade d'élaboration, destination.
— Estimation du Marché : marché potentiel, évolution prévisible et parts de marché
visées.
— Capacité Installée : Production nominale.
— Production : Production attendue (année de croisière).
— Description du Mode de Fabrication : process de fabrication
— Propriété de la Technologie : brevet ou licence.
— Protection de l'environnement : Mesures envisagées pour la protection de l'environnement.

III) Investissements

— Montant des Investissements : en H.T. et hors fonds de roulement
— Investissements Initiaux : Ce sont les achats à l'étranger et en Côte d'Ivoire destinés à la réalisation du projet d'agrément à l'investissement conformément au modèle précisé en annexe VIII.
— Montant du Fonds de Roulement : montant
— Délai de Réalisation des Investissements : durée
— Planning d'Investissement : étapes de réalisation de l'investissement.

IV) Financement

— Schéma de Financement : indiquer les sources de financement ainsi que les conditions de financement.

V) Structure des Emplois et Masse Salariale

La structure des emplois et la masse salariale y afférente seront établies selon le modèle indiqué en annexe VI.

VI) Compte d'Exploitation et de Résultats

Le compte d'exploitation et de résultats sera établi selon le modèle précisé en annexe V.

ANNEXE 5.

TABLEAU : COMPTE D'EXPLOITATION ET DE RÉSULTATS
ANNÉE 1 2 3 4 5
Ventes : Ventes H.T.
TVA, TPS sur ventes :

Total
Achats : Achats (1), fournitures, services extérieurs :
Droits d'entrée :
TVA récupérée
Total :
Valeur ajoutée brute (VAB) :
Autres dépenses :
Assurances, redevances :
Personnel (hors ITS) :
Impôts et Taxes :
Dont : ITS
TVA « supportée » par l'entreprise Droits de sortie autres (patentes, contributions foncières...)
Total :
Excédent brut d'exploitation (EBE)
Frais financier
Amortissements
Bénéfice Brut (BB)
Frais sur les résultats
Dont :
Impôt sur BIC
Bénéfice net **(BN)** dont : dividendes bénéfices non distribués
(1) Montant H.T. pour les entreprises récupérant la taxe
VAB = Ventes moins achats
EBE = VAB moins « Autres dépenses »
BB = EBE moins frais financiers et amortissements
BN = BB moins impôts sur les résultats
* Pour les investissements en zone B, le compte d'exploitation et de résultats sera établi sur 8 ans.

ANNEXE 6. Structure des emplois et masse salariale
1ère année de production Année de croisière Nombre d'emplois Nombre d'emplois Salaires
Totaux Charges Sociales (hors ITS) Coût Ingénieurs et Techniciens Cadres administratifs
Maîtrises Ouvriers qualifiés (catégorie 5 et plus) Ouvriers spécialisés (catégories 3 et 4)
Manœuvres (catégories 1 et 2) Employés qualifiés (catégorie 5 et plus) Employés non qualifiés (catégories 1 à 4)
Total
Autres Africains : (même décomposition)
ANNEXE 7. Inventaire des matériels, équipements et des pièces de rechange (1er lot)

Désignation douanière N° Nomenclature douanière Spécification (1) commerciale Quantité

ANNEXE 8. Investissements prévus sur la période de réalisation du projet
Achats à l'étranger Achats en Côte d'Ivoire DÉSIGNATION Position
ANNEXE 8. *Formulaire d'autorisation administrative*
Par Décision (1) n°.................................. du.....................Délivrée par
(2)..

La société
(3)..

Est autorisée à
(4)..

Fait à............................
le...........................
Nom, Prénoms et signature du Mandataire de la société
CEPICI 1/22/98 3:56 PM
(1) — Décret, Arrêté
(2) — Autorité Signature
(3) — Raison sociale et adresse
(4) — Nature de l'activité

CHAPITRE 9.
LE RÉGIME JURIDIQUE ET FISCAL DES INVESTISSEMENTS AU GABON

Section 1. Les principes généraux et droits fondamentaux[138]

La République Gabonaise garantit à toute personne physique ou morale régulièrement établie ou désireuse de s'établir au Gabon en respectant les règles spécifiques liées à certains secteurs d'activité :

• la liberté d'entreprendre toute activité de production, de prestation de services ou de commerce quelle que soit sa nationalité ;

• l'égalité de traitement dans l'exercice d'une activité suivant les principes et prescriptions de la Loi sur la concurrence et les missions confiées aux agences de régulation sectorielles autonomes ;

• les droits de propriété attachés aux terrains, immeubles, matériels d'exploitation et ceux attachés aux biens mobiliers, valeurs mobilières, brevets et autres éléments relevant de la propriété industrielle et intellectuelle ;

• la diligence des procédures d'attribution ou d'acquisition des terrains et de délivrance des titres fonciers ;

• la faculté à un investisseur étranger de rapatrier les capitaux investis et les bénéfices réalisés par son exploitation, ainsi que le rapatriement des économies sur salaires réalisées par son personnel expatrié ;

• l'accès aux devises étrangères et la liberté de transfert des capitaux dans le cadre des règles de la zone franc, et plus particulièrement celles de la Banque des États de l'Afrique Centrale (BEAC) ;

• l'application équitable et transparente du droit des affaires adopté conformément au traité de l'Organisation pour l'Harmonisation du Droit des Affaires en Afrique (OHADA) ;

• l'application équitable et transparente du droit du travail et du droit de la sécurité sociale élaboré conformément au traité de la Conférence Interafricaine de Prévoyance Sociale (CIPRES) ;

• l'indépendance et la compétence professionnelle des tribunaux et juridictions spécialisés.[139]

---

[138] Le régime juridique des investissements au Gabon, Loi n°15/1998 instituant la charte des investissements.

[139] Art. 1.

Section 2. Les dispositions de garantie des investissements

Elles sont définies à l'article 2 de la loi : La République Gabonaise, pour conforter les principes généraux et droits fondamentaux des investisseurs, adhère aux principaux dispositifs internationaux de garantie des investissements :

• la République Gabonaise est membre de l'Organisation Mondiale du Commerce, garantissant ainsi les investisseurs sur l'application au Gabon des règles commerciales internationales ;

• la République Gabonaise a conclu des accords bilatéraux et fait partie des traités multilatéraux en matière de garantie des investissements dont celui de l'Agence Multilatérale de Garantie des Investissements (MIGA), destiné à garantir les investisseurs contre les risques politiques, et celui instituant le Centre International pour le Règlement des Différends relatifs aux Investissements (CIRDI) ;

• la République Gabonaise adhère à la Convention de New York sur la reconnaissance et l'exécution des sentences arbitrales internationales conclue en 1958 sous les auspices des Nations Unies ;

• la République Gabonaise dispose d'un mécanisme d'arbitrage s'appuyant sur la Loi type de la Commission des Nations Unies (CNU) pour le Droit Commerciale Internationale (CNUDCI) sur l'arbitrage commerciale international de 1985 ;

• la République Gabonaise adhère à l'Organisation pour l'Harmonisation du Droit des Affaires en Afrique (OHADA), dont les instances comportent la Cour Commune de Justice et d'Arbitrage (CCJA), chargée du règlement des conflits relatifs à l'application du Droit des Affaires dans les pays membres.[140]

Section 3. Le rôle de l'État en matière économique et financière

Ce rôle est défini aux articles 3 à 5 de la loi : L'État gabonais, par-delà ses tâches fondamentales d'administration de la Nation, de justice et de sécurité, garantit le bon fonctionnement du système économique. À ce titre :

— il veille à l'application des règles du jeu par l'ensemble des acteurs du système ;

— il assure le maintien et le développement des infrastructures économiques, des services sociaux, de santé, d'éducation, de formation professionnelle et leur accès à l'ensemble de la population.

La République gabonaise privilégie le partenariat avec le secteur privé notamment dans la mise en œuvre des politiques touchant :

---

[140] Art. 2.

— à la formation professionnelle pour assurer une adéquation formation emploi et développer une gestion paritaire des structures de formation et de perfectionnement professionnels ;
— au développement des infrastructures économiques et sociales, en relation avec le développement des activités de production.
La gestion de l'État, et ses décisions en matière de politiques budgétaire et économique sont menées de manière à garantir un cadre macro-économique viable susceptible de favoriser la croissance et l'investissement.[141]

Section 4. La facilitation et promotion des investissements

Ce sont les articles 6 à 11 de la loi qui traitent de la facilitation et de la promotion des investissements. La République Gabonaise a mis en place une Agence de Promotion des Investissements chargée de promouvoir l'investissement national et international au Gabon ayant pour mission :
— la diffusion de l'ensemble de l'information pertinente auprès des investisseurs potentiels ;
— la recherche, l'accueil, l'orientation et le conseil aux investisseurs ;
— la diffusion de l'ensemble de l'information pertinente auprès des investisseurs potentiels ;
— la recherche, l'accueil, l'orientation et le conseil aux investisseurs ;
— la proposition et la surveillance des mesures et procédures de facilitation des relations entre les entreprises et l'administration.
L'Agence de Promotion des Investissements abrite le guichet unique, centre unique dans lequel les promoteurs accomplissent des formalités de création des entreprises.
Pour les activités ne relevant pas des Codes spécifiques et de professions réglementées, les promoteurs sont soumis à un régime de simple déclaration de création d'activité. Dans ce cas, le guichet unique se charge de communiquer, le jour de son dépôt, cette déclaration aux administrations concernées qui disposent de 48 heures pour formuler une éventuelle opposition. Le numéro d'immatriculation au registre du Commerce ainsi que l'identifiant statistique national sont alors communiqués aux promoteurs à l'issue de ce délai.
Pour les entreprises relevant de Codes spécifiques, l'agrément est prononcé par le ministre de tutelle sectorielle sur avis d'un Comité Décisionnel regroupant les administrations concernées, chargé de l'instruction du dossier de projet soumis par l'investisseur dans un délai maximum de 30 jours après le dépôt du dossier au guichet. Pour les activités relevant de professions réglementées, l'agrément à l'exercice de l'activité est prononcé par l'organisme ou l'ordre professionnel concerné dans un délai maximum de 15 jours après le dépôt du dossier au guichet. Sur cette base préalable, pour les

---

[141] Art. 3 à 5.

deux derniers cas, les formalités de création de l'entreprise sont exécutées par le guichet unique sur demande du promoteur.[142]

Section 5. Les principes de la fiscalité des investissements et des entreprises

Le régime fiscal des investissements et des entreprises est prévu aux articles 12 à 14. La fiscalité adoptée par la République Gabonaise repose sur des principes d'équité entre les contribuables et de modération, de manière à couvrir au moindre coût les missions d'administration, d'investissement de l'État et d'incitation à une gestion rationnelle des ressources du pays.
Le prélèvement fiscal sur les entreprises s'applique sur le revenu des investissements et non sur l'investissement lui-même, et dans des propositions comparables à celles pratiquées au niveau international. Pour atteindre ces objectifs et respecter ces principes, les dispositions en vigueur dans le cadre du Code des Douanes, du Code Général des Impôts Directs et Indirects et du Code de
1) Douanes :
• l'application des droits de douanes modérés harmonisés dans le cadre du tarif extérieur commun de la Communauté Economique et Monétaire de l'Afrique Centrale (CEMAC) ;
• la suspension des droits de douanes sous forme d'admission temporaire ou d'entrée en franchise pour les activités de recherche en matière de ressources naturelles, dans le cadre des codes spécifiques ;
• la suspension des droits de douanes sous forme d'admission temporaire ou d'entrée en franchise et de mécanisme de perfectionnement actif pour les activités tournées vers l'exportation.
2) Contributions directes et indirectes :
• l'application généralisée de la Taxe sur la Valeur Ajoutée (TVA), assurant ainsi une fiscalité indirecte simplifiée et neutre pour l'entreprise ;
• l'application au taux nul de la TVA sur les productions exportées permettant le remboursement de la TVA acquittée sur les investissements et dépenses d'exploitation des entreprises exportatrices ;
• l'application de dispositifs équivalents à la suspension de règlement de la TVA sur les investissements dans le cadre des codes spécifiques ;
• l'exemption de l'impôt sur les sociétés au cours des trois premiers exercices d'exploitation ;
• la possibilité de procéder à des amortissements dégressifs, et l'autorisation du report des résultats négatifs sur les exercices ultérieurs pour améliorer le cash-flow des entreprises dans leur phase de montée en régime ;

[142] Art. 6 à 11.

• l'application de dispositifs de crédits d'impôt visant à favoriser la recherche technologique, la formation professionnelle, la protection de l'environnement suivant les codes spécifiques ;
• l'application de dispositifs de crédits d'impôts, de compensation ou primes d'équipements en contrepartie des investissements et charges de fonctionnement engagés par les entreprises en zone rurale en matière de services sociaux correspondant aux missions courantes de l'État, au cas où ce dernier ne serait pas en mesure de les assurer ;
• le maintien des impôts fonciers à un niveau correspondant au service rendu par les collectivités locales et l'État en matière d'infrastructures urbaines et de services publics.
3) Domaines et enregistrement
• la modération des droits d'enregistrement pour la création d'entreprises, les augmentations de capital, les fusions, les mutations des actions et parts sociales.[143]

Section 6. Organisation du système financier

Ce sont les dispositions des articles 15 à 20 de la loi qui organisent le système financier. La République Gabonaise, membre de la zone franc, garantit la libre convertibilité de sa monnaie et l'accès aux devises étrangères nécessaires aux transactions commerciales et obligations financières des entreprises, notamment en matière de rapatriement des capitaux, des bénéfices et économies sur salaire de leur personnel expatrié. La République Gabonaise, membre de la Communauté Economique et Monétaire d'Afrique Centrale (CEMAC), garantit à travers les traités instituant la Commission Bancaire d'Afrique Centrale (COBAC), un système bancaire sain et sécurisant, doté d'un marché monétaire à l'échelon sous La République Gabonaise maintient et renforce au profit des Petites et Moyennes Entreprises les dispositifs permettant un accès à des financements privilégiés par :
• le refinancement des banques commerciales ;
• l'existence d'un système de garantie ;
• l'accès à un guichet capitaux à risques ;
• l'appui financier dans l'élaboration des projets d'investissement et d'assistance à la gestion.
La République Gabonaise, pour favoriser le commerce extérieur, adhère à la Banque Africaine d'Export Import (AFREXIM), institution panafricaine destinée à financer les opérations de crédit à l'importation et à l'exportation.
La République Gabonaise, pour favoriser la mobilisation de l'épargne nationale et étrangère sous forme d'actions et d'obligations vers les investissements privés, et assurer les transactions de valeurs mobilières, a

[143] Art. 12 à 14.

d'une part mis en place une réglementation du marché financier et d'autre part créé une institution de contrôle de ce marché. Dans ce sens, la République Gabonaise soutient le projet de création d'une bourse des valeurs régionales ou toute institution de même nature, dans laquelle le marché financier gabonais s'intégrerait. La République Gabonaise garantit dans le secteur des assurances, à travers la Conférence Interafricaine des Marchés d'Assurances (CIMA), la viabilité du secteur et la sécurité des souscripteurs.[144]

---

[144] Art. 15 à 20.

CHAPITRE 10.
LE RÉGIME JURIDIQUE ET FISCAL DES INVESTISSEMENTS EN GUINÉE BISSAU

Section 1. Contexte économique de la Guinée Bissau

La Guinée Bissau a été classifiée comme un état fragile à la sortie de la guerre civile de 1997/98. Avec une population d'environ 1,5 million d'habitants et un territoire de la taille de la Belgique, il est considéré aujourd'hui comme un pays politiquement instable et parmi les plus pauvres au monde. La croissance économique a enregistré de 3.5% en 2010 et 5,3% en 2011. Pour ce qui concerne le cadre macro-économique et la gestion de finance publique, malgré un appui budgétaire insuffisant et des circonstances politiques difficiles, la performance du pays en 2009 et 2010 a été satisfaisante.

L'agriculture est le secteur économique le plus important et occupe environ le 80% de la population. La pêche, l'exploitation des minéraux et le tourisme ont aussi un potentiel considérable. Pour mieux contribuer à l'économie du pays, la pêche nécessiterait de l'expansion de la flotte artisanale, d'une plus grande transformation des produits et du respect des standards internationaux de qualité. L'exploration des minéraux existants (bauxite et de phosphates) a montré des possibilités de production importantes, en particulier dans un scénario de hausse des cours internationaux des produits de base, mais, jusqu'à présent, les projets d'exploitation ne sont pas passés à l'étape de mise en œuvre. L'expansion du tourisme a également un potentiel considérable, mais une stratégie nationale accompagnée par des investissements adéquats est nécessaire.

Un Plan d'Action pour la réforme de la gestion des finances publiques a été approuvé en 2009, ouvrant la voie à un contrôle plus efficace et transparent des dépenses et des recettes. Au même temps, les Autorités ont continué à rembourser les arriérés internes au secteur privé et sont en train d'apurer les données sur la dette publique interne pour la période 2000-2007. Elles ont réussi à accroître les recettes fiscales et à limiter les dépenses courantes, ce qui a contribué à éviter l'accumulation de nouveaux arriérés. Malgré les difficultés budgétaires, le pays a respecté les critères quantitatifs et structurels du programme en cours avec le FMI (ECF) et a atteint le point d'achèvement de l'initiative PPTE en décembre 2010. La réduction de la dette qui en suit, en combinaison avec la réduction de la dette multilatérale et bilatérale, contribuera dans une large mesure à la stabilisation économique et budgétaire. La majorité de la population a un niveau d'alphabétisation très bas (taux d'alphabétisation des adultes :

64,6% ; taux brut de scolarisation combiné : 36,6%) et ne se qualifie donc pas pour des emplois techniques. Le taux de chômage est 10,5%. La probabilité de ne pas atteindre 40 ans est de 37,4% et l'espérance de vie à la naissance est 47,5 ans. Dans la perspective des OMD, l'éducation et la santé demeurent les plus grands défis pour la Guinée-Bissau. L'UNDP Human Development Report 2009, les données se référant à 2007.

Section 2. Caractéristique du secteur PME/PMI

L'entreprenariat bissau-guinéen est un secteur en phase embryonnaire et qui évolue lentement en raison du contexte politique, social, culturel et économique du milieu environnant. En effet, le début de l'expansion du secteur remonte à l'année 1986 avec la libéralisation économique suivie de la privatisation de certaines entreprises publiques, l'adoption d'un Code d'investissements et la concession de quelques facilités pour l'exercice de l'activité entrepreneuriale. Selon le dernier recensement des entreprises (2008), il y a dans le pays plus de 8600 entreprises, desquelles seulement 200 ont quelque forme de comptabilité et encore moins sont formellement enregistrées. La quasi-totalité est représentée par des micros et petites entreprises, le développement d'un secteur des PME/PMI fort et dynamique en Guinée Bissau reste un grand défi et pourtant un élément essentiel pour la reconstruction et le développement de l'économie du pays. Dans un contexte postconflit, une croissance économique qui va au bénéfice d'une large partie de la population et la création d'opportunités de travail décentes sont cruciales pour réduire le risque d'une reprise du conflit.

En plus, le secteur des PME/PMI représente aussi une alternative d'emploi pour les excédentaires de la fonction publique et les militaires démobilisés, et est donc un élément clé pour la paix et la stabilité. Les questions à traiter sont nombreuses, à partir de la difficulté d'accéder au crédit, la concentration de leurs activités sur le très court terme, l'incertitude judiciaire, une administration fiscale complexe et très lourde pour les petites entreprises, le manque de capacité soit au niveau institutionnel soit à niveau d'entreprise (tenue des comptes, gestion financière, gestion de stocks, présentation des dossiers bancables pour l'octroi du crédit), la difficulté des investisseurs à obtenir des informations claires et fiables. Dans un cadre de capacités entreprenariales très limitées et de manque de capitaux, le développement en PME/PMI guinéennes passe non pas seulement par les reformes et la simplification des environnements des affaires, mais forcement à travers l'amélioration des capacités des entrepreneurs et de leurs employés et à travers la disponibilité de crédit pour les secteurs économiques prioritaires du pays.

Section 3. Obstacles au développement du secteur

Les crises cycliques qui sont à l'origine d'une constante et chronique instabilité politique, économique, entretenant ainsi un climat très hostile à l'investissement et l'exercice de l'activité économique et entrepreneuriale. La lourdeur bureaucratique de l'administration publique de l'État représente un frein au développement économique et – ce en matière de la création, des formalités d'enregistrement des entreprises en passant par l'administration fiscale et le fonctionnement du système de justice. La faiblesse de la classe entreprenariale, en termes de culture, de l'esprit entreprenariat et de la gestion, notamment la faible maîtrise et le manque d'application des instruments scientifiques de la gestion par la majorité d'entreprises, surtout la comptabilité et la gestion financière. Un secteur privé représenté pour la grande majorité par des entreprises informelles, qui ont une productivité réduite par rapport aux entreprises formelles. La complexité administrative et les dépenses liées à la création et à la gestion d'entreprise réduisent les avantages de la formalisation et la découragent. Le manque de services aux entreprises, d'autre part, incite les entrepreneurs à rester au dehors du secteur formel, vu les coûts élevés par rapport aux bénéfices attendus. Les conséquences se manifestent clairement au niveau de recettes fiscales du pays. Un secteur privé représenté pour la grande majorité par des entreprises informelles, qui ont une productivité réduite par rapport aux entreprises formelles. Accès aux marchés difficile (manque des laboratoires de contrôle phytosanitaires pour les produits d'exportation.

Section 4. Politique de promotion et de développement des PME/PMI

Le secteur privé, qui se veut dynamique, doit être renforcé par la mise en œuvre des conditions favorisant la production des richesses, la création des postes d'emploi et la diminution de la pauvreté gitane dans le pays. La politique économique suivie par le gouvernement a introduit, par conséquent, une pratique visant à la création de l'entreprenariat national. Cette politique a bénéficié de l'appui des partenaires de la coopération au développement du pays. En dépit de la destruction de tissu industriel et du niveau très élève de la décapitalisation dus aux cycles d'instabilité et aux coûts de la lourdeur bureaucratique de l'administration publique, la reprise du secteur privé a été remarquable, avec la mise en place des reformes importantes permettant le secteur privé de jouer son rôle moteur dans la croissance économique.

Un des points de départ pour favoriser le développement du PME/PMI est l'amélioration des environnements des affaires. Le gouvernement a déjà fait des efforts en cette direction avec la création d'un Guichet Unique pour la création d'entreprises, qui pourra devenir un centre d'excellence et une plateforme vers l'ultérieure simplification des rapports entre l'état et les entreprises. Ces reformes a permis le pays à améliorer sa position dans le rapport Doing business 2012, en passant de 183 places au 176 places. Un nouveau code d'investissement plus attractif est adopté à même temps que l'Agence de promotion des investissements privés a été installée.

Paragraphe 1. Objectifs généraux du Gouvernement

La rupture avec les pratiques anciennes de gestion publique constitue le principal défi auquel le Gouvernement fait face. Pour retrouver une croissance économique plus élevée, le Gouvernement entend :
— restaurer les infrastructures défaillantes en formulant des politiques sectorielles proactives et concurrentielles, privatiser les grands services publics (et attirer des investisseurs privés) tout en mettant en place des structures de régulation fortes qui permettront à l'État de se consacrer à son rôle de formulation des politiques publiques ;
— rétablir la règle de droit ;
-simplifier l'environnement administratif des entreprises ;
— maintenir un secteur financier sain et encourager le développement de la micro finance ;
— développer de nouvelles sources de croissance ;
— améliorer les capacités et le savoir ;
-faire, notamment des opérateurs économiques dans leur fonction de production.

Paragraphe 2. Politique de développement industriel

Tout au long de ces dernières années, l'environnement économique bissau-guinéen a été marqué par des mutations socio-économiques rapides et complexes qui ont touché les circuits de distribution et les pratiques du commerce au niveau national et régional, mais ces mutations ont eu peu d'effets sur les méthodes d'organisation et de gestion ainsi que sur les systèmes de production des entreprises. Le Gouvernement ne dispose pas de ressources suffisantes pour stimuler la relance des entreprises et le peu des infrastructures industrielles qui existaient ont été atteintes et endommagées pendant le conflit politique et militaire de 1998. Les possibilités de croissance et de diversification semblent plus restreintes. Le potentiel minier (phosphates, bauxite) est intéressant, mais les conditions pour une exploitation rentable ne sont pas réunies, et le secteur des industries manufacturières est peu développé. La mise en place de mesures de sécurisation, d'incitation à l'investissement privé (justice, code des investissements, crédit, etc.) et d'amélioration des services (énergie, télécommunications, etc.) est impérative pour promouvoir une croissance durable dans ce domaine.

Le développement de l'industrie devrait concerner en priorité la transformation et la valorisation des produits pour le marché intérieur ou l'exportation (sous régional et international), ce qui suppose un dynamisme plus soutenu à la *création d'entreprise, aux entrepreneurs,* et la mise en œuvre graduelle d'un processus pour lever les contraintes structurelles qui pèsent sur les entreprises, parmi lesquelles on peut citer :
1) des coûts de facteurs de production élevés (énergie, transport, etc.) ;
2) la sous-utilisation des capacités de production ;
3) des équipements vétustes ;
4) la faible disponibilité des sites industriels ;
5) des pesanteurs d'ordre fiscal et judiciaire ;
6) l'accès difficile au financement.
La Guinée Bissau n'a pas pu développer une base industrielle 3 en valorisant les ressources disponibles, et en s'appuyant sur les capacités internes, notamment celles des ressources humaines. La faible intégration de l'économie est à l'origine de la forte tendance à l'importation des biens intermédiaires. Pour inverser cette tendance, il est nécessaire d'adopter les orientations générales suivantes :
— élaborer des politiques et stratégiques pour le développement du secteur industriel pour créer la compétitivité ;
— la destruction de la zone industrielle de Brá où était localisée la majorité des entreprises du secteur industriel a été un coup dur pour le pays.
— l'environnement favorable au développement des entreprises ;
— promouvoir la création, la diversification et l'intégration de petites et moyennes entreprises industrielles en fonction des potentialités et avantages comparatifs de chaque région, grâce à une politique de décentralisation industrielle conséquente ;
La disponibilité d'activités de soutien (sous-traitance, appui-conseil, facilitations diverses, etc..) grâce à des services publics et privés de qualité.

Paragraphe 3. Organismes techniques et structures d'appui au secteur PME/PMI

La Guinée Bissau est dépourvue de structures d'appui à l'industrie et au secteur privé. Mis à part des cabinets juridiques (davantage avocats), il n'existe qu'un nombre très limité de sociétés de conseil aux entreprises Le Centre de Promotion de Cajou (CPC) est un organisme privé créé par FUNDEI ; il assure la formation dans le domaine de la transformation de noix de cajou et la recherche de technologies pour la valorisation intégrale du Cajou, dans le but d'améliorer la qualité de noix de cajou et les rendements des petites et moyennes industries de transformation. En ce qui concerne la promotion de l'innovation et la valorisation, le transfert et la diffusion des résultats de la recherche à l'industrie sont assurés par l'Institut National de Recherche Agraire (INPA)4, en charge de la recherche agricole en Guinée Bissau, l'Institut National d'Études et Recherche (INEP), l'Institut National de Recherche et Technologie Appliquée (INITA) et le Centre d'Investigation de la Pêche Artisanale (CIPA), ont également des activités en relation avec le secteur agricole.

Paragraphe 4. Cadre institutionnel de promotion du secteur PME/PMI

— **Le Ministère du Commerce et Industrie** s'est doté dans le cadre de ses nouvelles missions de structures telles que la Direction du Service de Promotion et Assistance aux PME, la Direction du Service de la Normalisation et Promotion de la Qualité et la Direction du Service de Politique et Stratégie Industrielles.
— **la Direction du Service de Promotion et Assistance Industrielle** est un service de l'État créé au sein de la Direction Générale de l'Industrie pour appuyer toutes les initiatives visant la promotion de l'investissement et les PME/PMI.
— **la Direction du Service de Normalisation et Promotion de la Qualité** est chargée de l'application de la politique du Ministère en matière de normalisation et promotion de la qualité,
— **la Direction du Service de la Politique et Stratégie Industrielles** est chargée de l'application de la politique du Ministère en matière d'information et de réglementation industrielles.
— **CCIA** Chambre de Commerce, Industrie et Agriculture est une structure d'appui au secteur privé. Elle regroupe plusieurs associations de producteurs dont les principales sont l'ANAG (Association Nationale des Agriculteurs de la Guinée-Bissau), l'AGUIPEC (Association Guinéenne des Petits Commerçants) et l'Association industrielle, et s'emploie depuis 2008 à développer un dialogue avec l'État sur les questions sociales et économiques.
— **DGED**- Direction Général de l'Économie et Développement est un instrument créé par l'État chargé de :
— analyser, en collaboration avec les structures concernées, l'environnement des affaires et de proposer des mesures y afférentes ;
— procéder à l'étude des doléances formulées par les opérateurs économiques à l'endroit du ministre de l'Économie et de formuler des propositions à lui soumettre ;
— étudier le contenu des accords que le Gouvernement pourrait être amené à signer et participer au suivi de leur exécution en collaboration avec les ministères concernés-
— **DGPIP l**a Direction Générale de Promotion des investissements Privés est un instrument créé par l'État pour faciliter les activités des investisseurs dans le cadre du code des investissements. Des mesures incitatives sont proposées avec l'objectif d'attirer les l'investissement privé en Guinée-Bissau

Section 5. Secteur bancaire et financier

Le secteur financier de la Guinée-Bissau est embryonnaire et, son financement à l'économie est auteur de 12% du PIB. Il est constitué de quatre banques commerciales, à savoir la Banque d'Afrique Occidentale (BAO) Ecobank, Banque de l'Union (BDU) et Banque Régionale de Solidarité (BRS), ainsi que la Fondation Guinéenne pour le Développement de l'Entreprise industrielle (FUNDEI).

L'offre de financement du secteur bancaire est limitée par plusieurs facteurs, notamment :

(a) un environnement macroéconomique défavorable, caractérisé par une faible épargne interne et une demande émanant d'entreprises en majorité insolvables et dégageant une rentabilité insuffisante,

(b) la faiblesse du système judiciaire face aux problèmes relatifs au recouvrement des créances. L'intermédiation financière est faible avec un ratio M2/PIB de 41,6% contre la moyenne de X% de la sous-région. Seuls les quelques grands exportateurs de produits agricoles (noix de l'anacardier) ont accès au crédit, et ce seulement, pour ce qui concerne les crédits de court terme (90 jours). Le système octroie peu de crédits à moyen terme. En ce qui concerne les institutions financières non bancaires, elles se sont développées ces dernières années pour combler en partie les insuffisances du secteur bancaire. Créées à l'initiative des bailleurs de fonds pour venir en aide aux populations les plus défavorisées, ces institutions (ONG, projets…) fournissent des appuis socio-économiques (prêts de petite taille, formation à la gestion…). Elles dépendent des ressources des bailleurs et n'arrivent pas à générer les recettes nécessaires pour assurer leur pérennité. En s'inspirant d'expériences bien réussies dans d'autres régions du monde, le Gouvernement envisage de soutenir les institutions qui interviennent dans les activités de micro finance, en mettant en place un cadre réglementaire adéquat et en encourageant la formation de leur personnel, en coordination avec les bailleurs de fonds.

Section 6. Perspectives de création d'une nouvelle structure d'appui au secteur PME/PMI, pour améliorer la compétitivité des PME/PMI

6.1. Choix d'une structure d'appui et de promotion du secteur prive bissau-guinéen ne…..

L'insuffisance de culture et de formation entreprenariales ; la faiblesse, voire, l'inexistence de capitaux propres ; le manque de garanties permettant d'accéder au crédit bancaire et l'environnement délétère des affaires sont parmi les principales contraintes à la création et au développement de l'entreprise privée en Guinée Bissau, comme l'a montré l'analyse plusieurs

études. Afin d'aider à juguler ces contraintes, **le pays s'engage** en impliquant des appuis multiples et multiformes, au nombre desquels, en premier lieu, l'appui à l'amélioration de la culture et de la formation entreprenariales du promoteur.
Structure d'appui à l'amélioration de la culture et de la formation entrepreneuriales. Le manque d'organisation rationnelle et l'absence de gestion saine caractérisent en effet les PME.
Le manque de qualifications techniques et financières du promoteur de la PME limite sa marge de négociations avec le banquier et n'impulse pas l'innovation et la flexibilité dans ses choix. La Guinée Bissau comme d'autres pays pauvres, n'échappe pas à cette règle quasi universelle. Le soutien aux petites et moyennes entreprises est réaffirmé dans la stratégie du développement prônée par le Gouvernement. Face au défi énoncé, le pays s'engage à créer des structures similaires de formation et d'encadrement visant à améliorer la qualité entreprenariale du promoteur. La structure qui serait dénommée « *Centre de gestion agréé (CGA)* » serait un organisme à caractère associatif, créé à l'initiative notamment, des Chambres consulaires ou d'experts comptables agréés, par les industriels, artisans, agriculteurs ou commerçants Le CGA serait administré par un conseil d'administration, responsable devant une assemblée générale des membres et dirigée soit ; par un expert-comptable, soit par un comptable agréé ou un financier. Celui-ci mettrait en place une organisation de la structure avec des règles de fonctionnement adéquates. Les membres associés prendraient en charge, le fonctionnement du CGA en versant des cotisations dont le niveau devrait être conséquent. Les pouvoirs publics (État, Collectivités) participeraient à la couverture de ces charges, afin d'inciter les opérateurs économiques à créer ou à adhérer au Centre grâce à des mesures incitatives d'ordre économique (accès aux marchés publics) ou fiscal (abattements fiscaux, exonérations…).
La volonté de gouvernement bissau-guinéen c'est de faire des centres de gestion agréés, de véritables outils de promotion des petites et moyennes entreprises. Somme toute, la mise en place d'une structure dont le rôle est de former l'opérateur économique aux règles élémentaires de gestion et à développer en lui l'esprit entreprenarial est une condition *sine qua non* de transparence facilitant l'accès au financement.
Fonds d'appui à la promotion et au développement de PME/PMI. Le diagnostic des structures d'appui au secteur privé de la sous-région et les résultats des différentes études a permis de tirer les meilleurs enseignements dans l'optique de la création d'un *fonds d'appui à la promotion et au développement de PME.*
Avec ce *Fonds d'appui,* le gouvernement envisage l´objectif de contribuer au développement du PME en mettant à la disposition de l'opérateur économique, des services de qualité lui permettant d'accéder dans les meilleures conditions possibles, au financement de la création ou de l'extension de son entreprise et d'en assurer le suivi de l'exploitation. Les

activités prévues pour atteindre cet objectif passe par la création de *fonds d'appui à la promotion et au développement de PME* **d**ont l'accès c'est exclusivement réservé á l'intermédiation du secteur bancaire et des institutions financières microcrédit que peut ressortir en deux formes :
1) Refinancement des montants débloqués à titre de crédit de l'investissement aux opérateurs des secteurs ciblés, dans la condition fixée par la ligne de crédit.
2) Emprunts participatifs afin de compléter les fonds propres des promoteurs porteurs des projets éligibles afin de pouvoir obtenir le crédit bancaire nécessaire pour le financement de ses projets.
Il est prévu aussi dans le cadre de ce fond la création de :
— **Fonds de garantie** qui a pour objectif de combler les insuffisances de garantie réelle des promoteurs en porteurs des projets viables, afin d'accomplir les critères d'accessibilité aux crédits bancaire ;
— **Fond de l'assistance technique** que se destine à financer la prestation des services conseils technique, financiers et de gestion, à travers de l'organisme et service publiques et institutions privées spécialisées liés au fond à travers d'une convention.
— **Fond d'appui institutionnel et d'investissements publics** qui se destine aux interventions afin de dépasser les contraintes de développement des filières productives ά travers de la dotation aux structures d'appui publique, en rapport avec les objectifs de FUNPI, de moyens nécessaires pour améliorer ses services et appui à installation, construction et réhabilitation des infrastructures physiques, technologiques et sociaux reconnus d'utilité publique pour les activités de production et de la transformation des produits ;
— **Fond de renforcement de capacités du secteur privé** afin de mieux accomplir son rôle de plate-forme de services pour les PME et PMI, que se destine à financer les projets, éligibles (capacitation institutionnelle, professionnelle, etc.) à travers l'intermédiaire accrédité, nommément, les organisations patronats et de classe. Nous avons pris connaissance d'un programme spécial pour le développement de l'Afrique (PSDA) élaboré par la BID en réponse à la demande de l'OCI, pendant le sommet extraordinaire de Makkah.
Le PSDA vise essentiellement à intensifier les interventions de la BID en Afrique, en particulier dans les PMAA africains, afin de stimuler la croissance et réduire la pauvreté de manière substantielle. Le PSDA met l'accent sur cinq secteurs prioritaires et trois activités transversales. Entre les trois derniers, **le secteur privé** est identifié. Donc la Guinée Bissau profite de cette occasion pour faire une demande d'intervention de la BID pour la réalisation de ce projet en vue d'appuyer le développement de notre secteur privé et de lutter contre la pauvreté.

CHAPITRE 11.
LE RÉGIME JURIDIQUE ET FISCAL DES INVESTISSEMENTS EN GUINÉE ÉQUATORIALE

Section 1. Secteur

Le secteur privé équato-guinéen est hétérogène dans sa composition, et mal connu dans son étendue ainsi que dans ses caractéristiques d'emploi. La chambre de commerce indique qu'environ 1100 organisations seraient rattachées à sa structure, sans pour autant être en mesure de dire si toutes sont à jour de leurs cotisations ni si elles sont enregistrées auprès des institutions publiques. La précision est pourtant importante, compte tenu du taux de mortalité des entreprises. Ce chiffre privilégie le flux d'entrée et sous-estime ou méconnaît le flux de sortie. Le nombre d'adhérents au patronat est pour sa part trop restrictif, en raison de l'auto sélection. Le « club patronal » se veut avant tout un forum consacré aux préoccupations des grandes entreprises qui seraient environ 200. L'information la plus satisfaisante — car elle reste centrée sur l'évaluation de l'ensemble du secteur formel — est celle fournie par le ministère du Travail, lequel a indiqué que la révision du Code du travail avait conduit à solliciter l'intervention et les commentaires critiques de 350 entreprises. Si l'on saisit mal le périmètre du secteur formel et le nombre d'entreprises qui lui sont associées, en revanche, il apparaît qu'il se compose de quatre sphères et que sur au moins trois d'entre elles, les entreprises étrangères jouent un rôle prépondérant.

La première sphère est celle des organisations en charge de l'exploitation des hydrocarbures qui contribuent à la constitution de la rente publique. La deuxième regroupe les entreprises par le biais desquelles se diffuse cette rente dans l'économie, dans le cadre notamment de l'exécution des projets publics d'infrastructures économiques et sociales de base. La troisième sphère est celle dont relèvent les entreprises qui contribuent à la dynamique d'accompagnement du développement, mais ne bénéficient qu'indirectement de l'exploitation des hydrocarbures et de la rente publique connexe. Elle recouvre le secteur des télécommunications, de l'exploitation des matières premières traditionnelles (bois et cacao), de la banque et de la distribution. La quatrième sphère correspond au secteur de la PME/TPE nationale. Ce secteur est très étroit et entretient des relations qui ne permettent pas toujours de faire la démarcation entre les activités formelles et informelles au sein d'une même organisation productive.

Le groupe des entreprises qui se chargent de l'exploitation offshore des hydrocarbures est dominé par les sociétés américaines, à savoir Exxon Mobil (principal opérateur sur le champ Zafiro, présent également sur les champs Serpentina et Jade), HESS (qui intervient sur les champs d'Okumé et de Ceiba), Marathon Oil Company (notamment présent sur les sites d'Alba) ou encore Atlantic Methanol. À côté de ces sociétés figurent quelques entreprises européennes telles que Total qui détient le monopole de la distribution de détail du carburant sur le territoire national. Il y a parallèlement des sociétés qui ont une implantation plus récente et moins structurelle, à la recherche d'opportunités après l'obtention de permis d'exploration, comme l'américain Vanco Energy, les britanniques Starc Limited et Glencore et l'espagnol Repsol, ou des entreprises de pays émergents comme les chinoises Santa Isabel Petroleum Company et CNONC et le groupe sud-africain Petrosa. Ces groupes étrangers ont pour caractéristique commune leur insularité. En d'autres termes, ils sont peu impliqués dans les rouages de l'économie nationale et produisent peu d'effets induits, en amont comme en aval de la filière. Ils sont donc off-shore au sens propre comme au sens figuré, avec des effectifs relativement modestes par rapport à ce que représentent les hydrocarbures dans le produit intérieur équato-guinéen. Le groupe Marathon n'emploie par exemple que 1 500 travailleurs permanents, dont 60% de nationaux, soit 900 postes. Pour toute la distribution du carburant au détail, Total ne mobilise que 170 employés permanents.

Les groupes internationaux opèrent généralement en partenariat financier avec des entreprises publiques équato-guinéennes. Entre 2001 et 2005, la société GEPetrol a été l'unique intervenant public dans les hydrocarbures. C'est alors que les autorités ont décidé de procéder à la séparation juridique des activités de la société.

CHAPITRE 12.
LE RÉGIME JURIDIQUE ET FISCAL DES INVESTISSEMENTS AU NIGER[145]

Section 1. Garanties générales

La République du Niger assure une protection constante au double point de vue légal et judiciaire à tous les investissements privés participant à la réalisation de ses programmes de développement économique et social. Les personnes physiques ou morales, exerçant une activité dans l'un des secteurs visés à l'article 9, quelle que soit leur nationalité, reçoivent le même traitement sous réserve des dispositions des traités et accords conclus par la République du Niger avec d'autres États. Les personnes physiques ou morales visées à l'article 3 ci-dessus peuvent, dans le cadre des lois en vigueur, acquérir et exercer tous droits de toute nature en matière de propriété, de concessions et d'autorisations administratives, et soumissionner aux marchés publics.

Les personnes physiques ou morales non résidentes au sens de la réglementation des changes, qui réalisent un investissement au Niger financé en devises convertibles, peuvent obtenir, conformément à cette réglementation, des transferts de revenus de toute nature provenant des capitaux investis et du produit de la liquidation de l'investissement. Peuvent également être effectués, tous transferts à des personnes physiques ou morales non résidentes correspondant à des paiements normaux et courants pour des fournitures et prestations effectives. Le règlement des différends relatifs à la validité, à l'interprétation ou à l'application de l'acte d'agrément et à la détermination éventuelle de l'indemnité due à la méconnaissance ou à la violation des engagements fera l'objet de l'une des procédures d'arbitrage ci-après à déterminer dans l'acte d'agrément.

1) La constitution d'un collège arbitral par :

— la désignation d'un arbitre par chacune des parties ;

— la désignation d'un tiers arbitre par les deux premiers arbitres.

Dans le cas où l'une des parties n'aurait pas désigné un arbitre dans les soixante jours de notification par l'autre partie de son arbitre désigné, et dans le cas où les deux premiers arbitres ne se seraient pas mis d'accord sur le choix du tiers arbitre dans les trente jours de la désignation du deuxième arbitre, la désignation du deuxième ou du tiers arbitre selon le cas sera faite

[145] Ordonnance n°89-19 du 8 décembre 1989 NB - Texte modifié de l'Ordonnance n°89-19 du 8 décembre 1989, portant Code des investissements.

par le président de la Cour Suprême à l'initiative de la partie la plus diligente. Les arbitres statueront en équité.
La sentence rendue à la majorité des arbitres sera définitive et exécutoire.
2) La possibilité pour les non-nationaux de recourir au Centre International pour le Règlement des Différends relatifs aux Investissements (CIRDI) créé par la convention du 18 mars 1965 de la Banque
Internationale pour la Reconstruction et le Développement (BIRD).
Sauf cas d'utilité publique prévu par la loi, la République du Niger garantit aux entreprises installées ou qui viendraient à s'installer qu'aucune mesure d'expropriation ou de nationalisation des investissements ne serait prise. Les éventuelles mesures d'expropriation ou de nationalisation donnent droit à une juste et équitable indemnisation.[146]

Section 2. Domaine d'application

Pour l'application de cette ordonnance, sont considérées :
• 1° comme petites entreprises, celles dont l'investissement est de 25.000.000 à 100.000.000FCFA inclus, hors taxes et hors fonds de roulement ;
• 2° comme entreprises moyennes, celles dont l'investissement est supérieur à 100.000.000FCFA et inférieur ou égal à 500.000.000FCFA hors taxes et hors fonds de roulement ;
• 3° comme grandes entreprises, celles dont l'investissement est supérieur à 500.000.000FCFA hors taxes et hors fonds de roulement.
Le présent Code s'applique aux personnes physiques et morales exerçant ou désireuses d'exercer une activité dans les secteurs suivants quelle que soit leur nationalité :
• a) activités agropastorales :
— agriculture industrielle (spéculation végétale ou animale) ;
— activités connexes de transformation de produits d'origine végétale ou animale ;
— production et/ou conditionnement en vue de l'exportation des produits de l'agriculture, de l'élevage ou de la pêche ;
• b) activité manufacturière de production ou de transformation ;
• c) production d'énergie ;
• d) extraction et transformation de produits de carrière ou de substances minérales à l'exclusion des activités d'extraction et de transformation des substances minérales concessibles qui demeurent régies par la loi minière et le Code pétrolier ;
• e) réalisation d'un programme de construction d'habitat social en vue de la vente ou de la location ;
• f) activité de maintenance d'équipements industriels ;

---

[146] Art. 2 à 7.

• g) transport aérien ;
• h) construction et équipement d'hôtels ;
• i) télécommunications (téléphone et internet) ;
• j) réalisation d'unités d'assemblage de produits semi-finis.

Les personnes physiques ou morales ci-dessus visées sont assurées en ce qui concerne ces activités, des garanties générales énoncées au Titre 2 de l'ordonnance n° 89-19 du 8 décembre 1989 portant Code des investissements en République du Niger et sous réserve de leur admission au bénéfice d'un des régimes prévus au Titre 4, des avantages particuliers y afférents.

Sans préjudice des dispositions prévues à l'article 9 ci-dessus, des avantages particuliers pourront être accordés aux personnes physiques ou morales quelle que soit leur nationalité, exerçant ou désireuses d'exercer des activités spécifiques limitativement énumérées :

— artisanat de production ;
— production culturelle et artistique ;
— construction d'écoles et d'établissements de soins ;
— transports publics de voyageurs et de marchandises ;
— innovation technologique.

Sont considérés au sens des articles 2 et 5 de l'ordonnance comme investissements :

— les apports au Niger de capitaux de toute nature et le réinvestissement des fonds provenant d'investissements effectués antérieurement si ceux-ci sont destinés à la création d'entreprises nouvelles, à l'extension, à la diversification, de reconversion ou à la modernisation d'unités existantes ;
— les apports en nature à une société nouvellement créée ou à l'occasion d'extension, de diversification, de reconversion ou de modernisation d'une société déjà existante ;
— les participations consistant à un apport des capitaux ou de biens à toute entreprise établie au Niger en échange de l'octroi de titres sociaux ou de parts donnant droit à une participation aux bénéfices et au produit de la liquidation ;
— les prêts assimilables à des participations, c'est-à-dire les prêts consentis à toute personne autre que l'État, régulièrement établie au Niger lorsque ces prêts, d'une durée minimum de dix ans, sont venus compléter les fonds propres et ont permis d'obtenir les crédits bancaires nécessaires au financement de l'investissement envisagé. Ces prêts ne sauraient toutefois représenter plus de la moitié des fonds propres.[147]

[147] Art. 8 à 11.

Section 3. Régimes privilégiés

Paragraphe 1. Dispositions communes

Le Code des investissements comprend trois régimes privilégiés :
— 1° Régime A ou régime promotionnel ;
— 2° Régime B ou régime prioritaire ;
— 3° Régime C ou régime conventionnel.

Peut bénéficier d'un régime privilégié, toute personne physique ou morale visée à l'article 9 ci-dessus qui présente un projet offrant les garanties financières, techniques et de rentabilité économique satisfaisante et qui s'engage :
— soit à créer une activité nouvelle ;
— soit à développer ou à restructurer par la modernisation, la diversification, la reconversion ou l'extension d'une activité existante.

Les personnes physiques ou morales qui sollicitent le bénéfice d'un régime privilégié cité à l'article 12 doivent s'engager à :
• employer en priorité des ressortissants nigériens et présenter un programme de formation et de perfectionnement continu du personnel dans les perspectives d'une « nigérisation » ;
• utiliser en priorité les matériaux, matières premières, produits et services d'origine nigérienne ;
• se conformer aux normes de qualité nationale ou internationale applicables au Niger aux produits ou services résultant de leur activité ;
• disposer d'une organisation comptable permettant de se conformer aux dispositions légales et réglementaires ainsi qu'aux usages existant en la matière ;
• fournir toutes informations devant permettre de contrôler le respect des conditions de l'agrément ;
• s'acquitter des droits et taxes non perçus sur les équipements acquis en exonération de droits en cas de revente de ceux-ci.

Le bénéfice du Code des investissements est accordé :
1) Par arrêté conjoint du ministre chargé de l'Industrie et du ministre chargé des finances, pour :
• le Régime A ;
• le Régime B lorsque le montant des investissements est égal à 50.000.000 FCFA et inférieur ou égal à 100.000.000FCFA hors taxes et hors fonds de roulement.
2) Par arrêté conjoint du ministre chargé de l'Industrie et du ministre chargé des finances, après, avis de la Commission des Investissements pour le régime B lorsque le montant des investissements est supérieur à cent 100.000.000FCFA et inférieur ou égal à 500.000.000FCFA hors taxes et hors fonds de roulement.

3) Par décret pris en Conseil des ministres après avis de la Commission des Investissements :
• pour le régime C ;
• pour le régime B lorsque le montant des investissements est supérieur à 500.000.000FCFA hors taxes et hors fonds de roulement.
Les attributions et la composition de la Commission des Investissements visée à l'article 15 seront déterminées par décret pris en Conseil des ministres.
L'arrêté ou le décret accordant le bénéfice du Code des investissements fixe notamment :
• l'objet, l'étendue, le lieu d'implantation et la durée de réalisation du programme d'investissement ;
• les avantages accordés aux bénéficiaires et leur durée ;
• les obligations auxquelles l'entreprise aura à se conformer.
En cas de non-respect des engagements pris :
1) L'agrément peut être suspendu si trois mois après une mise en demeure écrite, aucune disposition n'a été prise par l'entreprise agréée pour régulariser sa situation.
2) L'agrément peut être retiré :
a) si dans un délai de six mois à compter de la date de suspension de l'agrément, l'entreprise ne régularise pas sa situation ;
b) si l'entreprise n'a pas réalisé son programme d'investissement dans un délai de douze mois à compter de la date d'expiration de la période de mise en place des équipements ;
c) sur proposition de la commission des investissements, en cas de fraude ou de manquement grave ou intentionnel de l'entreprise aux obligations qui lui incombent, constaté par le collège arbitral. Dans ce cas le retrait entraîne le remboursement au Trésor, du montant des avantages fiscaux et douaniers obtenus pendant la période écoulée.
3) La suspension ou le retrait de l'agrément est prononcé dans les mêmes formes que celles applicables pour son octroi.
La cession partielle ou totale de l'entreprise agréée doit être préalablement notifiée au ministre chargé de l'Industrie et au ministre chargé des finances. Les avantages liés au régime initial peuvent être réaménagés en hausse ou en baisse en fonction des incidences de la cession sur les critères ayant motivé l'octroi du régime privilégié.
En cas d'arrêt exceptionnel des activités d'une entreprise agréée, celle-ci peut demander la suspension du régime privilégié pour une période qui ne saurait être inférieure à un an et supérieure à deux ans. La date d'expiration du régime d'agrément est modifiée en conséquence.[148]

[148] Art. 12 à 20.

Paragraphe 2. Régime A

Le régime A peut être accordé à toute personne physique ou morale remplissant les conditions prévues aux articles 8, 9 et 13 de l'ordonnance.
La durée du régime est fixée à cinq ans pour le régime A.
Le régime A accordé aux entreprises les avantages suivants :
1) En phase de réalisation des investissements, exonération totale :
• des droits et taxes perçus par l'État à l'exclusion de la taxe statistique, mais y compris la TVA sur les matériaux, outillages et équipements de production et concourant directement à la réalisation du programme agréé. Toutefois, en cas de disponibilité des produits locaux équivalents, l'importation des matériaux outillages et équipements ne donnent pas lieu à exonération ;
• des droits et taxes perçus par l'État, y compris la TVA sur les prestations de services, sur les travaux et services concourant directement à la réalisation du programme d'investissement agréé.
2) En phase d'exploitation, exonération totale :
— de la patente ;
— de la taxe foncière ou de la taxe immobilière ;
— de l'impôt sur le bénéfice industriel et commercial
(BIC) et de l'impôt minimum forfaitaire
(IMF).[149]

Paragraphe 3. Régime B

Peuvent bénéficier des avantages du régime B, les entreprises nouvelles suivantes :
a) les petites entreprises créant au moins cinq emplois permanents pour des Nigériens et réalisant au moins 50.000.000 FCFA d'investissements hors taxes et hors fonds de roulement ;
b) les entreprises moyennes créant au moins dix emplois permanents pour des Nigériens et réalisant au moins 250.000.000FCFA d'investissements hors taxes et hors fonds de roulement ;
c) les grandes entreprises réalisant un programme d'investissement portant :
— soit sur la création d'au moins 150 emplois permanents pour des Nigériens ;
— soit sur un montant d'investissement minimum d'un milliard FCFA hors taxes et hors fonds de roulement. Les entreprises moyennes ou grandes dont l'investissement et la création d'emploi restent au-dessous des seuils fixés ci-avant sont respectivement considérées, selon le cas, comme petites entreprises ou entreprises moyennes au sens du présent article. Elles bénéficient donc du régime B, à condition de satisfaire aux conditions concernant la catégorie inférieure.
Les entreprises agréées au régime B bénéficient des avantages suivants :
1) En phase de réalisation des investissements :

[149] Art. 21 à 23.

• exonération totale des droits et taxes perçus par l'État, y compris la TVA sur les prestations de services, sur les travaux et services concourant directement à la réalisation du programme d'investissement agréé ;
• exonération totale des droits et taxes perçus par l'État, à l'exclusion de la redevance statistique, mais y compris la TVA sur les matériaux, outillages et équipement de production et concourant directement à la réalisation du programme d'investissement agréé. Toutefois, en cas de disponibilité des produits locaux équivalents, l'importation des matériaux, outillages et équipements ne donne pas lieu à l'exonération.
2) En phase d'exploitation, exonération totale sur toute la durée du régime :
• de la patente ;
• de la taxe immobilière ou de la taxe foncière ;
• de l'impôt sur le bénéfice industriel et commercial
(BIC) ;
• de l'impôt minimum forfaitaire (IMF) ;
• des droits et taxes à l'exclusion de la redevance statistique et de la TVA sur les matières premières, matières consommables et emballages fabriqués localement ou importés en cas d'indisponibilité de produits similaires locaux. Toutefois l'exonération des droits et taxes susvisés ne s'applique pas sur les matières premières, matières consommables et emballages des secteurs cités aux points e, f, g et h de l'article 9 de la présente ordonnance.
En plus des avantages prévus à l'article 26, les entreprises agréées admises au bénéfice du régime B sont exonérées des droits et taxes à l'exportation de leurs produits.
La durée du régime B est fixée à cinq ans quelle que soit la taille de l'entreprise (petite, moyenne ou grande). Les investissements admis au régime A ou B du présent Code peuvent accéder à un régime plus avantageux, si avant la fin de leur régime en cours, les promoteurs concernés apportent la preuve que le montant des investissements atteint le niveau requis pour bénéficier de ce régime.[150]

Paragraphe 4. Régime C

Le régime C est accordé aux grandes entreprises présentant une importance exceptionnelle pour l'exécution des programmes nationaux de développement économique et social et répondant à l'un des deux critères suivants :
• montant d'investissement minimum égal à deux milliards FCFA hors taxes et hors fonds de roulement ;
• nombre minimum d'emplois permanents pour des Nigériens créés égal à 400. Il est accordé sur demande de l'entreprise pour une durée fixée à cinq ans.

---

[150] Art. 25 à 29.

Le régime C est accordé par une convention passée entre l'État et l'entreprise bénéficiaire.
La convention est approuvée en Conseil des ministres après avis de la Commission des Investissements. Elle entre en application à la date de sa signature qui ne pourra intervenir qu'après publication du décret visé à l'article 15.
En plus des avantages prévus aux articles 26 et 27, les entreprises admises au bénéfice du régime C peuvent prétendre à la possibilité de réduire de 50% le taux des droits et taxes sur les carburants (gas-oil, fuel-oil) et toute autre source d'énergie utilisée dans les installations fixes. Cette exonération est accordée dans les limites d'un contingent fixé annuellement et reconnu par l'autorité administrative compétente comme utilisable dans ces installations et sera appliquée conformément aux dispositions des articles 24 et 26. L'autorité administrative aura un pouvoir de contrôle sur l'utilisation du contingent accordé.
La convention garantit à l'entreprise bénéficiaire qu'aucune modification ne pourra être apportée aux règles d'assiette et de perception de tous impôts et taxes ainsi qu'aux tarifs prévus en faveur de l'entreprise s'il en résultait une aggravation de sa charge. De même ne pourront lui être appliqués les impôts et taxes de caractère fiscal dont la création viendrait à être décidée. La stabilité des charges fiscales ne s'applique pas :
— aux prélèvements parafiscaux perçus dans un intérêt social spécifique ;
— aux impôts et taxes versés ou retenus à la source par l'entreprise bénéficiaire pour le compte d'autrui.
La convention ne peut comporter d'engagement de la part de l'État ayant pour effet de décharger l'entreprise des pertes, charges ou manques à gagner dus à l'évolution des techniques, à la conjoncture économique, à des facteurs naturels ou inhérents à l'entreprise, ou de restreindre les conditions de loyale concurrence.
La convention définit notamment :
• a) l'objet, l'étendue, le lieu d'implantation et la durée du programme d'investissement ;
• b) le régime fiscal garanti à l'entreprise ;
• c) les engagements que souscrit en contrepartie l'entreprise bénéficiaire ;
• d) les contrôles que l'administration peut effectuer auprès de l'entreprise bénéficiaire et les conditions de ces contrôles ;
• e) les conditions dans lesquelles la convention pourra être révisée ;
• f) la procédure d'arbitrage qui sera mise en œuvre en cas de litige entre les parties.[151]

[151] Art. 30 à 36.

Paragraphe 5. Programme d'extension, de diversification, de renouvellement ou de modernisation d'une entreprise existante

Les programmes d'extension, de diversification, de renouvellement ou de modernisation qui remplissent les conditions suivantes sans qu'elles soient obligatoirement cumulatives peuvent bénéficier des avantages du Code des investissements :

- la création d'une importante valeur ajoutée ;
- la création d'emplois supplémentaires ;
- la substitution d'une matière première importée ou d'une manière générale la valorisation d'une matière première locale. Les entreprises agréées au titre d'un programme d'extension, de diversification, de renouvellement ou de modernisation ne peuvent bénéficier que des seuls avantages prévus à l'article 26 pour la phase de réalisation des investissements.[152]

Section 4. Dispositions spéciales

Les programmes d'investissements relatifs aux projets industriels, définis comme prioritaires par le ministre chargé de l'Industrie dans ses programmes d'action, peuvent bénéficier directement d'un régime privilégié sur simple demande des promoteurs. Les avantages ainsi que les obligations de l'investisseur seront définis par arrêté conjoint du ministre chargé de l'Industrie et du Ministre chargé des finances.

Toute personne physique ou morale ayant bénéficié des avantages du Code des investissements doit requérir l'avis du ministre chargé de l'Industrie avant tout transfert de ses équipements hors du territoire de la République du Niger. La durée des avantages afférents aux différents régimes est bonifiée de trois ans pour les entreprises qui s'implantent dans les départements d'Agadez, de Diffa, de Tahoua ou de Zinder. En plus des avantages prévus par les différents régimes privilégiés, les entreprises qui exercent leur activité dans l'un des domaines prévus à l'article 9 a, bénéficient d'une exonération totale de la TVA sur les affaires réalisées pendant la durée du régime. L'exonération concerne également la TVA ayant grevé l'ensemble des acquisitions de biens et services, ouvrant normalement droit à la déduction au sens des dispositions du Code des impôts, acquis durant la même période.

Les personnes physiques ou morales désireuses d'investir dans la production cinématographique peuvent bénéficier des exonérations des droits et taxes, y compris la TVA à l'exclusion de la taxe statistique sur :

- les appareils de production (appareils de prise de son, de projection, de reproduction de sons et d'images, etc.), leurs accessoires, parties ou pièces détachées ;

---

[152] Art. 36-1.

• les matériaux de construction, outillage et équipements produits localement ou importés et consommables en une seule fois, en cas d'indisponibilité des produits locaux équivalents et concourant directement à la réalisation de l'investissement.

Sont considérés pour l'application du Code comme exerçant une activité artisanale de production, les entrepreneurs individuels ou les groupements d'artisans exerçant dans les filières suivantes :

• la production artisanale d'outillage et d'équipements agricoles, de l'élevage, de la pêche et de l'hydraulique ;

• la production, la transformation et/ou la conservation artisanale des produits agricoles, de l'élevage, de la pêche, des mines et carrières ;

• la production artisanale de matériels et équipements nécessaires à la transformation et à la conservation des produits agricoles, de l'élevage et de la pêche ;

— l'extraction et/ou la transformation artisanale des minerais et minéraux de carrière (sel, natron, poterie, pierre à talc, bijouterie, cassitérite, gypse, or, etc.) ;

— la fabrication artisanale d'objets utilitaires (menuiserie, vannerie…) ;

— les activités artisanales de textiles, tissage et confection ;

— toute autre activité manufacturière artisanale utilisant des procédés valorisant les ressources nationales.

b) Le bénéfice de l'agrément aux dispositions spéciales du Code des investissements est accordé aux entreprises artisanales individuelles ou associatives qui satisfont à la totalité des critères ci-après :

— la détention d'un atelier fixe ;

— l'existence d'une inscription légale ou d'un statut ;

— la tenue d'une comptabilité ;

— la réalisation d'un programme d'investissement visant soit la création d'une activité nouvelle soit la modernisation, la diversification, la reconversion ou l'extension d'une activité existante ;

— investir au moins 2.000.000 et au plus 25.000.000 FCFA dans l'activité.

c) Les personnes physiques ou morales désireuses d'investir dans l'artisanat de production au Niger et remplissant les critères déterminés au b) ci-dessus, peuvent bénéficier pendant cinq ans des exonérations ci-après :

— patente ;

— impôt sur le bénéfice industriel et commercial
(BIC) ;

— impôt minimum forfaitaire (IMF) ;

— droits et taxes, y compris la TVA, à l'exclusion de la taxe statistique sur l'achat sur place ou à l'importation du matériel et outillage en cas d'indisponibilité de produits locaux équivalents. Les personnes physiques ou morales désireuses d'investir un minimum de 50.000.000 de FCFA dans la construction des écoles et établissements de soins peuvent bénéficier pour la réalisation de leur programme d'investissement de l'exonération des droits et taxes, y compris la TVA, à l'exclusion de la taxe statistique sur les matériaux, outillages et équipements produits localement ou importés en cas d'indisponibilité des produits locaux équivalents.

a) Est considérée au sens du présent Code comme entreprise développant l'innovation technologique, toute entreprise remplissant au moins une des conditions suivantes :

— investir au moins 1% de son chiffre d'affaires dans la recherche sous forme de contrat avec une société ou un organisme nigérien de recherche ;

— présenter un programme d'investissement visant à exploiter le résultat des recherches d'une société ou d'un organisme nigérien ou d'un (des) chercheur(s) isolé(s).

b) Toute entreprise qui développe l'innovation technologique a droit à une déduction fiscale de 2/3 des frais engagés pour l'acquisition ou la mise au point de ladite innovation, du revenu imposable aux BIC de l'année fiscale au cours de laquelle l'innovation est introduite.

c) Les entreprises qui réalisent des contrats programmes de formation avec les Universités, Instituts, Écoles spécialisées, Cabinets Conseils, Bureaux d'Études et d'Engineering en vue de l'embauche de jeunes diplômés sont éligibles au régime de l'incitation à l'innovation technologique.

— a) On entend par transports publics de voyageurs ou de marchandises au sens du présent Code, toute activité exercée à titre permanent par une personne morale dans un but lucratif et ayant pour objet d'assurer le transport de voyageurs ou de marchandises.

b) Les personnes physiques ou morales désireuses d'investir un minimum de 100.000.000FCFA dans les transports publics de voyageurs ou de marchandises peuvent bénéficier de l'exonération des droits et taxes à l'importation, à l'exclusion de la redevance statistique, mais y compris la TVA, sur les moyens de transports acquis à l'état neuf. Toutefois, l'entrepreneur est tenu de s'acquitter des droits et taxes non perçus sur ces moyens de transport en cas de cession avant une durée minimum de trois ans.

— Les avantages prévus aux articles 40, 41 et 42 sont accordés par arrêté conjoint du ministre chargé de l'Industrie et du ministre chargé des finances.

— L'arrêté prévu à l'article 43 précise notamment :

• la liste et la quantité des articles à acquérir ;
• le délai d'acquisition ;
• la nature des avantages.[153]

---

[153] Art. 42 à 44.

CHAPITRE 13.
LE RÉGIME JURIDIQUE ET FISCAL DES INVESTISSEMENTS AU TCHAD[154]

Les investissements privés bénéficient dans la République du Tchad :
— d'un régime de droit commun ;
— des régimes privilégiés :
— 1° un régime « A », accordé aux petites et moyennes entreprises à capital social national majoritaire ;
— 2° un régime « B », applicable aux entreprises et dont l'activité est limitée au territoire national ;
— 3° un régime « C », applicable aux entreprises et établissements installés au Tchad et dont le marché s'étend aux territoires de deux ou plusieurs États de l'UDEAC ;
— 4° un régime « D », réservé aux entreprises d'une grande importance pour le développement économique et social de la République du Tchad, et qui mettent en jeu des investissements très élevés.
En outre des conventions d'établissement peuvent être conclues entre le Gouvernement et les entreprises agréées.

Section 1. Le régime de droit commun

Paragraphe 1. Les garanties générales

Les investissements privés sont librement effectués au Tchad sous réserve des dispositions spécifiques visant en particulier à assurer la protection de la santé et de la salubrité publique, la protection sociale ou l'ordre public économique. Les droits acquis de toute nature sont garantis aux entreprises régulièrement installées au Tchad.
Dans le cadre de la réglementation des changes, l'État garantit la liberté de transfert de capitaux, notamment :
— des bénéfices régulièrement comptabilisés ;
— des fonds provenant de cessions ou de liquidations.
— les entreprises dont les capitaux proviennent d'autres pays ainsi que les succursales d'entreprises ressortissant d'autres pays que le Tchad, ont la faculté d'acquérir les droits de toute nature, utiles à l'exercice de leurs activités : droits immobiliers, droits industriels, concessions, autorisations et permissions administratives, participation aux marchés publics dans les mêmes conditions que les entreprises tchadiennes. Toutefois les marchés de

---

[154] Ordonnance n°87-025/PR du 8 décembre 1987. Abrogé par la Charte des investissements de 2008.

l'administration, des établissements parapublics et des collectivités publiques dont le montant est inférieur ou égal à 60.000.000 FCFA et qui portent en tout ou partie sur des prestations ou fourniture susceptibles d'être exécutées ou livrées par des petites et moyennes entreprises (PME) nationales doivent être en priorité réservées à ces dernières.
— Les entreprises visées à l'article 5 ci-dessus ou leurs dirigeants sont représentés dans les mêmes conditions que les entreprises tchadiennes ou les nationaux dans les assemblées consulaires et dans les organismes assurant la représentation des intérêts professionnels et économiques.
— Dans l'exercice de leurs activités professionnelles, les employeurs et les travailleurs étrangers sont assimilés aux nationaux. Ils bénéficient de la législation du travail et des lois sociales dans les mêmes conditions que les nationaux. Ils peuvent participer aux activités syndicales et faire partie des organismes de défense professionnelle.
— Les employeurs et travailleurs étrangers ne peuvent être assujettis à titre personnel à des droits, taux et contributions autres plus élevés que ceux perçus sur les nationaux.
— Les dispositions prévues aux articles 5 à 8 s'appliquent sous réserve de réciprocité.[155]

Paragraphe 2. Les avantages fiscaux

Droits de douane. Un régime tarifaire douanier préférentiel peut être accordé à ces entreprises. Ce régime entraîne l'application d'un taux global réduit à 5% des droits et taxes perçus à l'importation sur les matériels, à l'exception des matériaux, mobiliers et pièces détachées, sous réserve qu'ils correspondent à un programme d'équipement approuvé par le gouvernement et que leur valeur soit supérieure ou égale à 20.000.000 FCFA. Toutefois pour les PME, un montant minimum de 10.000.000 FCFA leur sera exigé.[156]

Paragraphe 3. Impôts, taxes, contributions et droits divers

Sont notamment applicables à toute entreprise satisfaisant aux conditions prévues par le CGI, les dispositions ci-après dudit Code :
1) Impôt sur le revenu des personnes physiques -Impôt sur les sociétés et minimum fiscal
— 1° exemption temporaire et réduction pour entreprises ou activités nouvelles, industrielles, agro-Sylvo forestières, touristiques ou hôtelières. Exonération de l'impôt sur les bénéfices réalisés jusqu'à la fin de la 5e année civile qui suit celle du début de l'exploitation ;
— 2° exemption des plus-values réalisées à la suite de fusion des sociétés ;

[155] Art. 2 à 9.
[156] Art. 10.

— 3° exemption des plus-values provenant de la cession en cours d'exploitation des éléments de l'actif immobilisé en cas de réinvestissement en immobilisation dans l'entreprise ;
— 4° taxation réduite de moitié pour les plus-values de cession ;
— 5° bénéfices provenant de l'exploitation de plantation ou de l'élevage retenus pour 80% de leur montant.
2) Impôt sur le revenu des valeurs mobilières. Ne sont pas compris dans le revenu global soumis à l'impôt sur le revenu des personnes physiques :
— 1° les revenus provenant des caisses sociales de crédit agricole, associations agricoles sociétés de coopératives agricoles visées dans les textes portant organisations du crédit agricole mutuel au Tchad ;
— 2° les revenus des sociétés de toute nature dites de coopération ainsi que les sociétés coopératives de production de consommation ou de crédit des sociétés de secours mutuel ;
— 3° les intérêts émis par le Trésor tchadien à échéance de 5 ans au plus ;
— 4° les lots et primes de remboursement attachés aux bons et obligations émis avec l'autorisation du ministre des Finances et de l'informatique ;
— 5° les intérêts des sommes inscrites sur le livret de caisse d'épargne ;
— 6° les intérêts de l'emprunt national.
3) Contribution des patentes et taxe sur la valeur locative des locaux professionnels (TVLP)
— 1° exemption permanente des cultivateurs, éleveurs et pêcheurs ;
— 2° exemption permanente des concessionnaires de mines et carrières ;
— 3° exemption temporaire de 5 ans des usines nouvelles.
4) Contribution foncière des propriétés bâties et non bâties
— 1° exemption permanente des bâtiments servant aux exploitations rurales ;
— 2° exemption permanente des sols des bâtiments et d'une fraction de terrain entourant les constructions, les reconstructions et les additions de construction ;
— 3° exemption permanente de la superficie des carrières et des mines ;
— 4° exemption temporaire de 5 ou 10 ans des constructions nouvelles, reconstructions et additions de constructions ;
— 5° exemption temporaire de 5 à 10 ans des terrains nouvellement utilisés pour l'élevage du gros bétail ou défrichés et ensemencés.
5) Impôts sur le chiffre d'affaires intérieures
— exonération des affaires de ventes concernant les produits agricoles, forestiers, d'élevage et de pêche d'origine locale n'ayant subi aucune transformation à caractère commercial et industriel.[157]

[157] Art. 11.

Section 2. Les régimes privilégiés

Paragraphe 1. Dispositions communes

1) Octroi des régimes privilégiés

Sous réserve des conditions prévues aux articles ci-après, peut bénéficier d'une décision particulière d'agrément à un régime privilégié, toute entreprise exerçant des activités industrielles ou à caractère industriel dans les secteurs spécifiques (santé, éducation, etc.) désireuse de créer une activité nouvelle ou de développer une activité existante dans la République du Tchad.

Les entreprises susceptibles de bénéficier d'un régime privilégié doivent appartenir notamment à l'une des catégories suivantes :

— 1° entreprises de culture industrielle comportant un stade de transformation ou de conditionnement à l'un des produits ;

— 2° entreprises industrielles de préparation ou de transformation des produits d'origine végétale, animale ou piscicole ;

— 3° industries minières d'extraction, d'enrichissement ou de transformation des substances minérales et entreprises connexes de manutention et de transport ;

— 4° entreprises de recherches minières et pétrolières ;

— 5° entreprises de production d'énergie ;

— 6° industries de fabrication et montage d'articles ou d'objets de grande consommation ;

— 7° industries d'exploitation touristique et hôtelière ;

— 8° industries de bâtiments et travaux publics ;

— 9° activité de maintenance des équipements industriels ;

-10° entreprises des activités ou secteurs spécifiques.

— Pour chaque entreprise agréée, l'acte d'agrément spécifie :

— la raison sociale du bénéficiaire ;

— l'objet, l'étendue, le lieu d'implantation de l'entreprise et la durée de réalisation du programme d'investissement et ses effets induits ;

— la date d'entrée en vigueur et la durée d'application du régime accordé ;

— les avantages consentis aux bénéficiaires ;

— les engagements vis-à-vis de l'État et le cas échéant, les autres obligations particulières ;

— les modalités et les conditions de contrôle spécifiques auquel l'entreprise est soumise ;

— les sanctions applicables en cas de non-respect des engagements.

2) Avantages économiques

Installation et approvisionnements. Le concours de la Banque de Développement et de toute autre institution financière est accordé de préférence aux entreprises bénéficiaires de régimes privilégiés notamment à celles qui ont obtenu leur agrément en considération du volume des apports privés et des impératifs du développement économique et social.

Dans le cadre de la réglementation des changes, les entreprises agréées pourront obtenir des devises en vue de l'achat de biens d'équipement et matières premières, des produits et emballages nécessaires à leurs activités.

Écoulement des produits

Les entreprises agréées aux régimes privilégiés peuvent éventuellement bénéficier :

— des restrictions quantitatives temporaires à l'importation des marchandises similaires concurrentes en provenance des pays autres que ceux de l'UDEAC ;

— des tarifs préférentiels des droits et taxes de sortie.[158]

Paragraphe 2. Les régimes

1) Régime « A » ou régime des PME

Au sens de l'ordonnance, par PME/PMI s'entend toute entreprise industrielle ou d'appui au développement du secteur industriel, dont l'activité consiste en la fabrication des produits finis ou semi-finis ou s'exerce dans le domaine des services répondant aux critères ci-après :

a) les capitaux et direction doivent être majoritairement constitués et détenus par les nationaux ;

b) les fonds propres doivent être inférieurs ou égaux à 100.000.000FCFA ;

c) les encours d'utilisation des crédits à court terme doivent être inférieurs ou égaux à 100.000.000FCFA.

Les entreprises définies à l'article précédent, susceptibles de bénéficier du régime « A », doivent remplir les conditions suivantes :

— avoir au moment de leur création, un programme d'investissement en biens d'équipement compris entre 15.000.000 et 500.000.000FCFA ;

— avoir au moment de leur extension, un programme d'investissement en biens d'équipement, dont le montant, augmenté de la valeur initiale des immobilisations brutes en biens d'équipement ne dépasse pas un milliard de FCFA ;

— réduire le coût de la création d'emploi et assurer la garantie de la formation professionnelle continue ;

— utiliser en priorité les matières premières et les produits locaux et, à défaut, ceux en provenance des pays membres de l'UDEAC.

— Le régime « A » est accordé pour une durée maximum de 10 ans cependant, la durée peut être fixée à 15 ans pour les entreprises installées dans les zones à faible concentration industrielle.

Avantages fiscaux et douaniers

— L'agrément au régime « A » comporte de droit, les avantages suivants :

---

[158] Art. 15 à 17.

1) L'application d'un taux global réduit à 5% des droits et taxes perçus à l'importation sur les matériels d'installation et d'équipement directement nécessaires à la production et à la transformation des produits.
2) Fixation du taux des droits et sortie qui peuvent être réduits ou nuls, applicables aux produits préparés, manufacturés ou industrialisés exportés.
3) L'agrément au régime « A » comporte de droit la détermination, dans l'arrêté d'agrément, du montant de la redevance foncière, minière ou forestière qui peut être réduit ou nul.
4) Les marchés publics tels que définis à l'article 5 alinéa 2 leur seront réservés en priorité.
5) Une exonération pour une période de 5 ans pour les entreprises installées dans les zones industrialisées et de 10 ans pour les entreprises installées dans les zones à faible concentration industrielle :
— de l'impôt sur le revenu des personnes physiques ;
— de l'impôt sur les sociétés et du minimum fiscal ;
— de la contribution des patentes et de la taxe sur la valeur locative des locaux professionnels.
6) Une exonération de la taxe sur la distribution des crédits au moment de son installation ou à la modernisation de ses installations.
7) Les amortissements normalement et régulièrement comptabilisés pendant la période d'exemption pourront être fiscalement imputés sur les trois exercices suivant pour les entreprises installées dans les zones industrialisées et sur les cinq exercices suivant pour les entreprises installées dans les zones à faible concentration industrielle.
8) Déduction pour le calcul de l'impôt de la moitié du bénéfice affecté au Tchad aux réinvestissements productifs suivant :
— construction d'immeuble à usage industriel ou agricole (prix du terrain compris) ;
— achat de matériels et de gros outillage neufs, industriels ou agricoles d'une durée normale d'utilisation supérieure à 3 ans. Cette déduction sera pratiquée sur les résultats de l'exercice au cours duquel interviendront :
— l'achèvement des constructions déterminé par la date du paiement des derniers travaux ;
— le paiement des achats de matériels ou outillage. Si la base taxable n'est suffisante pour la déduction intégrale des bénéfices investis, l'excédent est reportable sur les cinq exercices suivants.
9) Une exonération temporaire en matière de contribution foncière pour les entreprises installées dans les zones industrielles :
— des propriétés bâties : 5 ou 10 ans ;
— des propriétés non bâties : 5 ou 10 ans. Ces délais sont fixés à 10 ans pour les entreprises installées en zones de faibles concentrations industrielles.
Stabilisation du régime.
L'achèvement du programme agréé doit être notifié par l'entreprise concernée au ministère du Commerce et de l'Industrie. La date

d'achèvement fait l'objet d'un arrêté dudit ministère après un contrôle de la conformité des investissements au programme agréé effectué par ses services.
Pendant la durée du régime « A », aucun droit ou taxe d'entrée applicable aux matériels, aucune taxe ou impôts et taxes existant à la date d'octroi de l'agrément sauf clauses contraires prévues dans le décret d'agrément, aucun texte législatif ou réglementaire prenant effet à une date postérieure à celle de l'agrément d'une entreprise au bénéfice du régime ne peut avoir pour conséquence de restreindre à l'égard de ladite entreprise les dispositions ci-dessus définies. Toutefois, les entreprises agréées au régime « A » peuvent demander le bénéfice de toute disposition plus favorable qui pourrait intervenir dans la législation douanière ou fiscale.[159]

2) Régime « B »
Le régime « B » concerne les entreprises dont l'activité est limitée au territoire de la République du Tchad et dont le montant des investissements cumulés pendant la durée de ce régime se situe entre 500.000.000 et 2,5 milliards de FCFA. Le régime « B » est accordé pour une durée déterminée ne pouvant excéder 10 ans.
L'agrément au régime « B » comporte de droit les avantages douaniers suivants :
1) Application d'un taux global réduit à 5% des droits et taxes perçus à l'importation sur les matériels équipements, directement nécessaires à la production et à la transformation des produits.
2) Exonération totale pour une durée qui sera déterminée par le décret d'agrément des droits et taxes perçus à l'importation :
— sur les matières premières et produits entrant intégralement ou pour partie de leurs éléments dans la composition des produits œuvrés ou transformés ;
— sur les matières premières ou produits qui, tout en ne constituant pas un outillage et n'entrant pas directement dans ces produits œuvrés ou transformés, sont détruits ou perdent leur qualité spécifique au cours des opérations directes de fabrication ainsi que les matières premières ou produits destinés au conditionnement et à l'emballage non réutilisable et non récupérable des produits œuvrés ou transformés ;
Au taux des droits de sortie qui peuvent être réduits ou nuls, applicables aux produits préparés, manufacturés ou industrialisés exportés. Les produits fabriqués par l'entreprise agréée au régime « B » vendus sur le territoire de la République du Tchad sont exonérés de la taxe sur chiffre d'affaires intérieures. Ils sont soumis à une taxe de consommation intérieure dont le taux variable et les dates d'application sont fixés par arrêté du ministre des Finances et de l'informatique. Cette taxe est définie et s'applique selon les principes de la taxe unique instituée par l'acte 12/65-UDEAC du 14

[159] Art. 18 à 23.

décembre 1965 et ses textes modificatifs. L'application de la fiscalité stabilisée au régime « B », majorée de la taxe de consommation intérieure, ne pourra, en aucun cas imposer à l'entreprise une charge fiscale supérieure à celle qui résulterait de l'application du droit commun.
L'agrément au régime « B » comporte de droit l'application de dispositions ci-après du CGI :
— contribution des propriétés bâties : exemption de 5 ou 10 ans pour les constructions nouvelles ou additions de constructions ;
— contribution foncière des propriétés non bâties : exemption de 5 à 10 ans pour les terrains nouvellement utilisés pour l'élevage de gros bétail, ou défrichés et ensemencés ;
— contribution des patentes et TVLP : exemption temporaire de 5 ans pour les usines nouvelles. L'agrément au régime « B » comporte en outre l'application des dispositions suivantes du CGI :
1) Exemption temporaire de 5 ans en ce qui concerne :
— l'impôt sur le revenu des personnes physiques ;
— l'impôt sur les sociétés ;
— le minimum fiscal.
Les amortissements normalement et régulièrement comptabilisés pendant la période d'exemption pourront être fiscalement imputés sur les trois exercices suivants.
2) Déduction pour le calcul de l'impôt, de la moitié du bénéfice affecté au Tchad aux réinvestissements productifs suivants :
— construction d'immeubles à usage industriel ou agricole y compris le terrain
— achat de matériels, de gros outillages neufs, industriels ou agricoles, d'une durée normale d'utilisation supérieure à 3 ans. Cette déduction sera pratiquée sur les résultats de l'exercice au cours duquel interviendront :
— l'achèvement des constructions déterminé par la date du paiement des derniers travaux ;
— le paiement des achats de matériels ou outillages ; si la base taxable n'est pas suffisante pour la déduction intégrale des bénéfices investis, l'excédent est reportable sur les cinq exercices suivantes. Pendant la durée du régime « B » aucun droit ou taxe d'entrée applicable aux matériels, matières premières et produits visés à l'article 25 ci-dessus, aucune taxe ou impôts et taxes existants visés à l'article 27 à la date d'octroi de l'agrément sauf clauses contraires prévues dans le décret d'agrément, aucun texte législatif ou réglementaire prenant effet à une date postérieure à celle de l'agrément d'une entreprise au bénéfice du régime « B » ne peut avoir pour conséquence de restreindre à l'égard de ladite entreprise, les dispositions ci-dessus définies. Toutefois, les entreprises agréées au régime « B » peuvent demander le bénéfice de toute disposition plus favorable qui pourrait

intervenir dans la législation douanière ou fiscale. Ce délai est fixé à dix ans après accord du ministre des Finances et de l'informatique.[160]

3) Régime « C »

Les entreprises ou établissements susceptibles d'être agréés au Régime « C » sont celles ou ceux installés au Tchad et dont le marché principal s'étend aux territoires de deux ou plusieurs États de l'UDEAC. Le régime « C » est accordé pour une durée déterminée qui, en tout état de cause, ne pourra excéder dix ans. Cependant, pour les entreprises installées dans les zones à faible concentration industrielle, la durée est fixée à 15 ans.

L'agrément au régime « C » comporte de droit les avantages suivants :

— 1° l'application d'un taux global réduit à 5% des droits et taxes perçus à l'importation sur les matériels d'installation et d'équipement ;

— 2° le bénéfice du régime de la taxe unique tel que prévu par l'acte 12/65-UDEAC du 14 décembre

1965 et ses textes modificatifs. Le tarif et les conditions d'application de la taxe unique relatifs à l'entreprise et à la production de l'entreprise sont déterminés par l'acte d'agrément du comité de direction de l'UDEAC ;

-3° fixation des taux des droits de sortie qui peuvent être réduits ou nuls applicables aux produits préparés, manufacturés ou industrialisés, exportés ;

— 4° les dispositions des articles 27 et 28 ci-dessus, valables pour le régime B sont applicables aux entreprises et établissements agréés au régime C.

Toutefois, le bénéfice des dispositions plus favorables qui pourraient intervenir dans la législation douanière et fiscale inter-états ne peut être étendu à l'entreprise qu'après consultation du comité de direction.[161]

4) Régime « D »

Le régime « D » est réservé aux entreprises d'une grande importance pour le développement économique et social de la République du Tchad mettant en jeu des investissements supérieurs à 2,5 milliards de FCFA, et comportant l'octroi d'un régime fiscal de longue durée défini d'après les articles 33 et suivants. La durée du régime « D » ne peut excéder vingt ans majorés le cas échéant des délais normaux d'installation, lesquels, sauf pour des projets de réalisation exceptionnellement longue, ne peuvent dépasser cinq ans. La date de mise en application du régime « D » et sa durée sont fixées par décret d'agrément.

Pendant la période d'application fixée à l'article 33, le régime fiscal de longue durée garantit à l'entreprise à laquelle il est accordé la stabilité des impôts, contributions, taxes fiscales et droits fiscaux de toute nature qui lui sont applicables à la date de mise en application de la convention d'établissement. En outre, certains avantages prévus aux articles 25 et 27

---

[160] Art. 24 à 28.

[161] Art. 29 à 31.

relatifs au Régime « B » et aux articles 29 à 31 relatifs au régime « C » peuvent être étendus par le décret d'agrément au régime « D ».
En cas de modification du régime fiscal de droit commun, l'entreprise titulaire d'un régime fiscal de longue durée peut également demander à être replacée sous le régime de droit commun. La valeur des programmes d'investissement telle que fixée aux articles 10, 19 alinéa 1, 24 alinéa 1 et 32 alinéa 1 ainsi que la valeur des marchés publics telle que fixée à l'article 5 alinéa 2 peuvent être révisées par décret pris en conseil des ministres.[162]

Paragraphe 3. Conventions d'établissement

Toute entreprise agréée ou considérée comme prioritaire dans le cadre du plan de développement économique et social de la République du Tchad et répondant aux conditions énoncées à l'article 13 peut passer avec le gouvernement une convention d'établissement lui accordant certaines garanties et lui imposant certains engagements tels que définis aux articles ci-après.
La convention d'établissement ne peut comporter de la part de l'État des engagements ayant pour effet de décharger l'entreprise de pertes, charges ou manque à gagner dus à l'évolution des techniques ou de la conjoncture économique ou à des facteurs propres à l'entreprise. La convention d'établissement définit notamment :
— l'objet et le lieu d'implantation de l'entreprise ;
— l'étendue et la durée du programme d'investissement et ses effets induits ;
— les autres avantages accordés par l'État, la date de leur prise d'effet et la durée de leur application ;
— les engagements souscrits par l'entreprise ;
— les conditions dans lesquelles la convention peut être révisée ;
— les modalités et les conditions de contrôle spécifique auxquelles l'entreprise est soumise ;
— les sanctions applicables en cas de non-respect des engagements pris ;
— la procédure d'arbitrage en cas de litige entre les deux parties.

Paragraphe 4. Infractions, constatations et sanctions

Le bénéfice d'un régime comporte des engagements et des obligations vis-à-vis de l'État.
Ceux-ci sont prévus dans l'acte d'agrément et la convention d'établissement conformément aux articles 14 et 39 de la présente ordonnance. Est considéré comme infraction le non-respect des dispositions des articles 14 et 19 de la présente ordonnance.
Les infractions commises par les entreprises agrées à un régime privilégié seront constatées, poursuivies et punies des peines prévues par la présente ordonnance. Les entreprises agréées qui ne respectent pas les engagements

[162] Art. 32 à 36.

ou obligations prévus dans l'acte d'agrément et la convention d'établissement encourent les sanctions qui peuvent aller d'une simple amende au retrait d'agrément. Ces sanctions sont prononcées selon les modalités fixées par voie réglementaire. Le paiement d'une amende a pour effet d'arrêter toute poursuite. Le montant de l'amende est versé au Trésor public.
1) Est punie d'une amende allant de 0,5 à 1% du chiffre d'affaires hors taxes de l'entreprise, la non communication six mois après la fin de l'exercice au ministère du Commerce et de l'Industrie, du rapport annuel d'activités, du bilan et des comptes de l'entreprise.
2) Est punie d'une amende allant de 0,5 à 1% du chiffre d'affaires hors taxes de l'entreprise, le non-respect des engagements ayant trait aux éléments ci-après :
— le programme d'investissement ;
— la création d'emploi ;
— le programme de la formation des nationaux à des emplois qualifiés assorti d'un programme de formation professionnelle continue.
3) Est punie d'une amende allant de 1 à 3% du chiffre d'affaires hors taxes de l'entreprise, le changement sans autorisation préalable du ministère du Commerce et de l'Industrie du lieu d'implantation.
4) Est punie d'une amende de 5% du chiffre d'affaires hors taxes de l'entreprise, le changement sans autorisation préalable du ministère du Commerce et de l'Industrie de l'objet de l'entreprise.
— Lorsque les infractions constituent à la fois des infractions à la législation douanière et toute autre législation, elles sont indépendamment des sanctions prévues à la présente ordonnance, constatées, poursuivies et réprimées conformément à la procédure prévue par la législation à laquelle est portée atteinte. En cas de récidive, le retrait peut être prononcé après avis de la Commission d'investissements, pour l'une des infractions prévues à l'article 45. Le retrait d'agrément peut être également prononcé dans les mêmes conditions lorsque l'infraction constatée porte sur un engagement ayant été déterminant pour l'octroi de l'agrément.
Si le retrait de l'agrément porte préjudice à l'État, celui-ci peut demander des dommages-intérêts devant les juridictions compétentes.
1) L'application des sanctions prévues par la présente ordonnance ne peut intervenir qu'après mise en demeure, conformément à la réglementation en vigueur par les autorités compétentes.
2) La procédure d'application des sanctions et les modalités d'exercice des voies de recours sont fixées par décret d'application de la présente ordonnance.[163]

---

[163] Art. 46 à 49.

CHAPITRE 14.
LE RÉGIME JURIDIQUE ET FISCAL DES INVESTISSEMENTS AU TOGO[164]

Cette loi a pour objet de favoriser le développement de l'activité économique en stimulant l'investissement en République togolaise. Elle a pour principaux objectifs la valorisation des matières premières locales, le développement des exportations, la réalisation d'investissements à forte intensité de main d'œuvre, la décentralisation des activités économiques, la promotion des petites et moyennes entreprises nationales. En effet, elle s'applique aux entreprises régulièrement établies au Togo (à l'exclusion des entreprises publiques togolaises) et y exerçant une activité agréée dans les conditions prévues au titre 3. Elle définit les garanties et avantages qui sont accordés au titre des investissements réalisés par ces entreprises ainsi que les obligations correspondantes.

Section 1. Les garanties générales

Paragraphe 1. Réglementation des changes

Les personnes physiques ou morales non résidentes au sens de la réglementation des changes qui réalisent en République togolaise un investissement dans une entreprise agréée ont droit, conformément aux dispositions de l'article 11 de la présente loi, au transfert des revenus de toute nature provenant des capitaux investis ou du produit de la liquidation ou de la cession de l'entreprise.

Peuvent également être effectués par l'entreprise agréée tous transferts à des personnes physiques ou morales non résidentes correspondant à des paiements normaux et courants pour des fournitures et présentations effectives.[165]

Paragraphe 2. Liberté de gestion

Toute entreprise agréée régulièrement établie en République togolaise est libre, dans le respect des lois et règlements en vigueur, de choisir ses fournisseurs, de déterminer sa politique de production, de commercialisation et d'embauche et d'une façon générale d'accomplir tout acte de gestion conforme aux règles et usages du commerce.

---

[164] Loi n° 89-22 du 31 octobre 1989.

[165] Art. 2 .

Garantie des investissements étrangers. L'agrément donné au titre du présent Code vaut agrément de l'investissement pour l'octroi de toute garantie, au sens de l'article 15 du Traité instituant l'Agence Multilatérale de Garantie des Investissements (AMGI), ratifié par le Togo aux termes de la loi n° 87-24 du 22 décembre 1987. Les différends entre la République togolaise et une personne physique ou morale étrangère, relatifs à la validité, à l'interprétation et à l'application de l'acte d'agrément à un régime privilégié prévu par le titre III au non-respect des obligations qui y sont prévues ou des garanties stipulées au présent titre et qui n'auraient pas pu être résolus à l'amiable, seront définitivement réglés selon une procédure de conciliation et d'arbitrage découlant :

• soit des accords et traités relatifs à la protection des investissements conclus entre la République togolaise et l'État dont la personne physique ou morale étrangère concernée est ressortissante ;

• soit d'une procédure de conciliation et d'arbitrage dont les parties sont expressément convenues ;

• soit de la Convention du 18 mars 1965 créant le Centre International pour le Règlement des différends relatifs aux Investissements entre États et ressortissants d'autres États (CIRDI), établi sous l'égide de la Banque Internationale pour la Reconstruction et le Développement (BIRD), ratifiée par la République togolaise aux termes de l'ordonnance n° 32 du 24 juillet 1967. Les personnes physiques ou morales étrangères participant au capital et à la gestion d'une société de droit togolais peuvent avoir recours au CIRDI pour les différends visés à l'alinéa 1 du présent article entre ladite société et la République du TOGO. Le consentement des parties à la compétence du CIRDI requis par les instruments le régissant est constitué en ce qui concerne la République togolaise par le présent article et, en ce qui concerne la personne intéressée, est exprimé dans la demande d'agrément.[166]

Section 2. Les avantages accordés

Paragraphe 1. Secteurs d'activités éligibles

Peuvent obtenir les avantages prévus au présent titre dans les conditions qui y sont définies les entreprises exerçant ou désireuses d'exercer une activité dans l'un des secteurs suivants :

1) Secteurs éligibles à toute entreprise :

• a) activités agricoles, d'élevage, de pêche et d'exploitation forestière et activités connexes de transformation de produits d'origine végétale ou animale ;

• b) activités manufacturières de production ou de transformation ;

• c) recherche, extraction ou transformation de substances minérales ;

---

[166] Art. 3 à 5.

• d) réalisation de programmes de logements à caractère économique et social ;
• e) réalisation ou exploitation d'infrastructures touristiques et hôtelières ;
• f) stockage des produits alimentaires et agricoles du cru ;
• g) laboratoires de recherche appliquée ;
• h) activités socioculturelles.

2) Secteurs éligibles aux petites et moyennes entreprises nationales agréées telles que définies à l'article 25 :
• a) maintenance d'équipements industriels ;
• b) conditionnement de produits du cru ;
• c) artisanat de production.

La liste des activités éligibles aux avantages et garanties du Code des investissements établie par le présent article peut être modifiée par arrêté du ministre chargé du Plan sur avis de la Commission Nationale des Investissements.[167]

Paragraphe 2. Conditions relatives au programme d'Investissement

Peut être agréée au bénéfice des avantages prévus au présent Titre, toute entreprise visée à l'article 1 ci-dessus qui présente un programme offrant les garanties financières et techniques satisfaisantes et qui consiste soit dans la création d'une activité nouvelle soit dans le développement d'une activité existante, dans les secteurs visés à l'article 6 ci-dessus.

Les programmes d'investissements présentés doivent comporter :
• un montant d'investissement de 25.000.000 F au minimum hors taxe et hors fonds de roulement à l'exclusion des PME nationales telles que définies à l'article 25,
• le financement sur fonds propres d'au moins un quart du montant, hors taxe et hors fonds de roulement,
• l'affectation d'au moins 60% de la masse salariale à des ressortissants togolais.

Pour pouvoir donner lieu à agrément, un programme de développement d'une activité existante doit :
• porter sur un investissement qui représente au moins 50% du prix de revient total des actifs immobilisés figurant dans les comptes de l'entreprise à la date de clôture du dernier exercice fiscal précédant la demande d'agrément.
• satisfaire aux conditions de financement et d'emploi de salariés togolais indiquées à l'article 8[168]

---

[167] Art. 36.
[168] Art. 7 à 9.

Paragraphe 3. Obligations des investisseurs

Les entreprises qui sollicitent le bénéfice des avantages prévus au présent Titre doivent s'engager à :

• utiliser en priorité, à conditions égales de qualité, prix et disponibilité, les services d'origine togolaise ;

• se conformer aux normes de qualité nationale ou internationale applicables aux produits ou services résultant de son activité ;

• disposer d'une organisation comptable permettant de se conformer aux dispositions légales et réglementaires ainsi qu'aux usages existants en la matière ;

• fournir toutes informations permettant l'application et le contrôle des conditions de l'agrément.[169]

Paragraphe 4. Procédure d'Octroi de l'Agrément

L'octroi des avantages prévus au Titre III du Code est subordonné à un agrément donné :

• soit par Arrêté du ministre du Plan après visa du ministre des Finances. L'Arrêté d'Agrément intervient après avis de la Commission Nationale des Investissements :

— lorsque le montant du programme d'investissement ou de développement excède un seuil fixé par décret ; ou

— lorsque cet avis est requis par l'un des ministères consultés lors de l'instruction de la demande ;

• soit par décret sur proposition de la Commission Nationale des Investissements et après avis du Conseil des ministres sur rapport du ministre du Plan lorsque le montant du programme d'investissement excède un seuil fixé par décret. Les demandes d'agrément sont déposées auprès de la Direction Générale du Plan et du Développement du Ministère du Plan qui en assure l'instruction.

Elles sont accompagnées d'un dossier dont la forme et le contenu font l'objet d'un Arrêté du ministre du Plan. Lors de l'instruction du dossier, la Direction Générale du Plan et du Développement consulte le Ministère des Finances, le Ministère du Commerce, le Ministère de l'Industrie et le Ministère de tutelle du secteur concerné par la demande. Les modalités de la procédure d'agrément seront déterminées par un décret, fixant notamment les délais, selon lesquels :

• les compléments d'information éventuellement nécessaires doivent être demandés aux requérants

à compter de l'accusé de réception de la demande ;

• la demande d'agrément complète est instruite ;

• la Commission Nationale des Investissements statue ;

• la décision d'agrément est rendue.

---

[169] Art. 10.

Il est créé une commission dénommée Commission Nationale des Investissements chargée de : faire toute proposition et recommandation relatives à l'application du Code des investissements ;
• émettre des avis sur les demandes d'octroi des avantages du Code des investissements au ministre du Plan ;
• s'assurer du respect par les entreprises agréées des obligations générales et particulières découlant du Code des investissements ou de leur agrément leur incombant en créant à cet effet toute sous-commission et en déléguant les pouvoirs nécessaires ;
• faire toute recommandation relative aux sanctions éventuellement applicables ;
• établir un rapport annuel à l'intention du Gouvernement sur les entreprises agréées et l'application du Code des investissements. Le secrétariat permanent de la Commission Nationale des Investissements est assuré par la Direction Générale du Plan et du Développement du Ministère du Plan. La composition et les modalités de fonctionnement de la Commission Nationale des Investissements sont fixées par décret.
Le texte accordant le bénéfice du Code des investissements fixe notamment :
• l'objet, l'étendue y compris le montant, le lieu d'implantation et la durée de la réalisation du programme d'investissement ; • les avantages accordés à l'entreprise agréée et leur durée ;
• la liste détaillée des équipements, matériels, services ou travaux bénéficiant des exonérations accordées en vertu des articles 16 et 22 ;
• le cas échéant, le montant du chiffre d'affaires réalisé et de la masse salariale payée au cours du dernier exercice clos avant la demande d'agrément, aux fins de calcul des avantages accordés aux programmes de développement ;
• la date d'agrément à prendre en considération pour l'application des avantages prévus au chapitre II.[170]

Paragraphe 5. Sanctions

En cas de non-respect des engagements pris :
• l° l'agrément peut être suspendu si trois mois après une mise en demeure écrite adressée au bénéficiaire de l'agrément par le ministre du Plan aucune disposition n'a été prise par l'entreprise agréée pour régulariser sa situation.
• 2° l'agrément peut être totalement ou partiellement retiré après réalisation d'une enquête si, dans un délai maximum de six mois à compter de la date de suspension de l'agrément, l'entreprise n'a pas régularisé sa situation.
• 3° en cas de fraude manifeste ou de manquement grave et intentionnel de l'entreprise à ses obligations, constaté par la Commission Nationale des Investissements saisie à cet effet par le ministre du Plan, la décision de retrait peut intervenir sans délai et entraîner le remboursement au Trésor du

[170] Art. 11 à 13.

montant des avantages fiscaux et douaniers obtenus pendant la période écoulée depuis la date de l'agrément jusqu'à la date d'effet du retrait, sous réserve du recours prévu au paragraphe 5.

• 4° la décision de suspension est prononcée par Arrêté du ministre du Plan. Le retrait de l'agrément est prononcé dans les mêmes formes que celles applicables pour son octroi. Les décisions doivent comporter un exposé des motifs et fixer leur(s) date(s) d'effet.

• 5° le recours contre une décision de retrait n'est suspensif que s'il est introduit devant la juridiction togolaise compétente ou conformément à une procédure d'arbitrage visée à l'article 5 dans les 60 jours à compter de la notification de la décision de retrait.[171]

Section 3. Nature des avantages

Toute entreprise visée à l'article 1 du présent Code remplissant les conditions fixées aux articles 7 à 10 ci-dessus et agréée conformément à la procédure définie à l'article 11 bénéficie des avantages prévus au présent chapitre.

Aide à l'implantation. Toute entreprise visée à l'article 6-1-a, c, f, qui transforme des matières premières locales d'origine végétale, animale ou minière ou qui s'implante dans les zones II et III visées à l'article 21 bénéficie pendant la phase de réalisation des investissements de l'exonération du droit fiscal d'entrée et de la taxe générale sur les affaires (TGA) sur les matériels et équipements importés destinés spécifiquement à l'exercice de l'activité agréée. Sont considérées comme entreprises transformant des matières premières d'origine locale celles dont les matières premières et produits intermédiaires d'origine locale représentent en valeur 60% du total des achats de matières premières et produits intermédiaires entrant dans la fabrication du produit.

L'exonération ne peut s'appliquer ni au matériel roulant, sauf aux engins spéciaux[172] ni aux matériaux de construction. La phase de réalisation s'entend du délai prévu dans la décision d'agrément, qui commence à courir à compter de la date d'agrément fixée par ladite décision, sans pouvoir excéder trois ans. Les matériels et équipements admis en exonération aux termes du présent article ne peuvent être cédés ou prêtés à titre gratuit ou onéreux qu'après paiement des droits et taxes prévus par le tarif de droit commun en vigueur sur la base de leur valeur résiduelle.[173]

---

[171] Art. 14.

[172] 87.03, 87.07 du Tarif Officiel des Douanes.

[173] Art. 15 à 16.

Paragraphe 1. Aide à l'exploitation

Les entreprises agréées sont exonérées de l'impôt minimum forfaitaire jusqu'à la fin de l'exercice clos au cours de la :

• troisième année suivant celle de démarrage de l'activité pour toute entreprise agréée ;

• cinquième année suivant celle de démarrage de l'activité pour les petites et moyennes entreprises telles que définies à l'article 25 ;

• septième année suivant celle de démarrage de l'activité pour les entreprises transformant des matières premières locales d'origine végétale, animale ou minière.

Pour l'application du présent Code et à défaut de notification de la date exacte de démarrage, l'exercice couvert par le premier bilan sera considéré comme exercice de démarrage.[174]

Paragraphe 2. Incitation à l'exportation

Les entreprises agréées réalisant des exportations bénéficient des avantages suivants :

1) Exonération d'une quote-part de bénéfices pour le calcul de l'impôt sur les sociétés et d'une quote-part du chiffre d'affaires pour le calcul de l'IMF dus au titre d'un exercice, égale à la proportion du chiffre d'affaires réalisé à l'exportation au cours dudit exercice par rapport au chiffre d'affaires global hors TGA [*TVA*] de l'entreprise. Cette exonération ne pourra cependant pas s'appliquer au-delà d'une quote-part d'exportation supérieure à 75% du chiffre d'affaires global. Cette exonération s'applique au titre de chaque exercice au cours duquel la société agréée réalise des exportations sans limitation de durée.

2) Octroi de plein droit :

• a) du régime d'admission temporaire prévu par les articles 142 b) à 145 du Code des Douanes ;

• b) du régime du drawback (restitution de droits) prévu par l'article 147 du Code des douanes aux matières premières, et emballages importés entrant dans la fabrication de produits exportés et sous réserve du respect des conditions prévues par la réglementation douanière.[175]

Paragraphe 3. Incitation à la création d'emplois

Toute entreprise agréée bénéficie pendant la période définie à l'article 24 de l'application de la taxe sur les salaires au taux réduit de 2% sur les rémunérations versées aux salariés de nationalité togolaise. Toute entreprise agréée bénéficie pendant la période définie à l'article 24 d'une aide à la création d'emplois égale à 50% de la masse salariale annuelle versée aux employés permanents de nationalité togolaise servant de base au calcul de la

---

[174] Art. 17.

[175] Art. 18.

taxe sur les salaires. Le montant ainsi calculé est déductible du résultat imposable de l'exercice au cours duquel les salaires ont été versés. L'excédent de déduction qui ne peut être imputé sur le bénéfice imposable constitue un déficit fiscal reportable dans les conditions prévues par le CGI.[176]

Paragraphe 4. Incitation à la décentralisation

Aux fins d'octroi d'avantages en fonction de la région d'implantation de l'entreprise agréée, le territoire togolais est divisé en trois zones :
— Zone I. Commune de Lomé et Préfecture du Golfe ;
— Zone II. Région Maritime (à l'exclusion de la Zone I) et Région des Plateaux ;
— Zone III. Région Centrale, Région de la Kara et Région des Savanes.
La répartition des Régions dans les trois zones définies ci-dessus peut être modifiée par arrêté du ministre du Plan sur avis de la Commission Nationale des Investissements. Sont considérées comme implantées dans une zone de décentralisation, les entreprises dont au moins 90% du personnel travaille dans ladite zone au titre du programme d'investissement ou de développement agréé.
Les entreprises agréées implantées dans les zones II et III bénéficient en sus de l'aide à l'implantation définie à l'article l6, de l'exonération de taxe sur le chiffre d'affaires, sur les services et travaux concourant directement à la réalisation de leur programme d'investissement.
Les entreprises agréées implantées en zones II et III bénéficient d'une exonération du droit fiscal et de la TGA sur les carburants (gasoil et fuel oil) utilisés dans leurs installations fixes, dans la limite d'un contingent annuel et pour la durée prévue à l'article 24.
Les avantages définis aux articles 19 et 20 s'appliquent :
— jusqu'à la fin de l'exercice clos au cours de la cinquième année qui suit l'année de démarrage de l'activité pour les entreprises implantées en zone I
— jusqu'à la fin de l'exercice clos au cours de la septième année qui suit l'année de démarrage de l'activité pour les entreprises implantées en zone II ;
— jusqu'à la fin de l'exercice clos au cours de la douzième année qui suit l'année de démarrage de l'activité pour les entreprises implantées en zone III.[177]

Paragraphe 5. Avantages accordés aux petites et moyennes entreprises nationales

Sont considérées comme petites et moyennes entreprises nationales pour l'application du présent Code :

[176] Art. 19 et 20.
[177] Art. 21 à 24.

1) Les entrepreneurs individuels togolais dont le programme d'investissement est supérieur à 5.000.000FCFA et inférieur à 25.000.000 FCFA hors taxe et hors fonds de roulement.
2) Les entreprises organisées sous forme de société commerciale dont le programme d'investissement est supérieur à 5.000.000FCFA et inférieur à deux cents 200.000.000FCFA hors taxe et hors fonds de roulement ;
• a) soit qui exercent leur activité dans un des secteurs définis a l'article 6.1. et dans lesquelles des ressortissants togolais détiennent la majorité du capital et un pouvoir déterminant dans la direction ;
• b) soit qui exercent leur activité dans un des secteurs définis à l'article 6.2. et dont la totalité du capital est obtenue par des personnes physiques de nationalité togolaise ou des personnes morales elles-mêmes intégralement détenues par des personnes physiques de nationalité togolaise.
La constitution d'une petite et moyenne entreprise nationale agréée sous la forme d'une société commerciale répondant aux conditions de l'article 25.2. ainsi que les augmentations de capital d'une telle société peuvent bénéficier pendant la période d'installation de l'application d'un taux réduit de droit d'enregistrement. À ce titre les actes constatant la création et l'augmentation du capital d'une telle société seront soumis au droit fixe applicable aux actes innommés prévu par l'article 538-13 du CGI, au lieu du droit proportionnel normalement applicable.[178]

Paragraphe 6. Avantages accordés au titre d'un programme de développement d'une entreprise existante

Une entreprise agréée peut bénéficier au titre d'un programme de développement :
• 1° de l'exonération d'IMF prévue à l'article 17, au titre de l'accroissement du chiffre d'affaires constaté à compter de l'exercice clos au cours de l'année de démarrage de l'activité ;
• 2° de l'exonération de l'impôt sur les sociétés ou de l'IMF, selon le cas, en proportion du chiffre d'affaires réalisé à l'exportation, comme indiqué à l'article 18 ci-dessus. Cette exonération s'applique en tenant compte de la totalité des exportations réalisées tant au titre de l'activité existante que du programme de développement ;
• 3° de la réduction de la taxe sur les salaires et de l'aide à la création d'emplois prévus aux articles
l9 et 20 ci-dessus sur la base de l'accroissement de la masse salariale versée aux salariés de nationalité togolaise par rapport au montant de cette masse salariale versée au cours de l'exercice précédant la demande d'agrément ;
• 4° en cas de localisation du programme de développement en zone II ou III, des aides à l'implantation prévues aux articles l6 et 23 ci-dessus au titre des matériels, équipements, services et travaux afférents au programme de

[178] Art. 25 à 26.

développement ainsi que de l'exonération de droits et taxes sur les carburants prévue à l'article 23.[179]

Paragraphe 7. Application des avantages

Les entreprises agréées peuvent cumuler les avantages définis au présent titre lorsqu'elles remplissent les conditions de leur application. Les durées d'application d'un même avantage ne peuvent cependant être cumulées, la durée la plus longue à laquelle l'entreprise est éligible devant être retenue. Le bénéfice des avantages liés à des conditions spécifiques cesse de plein droit lorsque les conditions de son octroi ne sont plus remplies. Cependant, il est entendu que les petites et moyennes entreprises nationales dont le montant des investissements dépasse 200.000.000FCFA en cours de période d'agrément continuent de bénéficier de l'exonération de l'IMF prévue à l'article 17. Aucun des avantages accordés à une entreprise agréée au titre d'un programme d'investissement ou de développement ne peut être renouvelé pour le même programme.[180]

---

[179] Art. 27.
[180] Art. 28.

CHAPITRE 15.
LE RÉGIME JURIDIQUE ET FISCAL DES INVESTISSEMENTS AU SÉNÉGAL[181]

Section 1. Définitions et champ d'application

Paragraphe 1. Définitions

Aux fins du Code des investissements, on entend par :

1) *Entreprise* : toute unité de production, de transformation et/ou de distribution de biens ou de services, à but lucratif, quelle qu'en soit la forme juridique, qu'il s'agisse d'une personne physique ou morale.

2) *Entreprise nouvelle* : toute entité économique nouvellement créée et en phase de réalisation d'un programme d'investissement éligible, en vue du démarrage de ses activités.

3) *Extension :* tout programme d'investissement agréé, initié par une entreprise existante et qui engendre :

• un accroissement d'au moins 25% de la capacité de production ou de la valeur d'acquisition des actifs immobilisés,

• ou un investissement en matériels de production d'au moins 100.000.000FCFA.

4) *Investissement* : capitaux employés par toute personne, physique ou morale, pour l'acquisition de biens mobiliers, matériels et immatériels et pour assurer le financement des frais de premier établissement ainsi que les besoins en fonds de roulement, indispensables à la création ou l'extension d'entreprises.

5) *Besoin en fonds de roulement* : partie de l'investissement nécessaire pour assurer le financement des dépenses courantes de l'entreprise.

6) *Investisseur* : toute personne, physique ou morale, de nationalité sénégalaise ou non, réalisant dans les conditions définies dans le cadre du Code, des opérations d'investissement sur le territoire du Sénégal.

Paragraphe 2. Secteurs d'activités éligibles

Ce Code s'applique à toutes les entreprises qui exercent leurs activités dans l'un des secteurs suivants :

• agriculture, pêche, élevage et activités de stockage des produits d'origine végétale, animale ou halieutique ;

• activités manufacturières de production ou de transformation ;

• extraction ou transformation de substances minérales ;

---

[181] Loi n°2004-06 du 6 février 2004.

• tourisme, aménagements et industries touristiques, autres activités hôtelières ;
• industries culturelles (livre, disque, cinéma, centres de documentation, centre de production audiovisuelle, etc.) ;
• services exercés dans les sous-secteurs suivants :
— 1° santé,
— 2° éducation et formation,
— 3° montage et maintenance d'équipements industriels,
— 4° télé-services,
— 5° transports aérien et maritime
• infrastructures portuaires, aéroportuaires et ferroviaires ;
• réalisation de complexes commerciaux, parcs industriels, zones touristiques, cyber villages et centres artisanaux. Les activités de négoce définies comme les activités de revente en l'état des produits achetés à l'extérieur de l'entreprise sont expressément exclues du champ d'application du Code. Les activités éligibles à des codes spécifiques ou au statut de l'entreprise franche d'exportation sont aussi exclues du champ d'application du Code.

Les matériels admis à des régimes spécifiques sont exclus des programmes d'investissement agréés au
Code des investissements. Par ailleurs, les matériels d'occasion acquis localement ne sont pas pris en compte dans le montant du crédit d'impôt accordé par le Code des investissements.[182]

Paragraphe 3. Traités et accords conclus avec d'autres États

Les dispositions du Code ne font pas obstacle aux avantages et garanties plus étendus qui seraient prévus par les traités ou accords conclus ou pouvant être conclu entre la République du Sénégal et d'autres États.[183]

Section 2. Garanties, droits, libertés et obligations de l'entreprise

Paragraphe 1. Garanties et protections de la propriété

Dans les conditions prévues par les lois et règlements applicables, la propriété privée de tous biens, mobiliers ou immobiliers, matériels ou immatériels, est protégée, en tous ses aspects juridiques et commerciaux, ses éléments et ses démembrements, sa transmission et les contrats dont elle fait l'objet. L'entreprise est notamment garantie contre toute mesure de nationalisation, d'expropriation ou de réquisition sur toute l'étendue du territoire national, sauf pour cause d'utilité publique, légalement prévue. Le

---

[182] Art. 2.
[183] Art. 3.

cas échéant, l'entreprise bénéficiera d'une juste et préalable indemnisation.[184]

Paragraphe 2. Garantie de disponibilité en devises

L'obtention de devises nécessaires aux activités des entreprises n'est pas limitée au sein du Sénégal. L'entreprise a, par conséquent, la garantie qu'aucune restriction ne peut lui être faite, pour ses besoins en devises, notamment pour :
• assurer ses paiements normaux et courants ;
• financer ses fournitures et prestations diverses de services, notamment celles réalisées avec les personnes physiques ou morales, hors du Sénégal.
Ces paiements ainsi que les opérations de transfert, objet des articles 7 et 8 ci-après, demeurent cependant soumis aux justifications requises par la réglementation des changes en vigueur au Sénégal.[185]

Paragraphe 3. Garantie de transfert de capitaux

La liberté pour l'entreprise de transférer les revenus ou produits de toute nature, résultant de son exploitation, de toute cession d'éléments d'actifs ou de sa liquidation, est garantie conformément aux textes en vigueur. La même garantie s'étend aux investisseurs, entrepreneurs ou associés, personnes physiques ou morales, non ressortissant du Sénégal, en ce qui concerne leurs parts de bénéfices, le produit de la vente de leurs droits d'associés, la reprise d'apports en nature, leur part de partage du bonus après liquidation.[186]
Garantie de transfert des rémunérations. La liberté de transférer tout ou partie de sa rémunération, quels qu'en soient la nature juridique et le montant exprimé en monnaie locale ou en devises, est également garantie, à tout membre du personnel d'une entreprise, ressortissant d'un État tiers et pouvant justifier, au besoin, de la régularité de son séjour au Sénégal.[187]

Garantie d'accès aux matières premières La liberté d'accès aux matières premières brutes ou semi-transformées, produites sur toute l'étendue du territoire national, est garantie. Les ententes ou pratiques faussant le jeu de la concurrence sont réprimées par la loi.

Égalité de traitement. Les personnes physiques ou morales visées à l'article premier du Code peuvent, dans le cadre des lois en vigueur, acquérir tous les droits de toute nature en matière de propriété, de concessions et d'autorisation administrative et participer aux marchés publics.

---

[184] Art. 4.
[185] Art. 5.
[186] Art. 6.
[187] Art. 7.

Quelle que soit leur nationalité, les personnes physiques ou morales visées à l'article premier du Code reçoivent, sous réserve des dispositions du Titre 3, le même traitement eu égard aux droits et obligations découlant de la législation sénégalaise et relatif à l'exercice des activités définies à l'article 2. À ce titre, les personnes physiques ou morales étrangères reçoivent un traitement identique à celui des personnes physiques ou morales de nationalité sénégalaise, sous réserve de réciprocité et sans préjudice des mesures pouvant concerner l'ensemble des ressortissants étrangers ou résulter des dispositions des traités et accords auxquels est partie la République du Sénégal.
Les personnes physiques ou morales étrangères reçoivent le même traitement sous réserve des dispositions des traités et accords conclus par la République du Sénégal avec d'autres États.[188]

Paragraphe 4. Règlement des différends

Tous les différends résultant de l'interprétation ou de l'application du présent Code qui n'ont pas trouvé des solutions à l'amiable sont réglés par les juridictions sénégalaises compétentes conformément aux lois et règlements de la République. Les différends entre personne physique ou morale étrangère et la République du Sénégal relatifs à l'application du Code sont réglés conformément à la procédure de conciliation et d'arbitrage découlant :

• soit d'un commun accord entre les deux parties ;
• soit d'accords et traités relatifs à la protection des investissements conclus entre la République du Sénégal et l'État dont l'investisseur est ressortissant.[189]

Paragraphe 5. Droits et libertés de l'entreprise

Sous réserve du respect de ses obligations, tel que prévues à l'article suivant, l'entreprise jouit, d'une pleine et entière liberté économique et concurrentielle. Elle est notamment libre :

• d'acquérir les biens, droits et concessions de toute nature, nécessaires à son activité, tels que biens fonciers, mobiliers, immobiliers, commerciaux, industriels ou forestiers ;
• de disposer de ces droits et biens acquis ;
• de faire partie de toute organisation professionnelle de son choix ;
• de choisir ses modes de gestion technique, industrielle, commerciale, juridique, sociale et financière ;
• de choisir ses fournisseurs et prestataires de services ainsi que ses partenaires ;

[188] Art. 9 à 11.
[189] Art. 12.

• de participer aux appels d'offres de marchés publics, sur l'ensemble du territoire ;
• de choisir sa politique de gestion des ressources humaines et d'effectuer librement le recrutement de son personnel de direction.[190]

Paragraphe 6. Obligations de l'entreprise

Toute entreprise est tenue, sur toute l'étendue du territoire du Sénégal, au respect des obligations générales suivantes :
• se conformer à la législation du Sénégal, notamment en ce qui concerne les textes et règlements régissant la création et le fonctionnement des entreprises, le respect de l'ordre public, la protection des consommateurs et de l'environnement ;
• observer les règles et normes déjà exigées sur les produits, dans son État d'origine, en ce qu'elles peuvent compléter les règles nationales visées ;
• fournir toute information jugée nécessaire, pour un contrôle de ses obligations découlant du Code.[191]

Section 3. Les régimes privilégiés

Objectifs prioritaires. Les objectifs prioritaires sont :
• a) la création d'entreprises nouvelles
• b) la création d'emplois
• c) l'implantation d'entreprises dans les régions de l'intérieur
• d) le développement des entreprises existantes.
Nature des avantages particuliers consentis dans le cadre du Code Seuls les avantages douaniers, fiscaux et sociaux précisés aux articles 18 et 19 ci-après peuvent être accordés à l'entreprise pendant les phases d'investissement et d'exploitation.
Conditions d'éligibilité aux avantages particuliers. Tout investisseur peut prétendre aux avantages particuliers consentis dans le cadre du Code, aux conditions suivantes :
• 1° le montant de l'investissement projeté, entendu au sens du Code, est égal ou supérieur à 100.000.000FCFA pour les activités de production de biens ou de services éligibles à l'exception de celles pour lesquelles un plancher spécifique sera fixé par décret ;
• 2° s'agissant du régime des entreprises nouvelles, l'investissement projeté doit permettre la création d'une activité nouvelle et ne pas résulter d'une ou de différentes modifications juridiques d'une entité ayant déjà exploité des actifs spécifiques à l'activité ciblée et dont l'acquisition est prévue dans le cadre du programme objet de la demande d'agrément.

[190] Art. 13.
[191] Art. 14.

Avantages particuliers accordés à l'investisseur pendant la phase de réalisation de l'investissement. Ces avantages couvrent une période de trois ans et se présentent comme suit :
• exonération des droits de douanes à l'importation des matériels et des matériaux qui ne sont ni produits, ni fabriqués au Sénégal et qui sont destinés de manière spécifique à la production ou à l'exploitation dans le cadre du programme agréé. Les modalités d'exonération des pièces de rechange, des véhicules de tourisme, lorsqu'ils sont spécifiques au programme agréé, et des véhicules utilitaires seront fixées par décret ;
• suspension de la TVA exigible à l'entrée sur les matériels et matériaux qui ne sont ni produits ni fabriqués au Sénégal et qui sont destinés de manière spécifique à la production ou à l'exploitation dans le cadre du programme agréé, suivant des modalités qui seront précisées par décret ;
• suspension de la TVA facturée par les fournisseurs locaux de biens, services et travaux nécessaires à la réalisation du programme agréé, suivant des modalités qui seront précisées par décret.[192]

Section 4. Avantages accordés pendant la phase d'exploitation

Paragraphe 1. Avantages fiscaux

Les avantages offerts sont répartis entre les différents régimes comme suit :
Régime des entreprises nouvelles :
• Exonération de la Contribution Forfaitaire à la charge des Employeurs (CFCE) pendant cinq ans. Si les emplois créés, dans le cadre du programme d'investissement agréé, sont supérieurs à deux cents ou si au moins 90% des emplois créés sont localisés en dehors de la région de Dakar, cette exonération est prolongée jusqu'à huit ans.
• Avantages particuliers sur l'impôt sur les bénéfices :
Au titre de l'impôt sur les bénéfices, les entreprises nouvelles agréées sont autorisées à déduire du montant du bénéfice imposable une partie des investissements dont la nature sera définie par décret.
Pour les entreprises nouvelles, le montant des déductions autorisées est fixé à 40% du montant des investissements retenus. Pour chaque année d'exercice fiscal, le montant des déductions ne pourra dépasser 50% du bénéfice imposable. Ces déductions peuvent s'étaler sur cinq exercices fiscaux successifs au terme desquels, le reliquat du crédit d'impôt autorisé et non utilisé n'est ni imputable, ni remboursable.

Régime des projets d'extension :
— exonération de Contribution Forfaitaire à la charge des Employeurs (CFCE) pendant cinq ans. Si les emplois additionnels créés, dans le cadre du

[192] Art. 18.

programme agréé, sont supérieurs à cent ou si au moins 90% des emplois créés sont localisés en dehors de la région de Dakar, cette exonération est prolongée jusqu'à huit ans.

— au titre de l'impôt sur les bénéfices, les projets d'extension agréés sont autorisés à déduire du montant du bénéfice imposable une partie des investissements dont la nature sera définie par décret. Pour les projets d'extension agréés, le montant des déductions autorisées est fixé à 40% du montant des investissements retenus. Pour chaque année d'exercice fiscal, le montant des déductions ne pourra dépasser 25% du bénéfice imposable. Ces déductions peuvent s'étaler sur cinq exercices fiscaux successifs au terme desquels, le reliquat du crédit d'impôt autorisé et non utilisé n'est ni imputable, ni remboursable. S'agissant des personnes physiques, la réduction prévue par le présent article n'est pas cumulable avec le régime de la réduction d'impôts pour investissement de bénéfices prévu dans le Code général des impôts.

Paragraphe 2. Autres avantages

Aussi bien pour les entreprises nouvelles que pour les projets d'extension, les travailleurs recrutés, à compter de la date de mise en place des avantages d'exploitation consécutive à la notification par l'investisseur du démarrage de ses activités, sont assimilés aux travailleurs engagés en complément d'effectif pour exécuter des travaux nés d'un surcroît d'activités au sens de la législation du travail. Par suite, les entreprises peuvent conclure avec les travailleurs recrutés, à compter de la date d'agrément, des contrats de travail à durée déterminée, pendant une période limitée à cinq ans.[193]

Section 5. Modalités d'octroi et procédures d'application

Paragraphe 1. Dossier de demande d'agrément

Tout investisseur, désirant bénéficier des avantages particuliers prévus par le Code, doit déposer un dossier de demande d'agrément auprès de l'Agence nationale chargée de la Promotion de l'investissement et des grands travaux (APIX) ou de l'autorité compétente désignée à cet effet. Ce dossier, doit obligatoirement comporter des renseignements précis sur les investisseurs, des informations sur le programme, notamment sa nature, son montant ainsi que toute information nécessaire à la délivrance de l'agrément et à son suivi. En plus de ce dossier, en cas d'extension, l'entreprise doit déposer un quitus fiscal.[194]

---

[193] Art. 19.
[194] Art. 20.

Paragraphe 2. Instruction et délivrance de l'agrément

La demande d'agrément est instruite et la réponse donnée, par écrit, à l'investisseur, dans un délai qui ne peut excéder dix jours ouvrables, à compter de la date de dépôt de la requête auprès de l'APIX ou de l'autorité compétente. Si au terme de ce délai, aucune réponse n'est donnée, l'agrément est réputé accordé. Dans ce cas, le récépissé de dépôt de la demande fait foi et tient lieu d'agrément. L'autorité compétente est alors tenue de délivrer l'agrément. L'agrément doit être écrit, nominatif, daté et signé par l'autorité compétente en la matière. Il doit être également circonstancié, complet et précis, et indiquer, notamment, les avantages particuliers consentis. L'agrément est délivré en deux phases :
— agrément comportant les avantages accordés pendant la phase de réalisation ;
— agrément comportant les avantages accordés pendant la phase d'exploitation. Par contre, la notification adressée par l'APIX ou par l'autorité compétente à l'investisseur devra reprendre l'ensemble des avantages qui lui seront accordés aussi bien pendant la phase de réalisation que celle d'exploitation. Le refus de délivrance de l'agrément doit être écrit et motivé et faire, expressément, ressortir la non-conformité de la demande aux conditions exigées pour l'éligibilité aux avantages particuliers consentis dans le cadre du Code.[195]

Paragraphe 3. Obligations de l'investisseur bénéficiaire d'un agrément

Outre les obligations générales instituées à l'article 14, tout investisseur bénéficiaire d'un agrément est tenu de satisfaire aux obligations suivantes :
— à la fin de chaque année, informer l'APIX ou l'autorité compétente sur le niveau de réalisation du projet ;
— déclarer à l'APIX ou à l'autorité compétente, la date de démarrage de l'activité pour laquelle son programme a été agréé et déposer le récapitulatif des investissements réalisés ;
— permettre à l'Administration compétente de procéder au contrôle de conformité de l'activité ;
— faire parvenir à l'APIX ou à l'autorité compétente, une copie des informations à caractère statistique que toute entreprise est légalement tenue d'adresser aux services statistiques nationaux ;
— tenir la comptabilité de l'entreprise, conformément au plan comptable, adopté dans le cadre du Système Comptable Ouest Africain (SYSCOA).[196]

Paragraphe 4. Délai d'expiration et conditions de retrait de l'agrément

L'agrément et les avantages particuliers qu'il offre expirent aux termes prévus aux articles 18 et 19 du Code. Le manquement par l'investisseur à

---

[195] Art. 21.
[196] Art. 22.

tout ou partie des obligations qui lui incombent, peut entraîner le retrait de l'agrément. Ce retrait peut être précédé d'un délai de grâce, de quatre-vingt-dix jours au maximum, au cours duquel l'investisseur est invité à régulariser sa situation. Le retrait de l'agrément, une fois prononcé, rend immédiatement exigible le paiement des droits de douanes, des impôts et taxes auxquels l'investisseur avait été soustrait, du fait de l'agrément, sans préjudice d'éventuelles poursuites judiciaires et sanctions encourues.[197]

Paragraphe 5. Sanctions pour non-respect des conditions d'agrément

Le non-respect d'une seule des conditions d'octroi d'un régime privilégié entraîne la suspension des avantages particuliers correspondants pour l'année fiscale au cours de laquelle la condition n'est pas remplie. Si le non-respect des conditions d'admission concerne le caractère d'entreprise nouvelle, la procédure de retrait de l'agrément, suivant la procédure précisée ci-après, est déclenchée.[198]

Paragraphe 6. Obligations des entreprises agréées

Indépendamment du respect des dispositions d'ordre légal ou réglementaire régissant leurs activités et des conditions et obligations prévues dans la lettre d'agrément, les entreprises agréées doivent pendant la durée du régime sous lequel elles sont placées :
— observer strictement les programmes d'investissement et activités agréés ; toute modification substantielle aux dits programmes devant être préalablement autorisée par la structure chargée d'octroyer l'agrément ;
— se conformer aux normes de qualité nationales et internationales applicables aux biens et services, objet de leur activité ;
— se conformer aux normes environnementales nationales applicables à leurs activités ;
— communiquer au Centre Unique de Collecte de l'Information (CUCI) leurs états financiers à chaque fin d'exercice ;
— employer en priorité les nationaux sénégalais à égalité de compétence et organiser la formation et la promotion des nationaux sénégalais au sein de l'entreprise.[199]

---

[197] Art. 23.
[198] Art.24.
[199] Art.25.

Table des matières

L'Afrique aux éditions L'Harmattan

Dernières parutions

ETHNIES, NATIONS ET DÉVELOPPEMENT EN AFRIQUE : QUELLE GOUVERNANCE ?
Actes du colloque de Brazzaville (Congo), du 26 au 28 mai 2014
Sous la direction de Hugues Mouckaga, Scholastique Dianzinga, Jean-François Owaye
En 1962, quelques années seulement après que la parenthèse coloniale eut commencé à se fermer, un agronome français, René Dumont, osa ce pronostic : « l'Afrique noire est mal partie ». Que de protestations ! Pourtant, plus de 50 ans après les indépendances, le continent africain est à la peine et patine. L'explication : la mal gouvernance. Du fait de ses ethnies, l'Afrique fait face à un épouvantable écueil ! Elle n'arrive pas à se constituer en nations ! Il importait donc d'agir, de réfléchir autour de cette problématique.
(Coll. Études africaines, 55.00 euros, 704 p.)
ISBN : 978-2-343-05785-9, ISBN EBOOK : 978-2-336-37944-9

ÉLECTIONS, VOTE ET REPRÉSENTATION POLITIQUE DES AFRICAINS DE L'ÉTRANGER
Suivi du *Guide des opérations électorales en dehors des frontières nationales*
Wongo Ahanda Antoine
Quels sont aujourd'hui les types d'élections, les mécanismes et les procédures du vote à l'extérieur adoptés par les pays africains ? Dans cet ouvrage, qui fait la synthèse des connaissances et des pratiques du vote à l'extérieur et de la représentation politique des Africains de l'étranger, l'auteur entend apporter une contribution pédagogique au processus d'appropriation de la citoyenneté externe par les États africains. Un ouvrage qui intéressera les leaders africains, les migrants africains et tous ceux qui sont impliqués dans le processus de vote à distance à travers l'Afrique et les pays d'immigration.
(Coll. Études africaines, 21.00 euros, 202 p.)
ISBN : 978-2-343-02009-9, ISBN EBOOK : 978-2-336-38129-9

MANUELS SCOLAIRES, ENVIRONNEMENT INFORMATIF ET NUMÉRIQUE AU SERVICE DE LA LECTURE
Enjeux nouveaux pour une école émergente
Thioune Birahim - Préface de Michèle Verdelhan Bourgade
Aujourd'hui, l'environnement socioculturel s'est complexifié du fait de l'émergence de technologies nouvelles qui ont envahi l'univers des apprenants et qui se révèlent, dans les espaces d'éducation et de formation, à la fois comme des promesses d'enrichissement et des menaces. Ce livre fixe quelques contours de l'utilisation des TIC (Technologies de l'Information et de la Communication) et des limites à observer dans leur application, sous peine de mettre en péril tout un patrimoine pédagogique.
(16.50 euros, 164 p.)
ISBN : 978-2-343-06236-5, ISBN EBOOK : 978-2-336-37731-5

L'ÉCOLE, GAGE DU DÉVELOPPEMENT DE L'AFRIQUE

Zénith Laurent - Préface de Mathias Eric Owona Nguini

Si plusieurs facteurs et secteurs sont à considérer pour sortir rapidement l'Afrique de son retard, le domaine scolaire revêt une importance capitale. Malheureusement, ce levier du développement qu'est l'école regorge de nombreuses tares dans la quasi-totalité des pays subsahariens. Un système académique bien pensé participerait fortement à l'essor de l'Afrique. À partir de propos, témoignages et de cas vécus, l'auteur met à nu tous les manquements qui handicapent l'émergence de ces pays.

(Harmattan Cameroun, 16.50 euros, 158 p.)

ISBN : 978-2-343-06203-7, ISBN EBOOK : 978-2-336-38133-6

LE CAMÉLÉON ET LA MORT EN AFRIQUE

Eschenlohr Nicole

La question de la mort hante nos esprits rationnels. Pour mieux maîtriser cette angoisse existentielle, les civilisations traditionnelles ont détourné le problème en attribuant une origine à cette mort : pourquoi et comment est-elle apparue ? En réponse à ses interrogations, la mythologie africaine, riche de liens tissés entre les hommes et les animaux, a désigné un responsable qu'elle a placé au cœur de ses récits et légendes : le caméléon. Accusé de lenteur, sa défense repose sur l'inéluctabilité de la mort...

(Coll. Ethnographiques, 14.00 euros, 132 p.,)

ISBN : 978-2-343-05818-4, ISBN EBOOK : 978-2-336-37485-7

APPROCHE CRITIQUE DU DÉVELOPPEMENT EN AFRIQUE SUBSAHARIENNE

Zagre Ambroise

Le sous-développement de l'Afrique subsaharienne constitue une préoccupation majeure pour les pays concernés, la communauté internationale, les milieux intellectuels et la société civile. Cet ouvrage interroge la notion de développement et envisage l'avenir de ce sous-continent vers un nouveau paradigme de développement : l'»auto-développement humain», capacité des sociétés à se développer en comptant d'abord sur leurs forces intérieures, leur capacité de création et leurs potentialités matérielles et spirituelles.

(Coll. Politique et dynamiques religieuses en Afrique, 27.00 euros, 260 p.,)

ISBN : 978-2-343-05939-6, ISBN EBOOK : 978-2-336-37427-7

LA PRÉCARITÉ QUOTIDIENNE EN AFRIQUE DE L'OUEST

Culture et développement

Ernoux Jules - Préface de Michaël Singleton

Cet ouvrage propose des tranches de vie prises sur le vif dans la population, plutôt urbaine, de Côte d'Ivoire, de Guinée et du Niger. À l'issue de 33 séjours riches de rencontres collectives et individuelles, l'auteur s'interroge : comment vivre au jour le jour dans le manque permanent, seulement soucieux de manger à sa faim, de sauvegarder une santé précaire, de confier ses enfants à des écoles surpeuplées, de vivre dans l'insécurité d'un pays où l'État de droit n'est qu'une illusion ?

(Coll. Écrire l'Afrique, 15.50 euros, 154 p.)

ISBN : 978-2-343-05748-4, ISBN EBOOK : 978-2-336-37417-8

LE MARKETING DE RUE EN AFRIQUE

Mouandjo Lewis Pierre

Cet ouvrage, abondamment illustré d'exemples, se veut un outil pédagogique pour faciliter la compréhension de ce «Marketing de rue» tant développé par ses acteurs en Afrique. Son but est de mettre à la disposition des étudiants et responsables d'entreprises un manuel leur permettant de saisir les opportunités qui leur sont offertes par ce nouveau marché que représente la rue et où se déroulent des pratiques commerciales «agressives» et une concurrence farouche entre les entrepreneurs individuels, les grandes sociétés et les Petites et Moyennes Industries.

(Coll. Études africaines, 44.00 euros, 512 p., Illustré)

ISBN : 978-2-343-05770-5, ISBN EBOOK : 978-2-336-37547-2

L'AGENCE SPATIALE AFRICAINE
Vecteur de développement
Ouedraogo Sékou - Préface de Jean-Loup Chrétien
L'Algérie est en train de finaliser la conception de son premier satellite national ALSAT2B qui devrait être entièrement conçu par ses ingénieurs. Le Nigéria veut envoyer un astronaute dans l'espace avant la fin 2015. Qui peut le croire ? Et pourtant, l'Afrique possède des agences spatiales nationales crédibles et des organisations panafricaines qui travaillent sur le sujet. Pour utiliser efficacement ces applications spatiales au service du développement, l'auteur défend la création d'une Agence Spatiale Africaine.
(Coll. Diplomatie et stratégie, 18.50 euros, 188 p.)
ISBN : 978-2-343-05942-6, ISBN EBOOK : 978-2-336-37375-1

UN CHEF-D'ŒUVRE DES ARTS D'AFRIQUE
La plateau de Fa (golfe du Bénin), collection Christoph Weickmann Ulm, 1659
Biton Marlène-Michèle
Dans cet ouvrage, l'auteur a tenté de mener une enquête sur un plateau de divination provenant des côtes de Guinée, importé il y a 350 ans à destination du cabinet de curiosités d'un marchand d'Ulm, Christoph Weickmann. Il s'agit d'abord de replacer cet objet dans son contexte historique et culturel et de retrouver les conditions de son arrivée en Europe. L'auteur entreprend également une analyse plastique précise ouvrant des perspectives sur les modalités de représentations utilisées et l'accès à une mythologie foisonnante.
(Coll. Ethnoesthétique, 30.00 euros, 290 p.)
ISBN : 978-2-343-04282-4, ISBN EBOOK : 978-2-336-37491-8

DE LA CEAO À L'UEMOA
Ou la genèse d'une intégration sous-régionale réussie
Sawadogo Fatimata - Préface de Cheikhe Hadjibou Soumaré
Cet ouvrage est un solide argumentaire de la trajectoire de l'intégration ouest-africaine. Cette analyse historique sur les principales organisations qui ont précédé la CEAO (Communauté économique de l'Afrique de l'Ouest), se concentre sur les acquis et les insuccès de cette dernière. L'auteur analyse le passage de la CEAO à l'UEMOA (Union économique et monétaire ouest-africaine) pour mieux démontrer les grandes avancées sur le difficile chemin de l'intégration sous-régionale. Elle insiste sur le bilan positif de l'UEMOA eu égard aux nombreuses actions concrètes dans tous les secteurs de la vie socio-économique au profit des populations.
(15.50 euros, 152 p.,)
ISBN : 978-2-343-05985-3, ISBN EBOOK : 978-2-336-37437-6

CHEIKH HAMAHOULLAH
Homme de foi et résistant
L'Islam face à la colonisation française en Afrique de l'ouest
Traoré Alioune
Cheikh Hamahoullah fut l'un des principaux propagateurs du tijânisme en Afrique occidentale. Il mena un combat inlassable pour la liberté et la dignité des peuples d'Afrique pendant la période coloniale. En s'appuyant sur des documents d'archives, la tradition orale africaine et des manuscrits conservés par les fidèles et les adversaires du Cheikh, l'auteur rejette l'image d'un Hamahoullah agitateur sans culture et sans foi, que répandaient complaisamment les rapports des administrateurs coloniaux.
(34.00 euros, 404 p.)
ISBN : 978-2-343-04694-5, ISBN EBOOK : 978-2-336-37070-5

QUELLE AFRIQUE POUR LES JEUNES ?
Lettre ouverte
Barry David
Ce livre est une lettre ouverte d'un panafricaniste convaincu. Il s'adresse aux jeunes, car ce sont eux qui peuvent encore nourrir de grands rêves et qui ont encore la capacité de s'indigner. Le panafricanisme est pour l'auteur la seule voie royale qui permettra aux jeunes de retrouver une

certaine cohérence, un sens et surtout de reprendre l'initiative. Cette lettre ne comporte pas de recettes mais propose une démarche en fournissant des repères.
(Harmattan Burkina Faso, Coll. L'Harmattan International Burkina Faso, 16.50 euros, 166 p.,)
ISBN : 978-2-343-06009-5, ISBN EBOOK : 978-2-336-37484-0

DYNAMIQUES DES GUERRES CIVILES EN AFRIQUE
Sous la direction d'Arsène Brice Bado
Cet ouvrage offre un essai de typologie des nombreuses hypothèses concurrentes dans l'analyse des causes des guerres civiles en Afrique. Il distingue 3 éléments dans la chaîne causale de leur émergence : les facteurs structurels, les éléments amplificateurs et les facteurs déclencheurs. Si les causes peuvent être similaires pour certains conflits, il restitue à chacun sa complexité selon les acteurs en présence, l'histoire sociopolitique particulière des sociétés et les conditions matérielles.
(Coll. Études africaines, 21.00 euros, 212 p.)
ISBN : 978-2-343-05586-2, ISBN EBOOK : 978-2-336-37590-8

LES MENACES ÉMERGENTES À LA PAIX ET À LA SÉCURITÉ EN AFRIQUE DE L'OUEST ET DU CENTRE : DE 1990 À NOS JOURS
Bamba Mamadou - Préface du Pr Ismaïla Madior Fall
Cet ouvrage apporte des éléments de réponse aux questions que soulève la problématique de la paix et de la sécurité dans ces deux sous-régions du Continent, si différentes et si proches l'une de l'autre par la géographie, les similitudes socio-historiques et le caractère transnational des défis qui émergeront sur l'un des territoires communautaires et qui ne manqueraient d'atteindre l'autre.
(Coll. Études africaines, 24.00 euros, 242 p.)
ISBN : 978-2-343-06163-4, ISBN EBOOK : 978-2-336-37576-2

VIOLENCES ET CONFLITS EN AFRIQUE DES GRANDS LACS
Polémologie et géo-systémisme
Mashimango Abou-Bakr Abelard - Préface de Daniel Derivois
Ce livre esquisse les diverses recompositions géopolitiques et stratégiques de la région des Grands Lacs et appréhende la problématique de la conflictualité sous l'angle de la polémologie. Il propose une réflexion transversale sur la bellicité en Afrique des Grands Lacs et analyse les facteurs qui se rapportent au «phénomène de guerre», à savoir les «complexes belligènes» et les causes du déclenchement des hostilités, de l'éclatement de la guerre, principalement en RDC et au Rwanda.
(Coll. Études africaines, 20.00 euros, 198 p.)
ISBN : 978-2-343-03586-4, ISBN EBOOK : 978-2-336-37473-4

LE PAGNE AFRICAIN ET SA SYMBOLIQUE
Femmes et féminité au travers de motifs d'un objet majeur de la culture africaine
Mukundila Kembo Dieudonné - Préface de Masiala ma Solo
Ce livre explore la manière dont le signe de la femme est utilisé dans les illustrations des pagnes africains. Il montre le caractère sexué du pagne en relation avec les fonctions sociales de la femme, lesquelles contribuent à la structuration de la société. L'objet n'est pas seulement artistique, il est culturel et social et se trouve à la fondation des croyances, des institutions, des structures sociales. Il cesse d'être uniquement un vêtement et devient un lieu de savoir et de culture, un reflet de la société africaine. (illustrations en couleur)
(Coll. Culture Africaine, 20.00 euros, 174 p.)
ISBN : 978-2-343-04531-3, ISBN EBOOK : 978-2-336-37124-5

L'HARMATTAN ITALIA
Via Degli Artisti 15; 10124 Torino
harmattan.italia@gmail.com

L'HARMATTAN HONGRIE
Könyvesbolt ; Kossuth L. u. 14-16
1053 Budapest

L'HARMATTAN KINSHASA
185, avenue Nyangwe
Commune de Lingwala
Kinshasa, R.D. Congo
(00243) 998697603 ou (00243) 999229662

L'HARMATTAN CONGO
67, av. E. P. Lumumba
Bât. – Congo Pharmacie (Bib. Nat.)
BP2874 Brazzaville
harmattan.congo@yahoo.fr

L'HARMATTAN GUINÉE
Almamya Rue KA 028, en face
du restaurant Le Cèdre
OKB agency BP 3470 Conakry
(00224) 657 20 85 08 / 664 28 91 96
harmattanguinee@yahoo.fr

L'HARMATTAN MALI
Rue 73, Porte 536, Niamakoro,
Cité Unicef, Bamako
Tél. 00 (223) 20205724 / +(223) 76378082
poudiougopaul@yahoo.fr
pp.harmattan@gmail.com

L'HARMATTAN CAMEROUN
BP 11486
Face à la SNI, immeuble Don Bosco
Yaoundé
(00237) 99 76 61 66
harmattancam@yahoo.fr

L'HARMATTAN CÔTE D'IVOIRE
Résidence Karl / cité des arts
Abidjan-Cocody 03 BP 1588 Abidjan 03
(00225) 05 77 87 31
etien_nda@yahoo.fr

L'HARMATTAN BURKINA
Penou Achille Some
Ouagadougou
(+226) 70 26 88 27

L'HARMATTAN SÉNÉGAL
10 VDN en face Mermoz, après le pont de Fann
BP 45034 Dakar Fann
33 825 98 58 / 33 860 9858
senharmattan@gmail.com / senlibraire@gmail.com
www.harmattansenegal.com

L'HARMATTAN BÉNIN
ISOR-BENIN
01 BP 359 COTONOU-RP
Quartier Gbèdjromèdé,
Rue Agbélenco, Lot 1247 I
Tél : 00 229 21 32 53 79
christian_dablaka123@yahoo.fr

Achevé d'imprimer par Corlet Numérique - 14110 Condé-sur-Noireau
N° d'Imprimeur : 126578 - Dépôt légal : mars 2016 - *Imprimé en France*

www.ingramcontent.com/pod-product-compliance
Lightning Source LLC
LaVergne TN
LVHW011313061026
849535LV00005B/1534